Jochen Kirchhoff

Nietzsche, Hitler
und die Deutschen

AF191124

Jochen Kirchhoff

Nietzsche, Hitler und die Deutschen

Die Perversion des Neuen Zeitalters

Vom unerlösten Schatten des Dritten Reiches

Vorwort von Rudolf Bahro

edition *dionysos*

Bibliografische Information der Deutschen Nationalbibliothek:
Die Deutsche Nationalbibliothek verzeichnet diese Publikation in der Deutschen
Nationalbibliografie; detaillierte bibliografische Daten sind im Internet über
http://dnb.dnb.de abrufbar.

© 2024 **edition** *dionysos*
unveränderte Neuausgabe

Autor:	Jochen Kirchhoff
Layout & Satz:	Wolfram Bahmann, Uli Fischer
Verlag:	BoD · Books on Demand GmbH, In de Tarpen 42, 22848 Norderstedt
Druck:	Libri Plureos GmbH, Friedensallee 273, 22763 Hamburg
ISBN:	978-3-7583-8337-3

Das Cover zeigt ein Foto Nietzsches von 1869
(lizenzfrei, Verfremdung durch den Herausgeber)

Inhaltsverzeichnis

«Ich empfand die Schuld des Geistes, seine un-
politische und dem Genuß seiner Kühnheit
ästhetisch hingegebene Rücksichtslosigkeit
aufs Wirkliche.»

(Thomas Mann: Leiden an Deutschland.
  Tagebuchblätter aus den Jahren 1933 und 1934)[a]

«Das religiöse Element, der Glaube der Natio-
nalsozialisten, war die Art und Weise, in der
ihren individuellen Seelen etwas davon spür-
bar und bewußt wurde, daß sie zu einem sol-
chen sich bildenden und als ganzes handelnden
Körper gehörten. Dieser Glaube war wie jeder
religiöse Glaube der Glaube an etwas, was es
wirklich gibt; er war, wie jeder wirkliche religi-
öse Glaube, die Transformation der Seele,
durch die der Einzelne aus einem, der diese
Wirklichkeit nicht sieht – oder jedenfalls nicht
als seine eigene Wirklichkeit sieht – zu einem
wird, der sie sieht und ihr angehört.»

(Carl Friedrich von Weizsäcker: Ein Brief über den
  Nationalsozialismus, 1952)[b]

«Der Faschismus war ein mißglückter Versuch,
das Reich Gottes auf Erden zu errichten.»

(unbekannter Autor)[c]

Vorwort

Die Freundschaft, durch die ich zu diesem Vorwort komme, verdanke ich meiner «Logik der Rettung», dem Wesensausdruck darin, der Jochen Kirchhoff als verwandt berührte. Seine Bücher über Giordano Bruno, über Schelling, über Beethoven und Mozart («Klang und Verwandlung») haben dann auch mich angerührt, nicht so sehr auf der Ebene der Meinungen, die differieren mögen, als in der Charakterverfassung. Was in solchen Freundschaften im Spiegel erscheint, ist aufklärend nach innen, besonders wenn man sich nicht einfach der Eitelkeit überlässt, endlich mal «erkannt» worden zu sein.

Als ich mit siebzehn wegen eines Fahrradunfalls liegen musste, brachte mir ein Lehrer den in der frühen DDR natürlich verpönten Nietzsche, und ich las mit roten Ohren «Zarathustra», «Ecce homo» und den «Antichrist». «Verwechselt mich vor allem nicht!», blieb mir am meisten hängen. Der DDR, der SED (immer Menschen natürlich, Kommunisten in der Regel) und meiner ersten Frau habe ich es zu verdanken, dass der kompensatorische Größenwahn nicht mit mir durchging. Wir hatten zu viel zu tun. In dieser westlichen Gesellschaft hier ist die Versuchung dazu ungleich größer, die Hemmung geringer. Nietzsche ist virulent, weil sich der emotional unreife Intellekt, zumal der tatenlose, erhöht in ihm wiedererkennt. Ja, da ist viel Richtiges, unendlich Scharfsinniges bei Nietzsche; unwahr aber ist es im Ganzen. Das macht uns Kirchhoff konzentrisch anschauen, in kreisenden Variationen.

Es geht wohl einfach darum, die Ambivalenzen bewusstzumachen, in die wir schattenhaft verstrickt sind. Während ich in der DDR lernte, dass der Faschismus hauptsächlich «die offene terroristische Diktatur der am meisten aggressiven und reaktionären Kreise des Finanzkapitals» war, gab es dort doch zugleich noch einen anderen, dem Kirchhoffschen ähnlichen Zugang, den man als geistesgeschichtlich bezeichnen könnte. Johannes R. Becher, über dessen Deutschlanddichtung ich meine philosophische Diplomarbeit schrieb, hatte in den Jahren der Emigration seine Identität als deutscher Dichter auf die Unterscheidung zwischen dem «wahren» und dem «falschen» Deutschland gegründet, und es gab in seinen Gedichten wie in seinen vielen Schriften zur «Verteidigung der Poesie» so manche Brücke zu der Ansicht Thomas Manns, mit dem Hitlerismus sei den Deutschen viel von ihrem Besten zum Bösesten ausgeschlagen. Becher schrieb in Anlehnung an ein Gryphius-Gedicht aus der Zeit des 30jährigen Krieges ein Doppelsonett, «Tränen des Vaterlandes anno 1937», das so anhob:

«Du mächtig deutscher Klang, Bachs Fugen und Kantaten,
  Du zartes Himmelsblau, von Grünewald gemalt,
  Du Hymne Hölderlins, die feierlich uns strahlt!
O Farbe, Klang und Wort, geschändet und verraten!

Und anstatt Hölderlin auch nur dafür zu kritisieren, dass er in Nazitornistern vorfindlich war, schrieb Becher schon in Moskau ein illusionsgeladenes Stück, das Drama «Winterschlacht», wo ein junger Deutscher in Russland dahin gelangt, seine Rolle als Verrat an Deutschland zu begreifen. Aus Hölderlins Gedicht «Der Tod fürs Vaterland», zitierte Becher, natürlich mit bestimmter Interpretation, immer wieder die Zeilen:

10

«Denn die Gerechten schlagen wie Zauberer,
und ihre Vaterlandsgesänge lähmen die Knie
der Ehrelosen.»

In meiner «Logik der Rettung», auf die sich Jochen Kirchhoff in den nachfolgenden Vorbemerkungen bezieht, habe ich (u. a.) angedeutet, wir müssten uns dem Nationalsozialismus als einem notwendigen, d. h. zumindest nachträglich indisponiblen, unvermeidlichen Ereignis stellen. Es muss da eine Herausforderung gegeben haben, auf die er die psychologisch nächstliegende Antwort war, und es muss massenhaft, mehrheitlich, gerade auch in der Intelligenz, eine seelische Disposition gegeben haben, die keiner besseren Antwort fähig war – vielleicht *noch* nicht; denn wieso erweisen sich Werke wie die Heideggers, C. G. Jungs, Ernst Jüngers, Carl Schmitts *heute,* in der ökologischen Krise, als im Theoretischen aufschlussreich, während so manche antifaschistische Analyse ihren Impuls erschöpft hat? Diese mehr oder weniger dem Nationalsozialismus Verfallenen müssen dichter an elementaren Realitäten der Epoche gewesen sein. *Wie* vehement die fürchterliche Antwort ausfiel, auf die sie sich eingelassen hatten, das lässt ja auch auf die Stärke der Tiefenkräfte schließen, die durch die bereits damals manifeste Grundlagenkrise der kapitalistischen Industriezivilisation mobilisiert wurden. Nicht die Existenz, sondern die Kultur oder vielmehr Unkultur, Unkultiviertheit, vor allem Unbewusstheit, Unaufgeklärtheit, Unkritisiertheit, regressive Spontaneität dieser Kräfte ist das Problem. Ich setze freilich voraus, dass es eine Chance *gibt,* diese psychische «Kernfusion» zu steuern, dass wir uns beherrschen *können,* dass *ich* mich beherrschen kann (denn zuerst muss die Frage grundsätzlich an uns selber gehen).

11

Dann aber hat Kirchhoff völlig recht: Wir werden die inzwischen noch bedrohlichere (als noch bedrohlicher vorgeahnte, wenn auch nicht wirklich erlebte) Krise, die jetzt als «ökologische» – auf die Störung der Naturgleichgewichte durch den naturwüchsigen Menschengeist zurückgehende – erkannt ist, nicht lösen, wenn wir nicht wagen, diese Kräfte zu rufen, d. h. mit unserem *ganzen* Potential zur Stelle zu sein. Die kritische Ratio allein, zudem vorrangig als Komplizin der großen Maschine eingesetzt, macht nicht frei und führt nicht zu rettender Tat. Andererseits aber wird das physische Überleben keinen Sinn machen, eher auf neue Barbarei hinauslaufen, wenn wir Zauberlehrlinge die Geister der Unterwelt rufen, ohne uns der Anwesenheit des Alten Meisters zu versichern, der den Besen in die Ecke schicken kann.

Wenn aus dem Kirchhoffschen Buche etwas eindeutig hervorgeht, dann über seine ausgesprochene Absicht hinaus auch dies: dass *Revolte* gegen was auch immer, sei es noch so «böse» (wie etwa der moderne sciento- und technokratische Nihilismus), *luziferisch* bleibt. Revolte lässt grundsätzlich darauf schließen, dass das Protestpotential erst egozentrisch-dämonisch qualifiziert ist. Erich Fromms Studie über den rebellisch-autoritären Charakter in den Massenbewegungen auf das Jahr 1933 zu hat gezeigt, Revolte *ist* (unter den Bedingungen unserer imperialen Situation) faschistoid. Will sagen, es rettet nichts, Nietzsche verhunzt zu finden, sobald einer auf seiner Linie tatsächlich Nägel mit Köpfen macht und die entsprechenden Befehle in weniger brillante Worte kleidet. Geistig gesehen ist Nietzsche die Atombombe, Hitler bloß deren empirische Explosion. Wo wäre je der nachfolgende Vulgarisator ausgeblieben? Im Kontext des abendländischen Individualismus ist «echte Genialität» selbst, für nichts als sich und ihre schwertkämpferische Selbstbehauptung zuständig, die übergreifende und eigentliche Ungeheuerlichkeit, ist der Skandal des aus der kosmischen Ordnung nicht geworfenen, sondern subjektivistisch ausgebrochenen Subjekts.

Wie qualifizieren, wie bezähmen wir unsere überlebenswilligen Energien? Wie weit gelingt es uns, die eigene Lebensgier, das eigene Ressentiment zurückzustellen? Gerade in dieser Stunde unserer Geschichte machen die Deutschen (Ost) unter verhältnismäßig günstigen nationalen und internationalen Experimentierbedingungen den nächsten Test auf das innerseelische Kräfteverhältnis zwischen – was die Pole betrifft dem racheschnaubenden Berserker und dem Meister in uns.

Im Allgemeinen ist heute in «Mitteleuropa» klarer als früher, dass niemand anderes als wir selbst die Ursache der heraufziehenden Totalkatastrophe und der einzelnen Konvulsionen sind. Hoffentlich gibt es genügend viele Menschen in der DDR, denen aufrichtig bewusst ist, dass die Politikbürokratie, die bis dato das Land regiert hat, ihr eigener Schatten ist. Wenn es zu mehr nicht gereicht hat in der DDR, an wem liegt das? An «denen» allein? Wird das in uns zur Vernunft, d. h. zum Stehen kommen, was im Ergebnis der Staatskrise massivere Weltzerstörung, nämlich so oder so die gesamtdeutsche Vollendung der Autogesellschaft will? Wenn die SED nicht genügt, dann braucht es offenbar eine anders konstituierte «führende Kraft».

In der DDR haben wir eine vielleicht doch nicht ganz so dünne Humusschicht, auf der Pflanzen wachsen wie Johannes Bechers «Karl Marx, der den Friedrich Hölderlin gelesen hätte». Und was den «König der Welt» und seine Königin betrifft, so gibt es mehrere Auflagen von Ernst Schwarz' wunderbarer Er

13

klärung und Übersetzung von Laotses Taoteking. Es gedeihen Kreuzungen von russischer Revolution und deutscher Klassik. Thomas Mann, an den Kirchhoffs Umgang mit Nietzsche, Hitler und den Deutschen am meisten erinnert, ist in der DDR weit gegenwärtiger als hier.

Ich sehe, dass ich von Kirchhoffs Buch andauernd auf das andere, östliche Deutschland komme, wo halt die nationalkulturelle Substanz noch viel unverbrauchter gegenwärtig ist und so nicht schon die bloße Beschäftigung mit einem Stoff wie diesem den Verdacht hervorruft, hier sei etwas rechts gestrickt. Jochen Kirchhoff präsentiert Material, um die Möglichkeiten neu anzuschauen, die in unserer kulturellen Erbschaft liegen.

Dass wir in tiefen Krisen die guten Geister rufen müssen, ist vielleicht ein Gemeinplatz. Aber Kulturleistungen sind Ganzheiten. Wir können nicht, wie wir in der DDR taten, von dem «fortschrittlichen», «humanistischen» halben – oder in diesem Falle vielleicht dreiviertel – Goethe sagen: «Denn er war unser.» Wenn schon, dann müssen wir die Geister *ganz* annehmen, wie sie waren, wie sie sind (gegenüber dem, was sie waren, gibt es bei echten Größen immer einen Überschuss, der erst noch herauskommt – natürlich auch bei Nietzsche). «Gute» Geister setzen «böse» Geister voraus, offenbar säuberlich getrennt von den guten. Wenn es möglich war, dass «Bestes» zu «Bösestem» ausschlagen konnte, dann liegen den «Geistern» offenbar Kraftpotentiale, Energien zugrunde, deren historische Psychodynamik entscheidet, in welches Licht oder in welche Finsternis sie sich hineinintegrieren. Wie wir mit dem Herausgerufenen *umgehen* wollen, das ist die Frage. Die *Kräfte* aber werden gebraucht.

Rudolf Bahro   Niederstadtfeld, am 9. November 1989

14

Vorbemerkungen

Nationalsozialismus – der «dunkle Kontinent»

Seit den frühen 70er Jahren erfüllt mich der Verdacht, dass Wesentliches am Nationalsozialismus unverstanden, unverarbeitet, undurchschaut geblieben ist, allen Forschungsbemühungen und Veröffentlichungen zum Trotz. Dieser «Verdacht» wird von einer zunehmenden Zahl von Menschen geteilt. Gespräche über den Nationalsozialismus, wenn sie mehr sind als Anklage, Rechtfertigung und Meinungsklischee, kommen schnell an den Punkt, an dem das Unverarbeitete und Unerledigte schmerzlich aufbricht, verbunden mit dem Gefühl, dass irgend etwas fehlt in den bekannten und offiziell abgesegneten Deutungsmustern. Häufig wird dieses Gefühl verstärkt durch ein höheres Maß an Informiertheit; um Unkenntnis im vordergründigen Sinne geht es also nicht.

Als etwa am 50. Jahrestag der sogenannten Machtergreifung allenthalben wortreich des 30. Januar 1933 gedacht wurde, war im Chor der vielen, die sich in der Öffentlichkeit äußerten, keine Stimme zu vernehmen, die auch nur den Versuch unternommen hätte, die herkömmlichen Deutungsmuster zu überschreiten und andere, tiefere Schichten anzusprechen. Und es fällt wahrlich leicht, dem französischen Philosophen Jaques Derrida zuzustimmen, der anlässlich der Heidegger-Debatte den Nationalsozialismus einen «enormen, vielfältigen, verschiedenartigen und in seinen Wurzeln dunklen Kontinent» genannt hat (in einem Interview mit dem «Nouvel Observateur» vom November 1987). «Die Verdammung des Nationalsozialismus», sagt Derrida, «ist zwar der über diesen Gegenstand herrschende Konsens, sie ist aber noch kein Denken des Nationalsozialismus. Wir wissen noch nicht, was er ist oder was diese abscheuliche, aber überdeterminierte, von internen Konflikten beeinflusste Sache hervorrufen konnte.»[1]

Der «dunkle Kontinent» ist nur partiell aufgehellt worden. Und das Bemühen um eine «Bewältigung» der NS-Vergangenheit muss wohl als gescheitert betrachtet werden. Niemand bestreitet, dass demokratische Lernprozesse erfolgt sind, aber Bewusstwerdungsvorgänge und Erkenntnisse über die Wurzeln des Hitlerismus – auch über das, worauf er reagierte und was wir heute damit zu tun haben – sind kaum in größerer Breite zu verzeichnen. Das verrät der begrenzte Formelschatz im offiziellen Sprachgebrauch, wenn von Hitler die Rede ist, und den viele – gerade junge Leute – längst in seiner Hohlheit durchschaut haben.

Die Lösung der globalen Krise heute – dies meine innerste Überzeugung – ist auch mit einer adäquaten geistigen Auseinandersetzung mit dem Hitlerismus verknüpft, insbesondere mit seinen Voraussetzungen und Wurzeln sowie mit den seelischen und geistigen Bewegungsenergien, die hier zum Tragen kamen. Ich bin überzeugt, dass da etwas durchzubrechen und Gestalt zu werden versuchte, das auch uns heute angeht, dass da etwas «eigentlich Gemeintes» in schauerlicher Verpuppung und Verzerrung in die Geschichte einbrach und dass die ungeheuren Antriebskräfte im Nationalsozialismus auf eben jenes «eigentlich Gemeinte» zurückzuführen sind. Ohne die «New-Age-Bewegung» seit dem späten 19. Jahrhundert – diesem Vorläufer der heutigen New-Age-Bewegung –, innerhalb derer Richard Wagner und Friedrich Nietzsche eine zentrale Rolle spielten, ist Hit-

16

ler nicht denkbar. Die damalige «New-Age-Bewegung» war angetreten, den technokratischen Nihilismus und das mechanistische Denken zu überwinden, um die Natur zu erlösen. Sie kippte schließlich um in geistfeindliche Regression. Hieraus erwuchs die Politsekte des Nationalsozialismus mit dem Guru Adolf Hitler, der seinerseits Richard Wagner als eine Art Guru verehrte.

Ich habe nie ganz begriffen, wie man ernsthaft glauben konnte, dass der Nationalsozialismus primär auf soziale, politische und ökonomische Faktoren zurückzuführen sei. Sicher waren diese Faktoren wichtig (und auf dieser Erklärungsebene lassen sich wohl kaum noch neue Einsichten gewinnen), aber ohne die religiöse, archetypische und geistige Dimension der Nazibewegung hätte es niemals ein Drittes Reich gegeben. Viele wissen oder ahnen heute, dass nur ein radikal neues Bewusstsein die Rettung des Planeten verbürgt, dass wir nicht bleiben können, wie wir sind, dass die tödlichen Grenzen des von uns geschaffenen Systems erreicht sind. Diese radikal neue Wahrnehmung, derer wir bedürfen, wird nicht zu leben sein ohne die Anzapfung jener Tiefenkräfte, jener geistigen, spirituellen und archetypischen Energien, welche die Stoßkraft der Hitler-Bewegung ausmachten. Wir müssen begreifen, warum die Nazis die damalige «New-Age-Bewegung» vereinnahmen konnten, warum die Energien auf so schauerliche Weise falsch gepolt wurden, dass sie in die menschenverachtende Barbarei einmündeten. Wir brauchen heute die Energien von damals, allerdings in «richtiger Polung», also in gereinigter, verwandelter Form.

Rudolf Bahro schreibt in seinem Buch «Logik der Rettung»: «Ich halte die Frage nach dem Positiven, das vielleicht in der Nazibewegung verlarvt war und dann immer gründlicher pervertiert wurde, für eine aufklärerische Notwendigkeit, weil wir sonst von Wurzeln abgeschnitten bleiben, aus denen jetzt Rettendes erwachsen könnte.» Und: «Es kann aus derselben Energie, die damals auf die Katastrophe hin disponiert war, sogar aus der Neigung zum *Furor Teutonicus*, wenn sie bewusst gehalten und dadurch kontrolliert wird, heute etwas Besseres werden. Kein Gedanke verwerflicher als der an ein neues anderes 1933?! Gerade der aber kann uns retten. Die Ökopax-Bewegung *ist* die erste deutsche Volksbewegung seit der Nazibewegung. Sie muss Hitler miterlösen – die seelische Tendenz, die, wenn auch schwächer, immer noch in uns ist – wie Russland jetzt Stalin erlöst ... »[2]

Der Schatten des Dritten Reiches ist noch immer unerlöst, und zwar *in uns;* er bleibt eine verdrängte – und in der Tiefe um so machtvollere Schicht des deutschen Bewusstseins. Und das ist durchaus nicht der geringste Teil der deutschen Misere unserer Tage. Sicher war es angesichts der Ungeheuerlichkeit des begangenen Völkermords und angesichts des totalen Zusammenbruchs des Deutschen Reiches 1945 schwer, die inneren Bewegungs- und Antriebsenergien auf dem Grunde der HitlerBewegung zu begreifen, das «eigentlich Gemeinte» darin. Eine ehemalige Nationalsozialistin sagte mir vor einigen Jahren, für sie sei Hitler wirklich ein Guru gewesen, der alle Energien der Verehrung und der Hingabe in ihr mobilisiert habe; als deutlich wurde, dass er ein «falscher Messias» war, der das deutsche Volk ins Verderben statt ins Heil führte, habe sie Hitler in den Abgrund der Hölle gewünscht. Sie selber habe sich in ihrem Hingabebedürfnis missbraucht und besudelt gefühlt. Charismatisches Führertum, ob spirituell oder politisch, sei für sie fortan unannehmbar geworden. Zu tief saß der Schock über das, was geschehen war, auch und gerade über das, was *in ihr* geschehen war. Ungezählten Nationalsozialisten ist es ähnlich gegangen.

Seit einiger Zeit nun zeigen die tabuisierten und verkrusteten Bewusstseinsschichten erste Verwerfungen und Risse. Im Untergrund schwelt ein sich verstärkendes Bedürfnis, gerade dieses «eigentlich Gemeinte» zu begreifen, den unerlösten Schatten wirklich anzugehen. Und es erhebt sich – wenn auch zunächst zaghaft – die Frage, ob es so etwas geben könne wie eine neue deutsche Visionssuche jenseits des Nationalsozialismus ... Es versteht sich, dass viele dem alten Denken Verhaftete einen derartigen Impuls schon im Ansatz für abwegig und gefährlich halten. Doch wir brauchen *diese* Art der Katharsis. Wir müssen die Energien verstehen, die zu 1933 geführt haben. Mit Verdrängung, Verleugnung und naiver Verteufelung kommen wir nicht weiter. Und moralischer Abscheu allein, so verständlich er ist, besitzt keinen echten Erkenntniswert.

Ausgangs- und Bezugspunkt des vorliegenden Versuchs ist die gegenwärtige Menschheitskrise, die reale Möglichkeit der globalen Vernichtung allen Lebens. Alle vorgenommenen Wertungen, einschließlich derjenigen Nietzsches, sind hieran orientiert.

Jochen Kirchhoff
Berlin, im Oktober 1989

19

Einführung

Das Gespenst des Irrationalismus

Wer Tiefe und Breite der Auseinandersetzung mit dem Nationalsozialismus an der Zahl der seit 1945 erschienenen Veröffentlichungen misst, und diese ist Legion, wird leicht ein falsches Bild bekommen. Misstrauisch beäugt vom Ausland, haben sich die Deutschen nach dem Zweiten Weltkrieg daran gemacht, die eigene Vergangenheit loszuwerden, sie abzuschütteln und zu verdrängen, und sich als gelehrige Schüler der Alliierten zu erweisen. Der Nationalsozialismus hatte sich als die Vollendung der deutschen Geschichte ausgegeben, als die Erfüllung aller deutschen Hoffnungen, Mythen, schöpferischen Irrationalismen, als die Vereinigung von Kunst und Macht, Geist und Staat. Der beispiellose Trümmerhaufen, den das niedergezwungene Dritte Reich hinterließ, hatte auch das Ideengut ganzer Epochen der deutschen Geistesgeschichte unter sich begraben; Motive, Bilder und Mythologeme nationaler Prägung waren vom Nationalsozialismus konsequent vereinnahmt, pervertiert, besudelt worden. Die materiellen Trümmer wurden im Laufe der Jahrzehnte beseitigt, doch die seelisch-geistigen Verwüstungen, die der Verlust der nationalen Identität und der schöpferisch-irrationalen Komponente im deutschen Geist verursacht hat, sind bis heute immens geblieben.

Sicher hängt dies auch mit jener von Hans Jürgen Syberberg leidenschaftlich beklagten «materialistischen Pseudo-Aufklärung» im Nachkriegsdeutschland zusammen, mit der «verkrampften deutschen Rationalität»[3], die seitdem vielfach zu beobachten ist und nur auf dem Hintergrund des exzessiven Nazi-Irrationalismus begreifbar wird. Hieraus ist eine Verteufelung des Irrationalen schlechthin erwachsen, die beträchtliche Breitenwirkung gewonnen hat. «Irrationalismus» ist nachgerade zum Schmähwort geworden, zum Synonym alles dessen, was gleichsam notwendig zum Faschismus, zur Barbarei und zum Völkermord führt. Das hat deutsche Tradition. Schon Klaus Mann schreibt in seinem berühmten Brief an Gottfried Benn vom 9. Mai 1933: «Es scheint ja heute ein beinah zwangsläufiges Gesetz, dass eine zu starke Sympathie mit dem Irrationalen zur politischen Reaktion führt, wenn man nicht höllisch genau acht gibt. Erst die große Gebärde gegen die ‹Zivilisation› – eine Gebärde, die, wie ich weiß, den geistigen Menschen nur zu stark anzieht –; plötzlich ist man beim Kultus der Gewalt, und dann schon beim Adolf Hitler.»[4] Ein Beispiel aus den letzten Jahren: Im Frühjahr 1981 schreibt Rudolf Augstein in seiner Titelgeschichte des «Spiegel» über Nietzsche und Hitler: «Steht Deutschland eine Nietzsche-Renaissance bevor? Ganz gewiss, wenn die Vernunft zertrümmert, wenn der heilige Irrationalismus gepriesen wird.»[5] Für Augstein ist Nietzsche «der Zertrümmerer jeglicher Vernunft»[6], und ganz unverkennbar neigt er der Lukács-These von Hitler als dem «Testamentsvollstrecker Nietzsches» zu. Gleichwohl bestreitet er jeden nachweisbaren Kausalzusammenhang zwischen Nietzsche und Hitler.

Auch wer, wie Syberberg, ausdrücklich vom «schöpferischen Irrationalismus» der Deutschen spricht, den es wiederzugewinnen gelte, sieht sich schnell verunglimpft und mit trüben Verdächtigungen bedacht. Auf Schulen und Universitäten wird mehr als je zuvor die Behauptung verbreitet, der «deutsche Irrationalismus» (was immer damit gemeint ist) sei zumindest potentiell faschistisch; dagegen werden Ratio und Humanität beinahe als austauschbare Begriffe behandelt. Diese Gleichsetzung entstammt der Aufklärungsepoche, hat aber im Deutschland nach 1945 eine bedenkliche Dogmatisierung erfahren. Und die Hilflosigkeit in der adäquaten Auseinandersetzung mit Wirklichkeitsbereichen außerhalb der engen Grenzen der Ratio ist allenthalben spürbar. Dies hat zu einer beachtenswerten Verarmung der Sprache geführt, die wiederum mit seelisch-geistiger und ästhetischer Verkümmerung verbunden ist. Dass der Nationalsozialismus im Letzten aus politischen, ökonomischen und sozialen Ursachen heraus zu erklären sein müsse, ist die kaum ernsthaft angezweifelte Prämisse sowohl akademischer als auch journalistischer Bemühungen. Man gibt sich rational, realitätsbewusst und, je nach Standort, sozialistisch oder bürgerlich-humanistisch. Nur selten werden tiefenpsychologische, mythen- und religionsgeschichtliche oder anthropologische Forschungsergebnisse in die wissenschaftliche Auseinandersetzung mit dem Nationalsozialismus integriert. Die Sphäre der Metaphysik – oder was man darunter versteht – wird fast ausschließlich in den Bereich der Ideologie, der ideologischen Verschleierung oder Absicherung von Herrschaft verwiesen. Die damit verbundene Vereinseitigung der Perspektive ist offenkundig ein Symptom der erwähnten Verkümmerung und Verarmung.

Der deutsche Geist unserer Tage ist in ein enges Korsett eingeschnürt, was seiner Produktivität nicht eben förderlich ist. Überall beobachtbar sind die Zeichen der Lohndienerei dem angeblichen Zeitgeist gegenüber, der Korrumpierung und rechthaberischen Verbissenheit. Wer mit eigenen Arbeiten hervortritt, tut dies häufig genug mit ängstlichem Blick auf die zu erwartende Resonanz bei jenen Persönlichkeiten und Institutionen, die das Meinungsbild der Öffentlichkeit – die Summe der herrschenden Vorurteile – maßgebend beeinflussen. Mehr als bei

anderen Themen gilt dies beim Thema Nationalsozialismus, wo
der Boden voller Fußangeln steckt und «Beifall von der falschen
Seite» genauso unliebsam ist wie der öffentliche Verriss, die po-
litisch-moralische Verurteilung. Es ist schwer, sich dabei ein gewisses Maß an geistiger Unkorrumpiertheit zu erhalten.

Hitler-Syndrom im deutschen Geist?

Wie war Hitler möglich? Genauer: Wie war Hitler in Deutschland möglich? Es scheint, als ob diese Frage bis heute nicht
wirklich überzeugend beantwortet zu werden vermochte. Die
unüberschaubare Flut der Veröffentlichungen zum Nationalsozialismus und zu Hitler kann darüber keineswegs hinwegtäuschen. Hitler ist ein psychologisches Rätsel und ein abschre-
ckendes Faszinosum geblieben, ebenso seine beispiellosen Erfolge in der Erzeugung massenhysterischen Jubels, pseudoreli-
giöser Begeisterung und Heilserwartung. Zuweilen drängt sich
der Eindruck auf, als sei er auch Jahrzehnte nach seinem Tode
noch immer die (gleichsam willkommene) Projektionsfigur für
alle Negativtendenzen des Jahrhunderts; Hitler als «Inkarnation
des Bösen»: Das enthebt aller geschichtlich-psychologischen Ur-
sachenforschung genauso wie die These von Hitler als einer
«Marionette des Großkapitals» o. ä. Mehr denn je erscheint es
geboten, nicht auf der Stufe moralischer Empörung stehenzu-
bleiben; und das berechtigte Erschrecken über die Dimensionalität der begangenen Verbrechen sollte keine Alibifunktion
haben für nicht geleistete innere «Bewältigung». Sich existentiell als Deutscher auf Hitler und das durch ihn Ausgelöste einzulassen, ist ein schmerzhafter Prozess. Auch hat Hitler, wie Se-

bastian Haffner mit Recht hervorhebt, langfristig keinem Volk mehr geschadet als dem deutschen. Das nahezu hoffnungslos gestörte Verhältnis der heutigen Deutschen zu sich selbst und zur eigenen Geschichte hängt damit zusammen. Und die durch Hitler bewirkten Pathologien und Verkrampfungen im deutschen Bewusstsein sind nur mit Mühe auszuloten; sie werden auch an der Wirkung des vorliegenden Buches ablesbar sein.

Nietzsche, Hitler und die Deutschen: Das ist zunächst ein Beitrag zu der Frage, wie Hitler in Deutschland möglich war. Was ich darzustellen versuche, ist ein Stück Bewusstseinsgeschichte der Deutschen, die zugleich ein Stück «Archetypen-Geschichte» ist. Als Deutscher bin ich selbst in diese Geschichte verwoben, und es wäre unredlich, dies geringzuachten oder gar zu leugnen. Es gibt keinen archimedischen Punkt, der es mir ermöglichte, Vorgeschichte und Geschichte des Nationalsozialismus mit dem nüchternen Auge desjenigen zu betrachten, der existentiell nicht betroffen ist. Nietzsche, Hitler und die Deutschen: Das ist auch die Frage nach dem Hitler-Syndrom im deutschen Geist.

Pervertierter Aufstand, pervertierte Vision

Der vorliegende Versuch basiert im Kern auf *einer zentralen These*, einer Grundannahme: Der Nationalsozialismus war die Perversion einer Revolte gegen den Nihilismus und die lebensfeindliche Grundtendenz des modernen Industriesystems, ein verhunzter und darum gescheiterter Versuch, den Ausrottungsfeldzug gegen die Natur zu stoppen, der sich schon damals abzeichnete. Diese Revolte gegen den Nihilismus stand im Zeichen

26

der Vision eines Neuen Zeitalters, einer anthropologischen Wende, eines weltgeschichtlichen Umbruchs in Richtung auf die Versöhnung von Natur und Geist, auf ein neues, nicht-entfremdetes Naturverständnis.

Der Nationalsozialismus war verhunzter Weltheilungsversuch, verhunzter Messianismus, monströs verzerrtes Bemühen, Macht zu sakralisieren und Politik spirituell zu begründen. Er war ein Stück weit vulgarisierte Lebensphilosophie als Polit-Religion oder Polit-Sekte mit Hitler als Guru. Zugleich war er pervertierter Aufstand des Mythos gegen die lebensfernen Abstraktionen und Projektionen eines eindimensionalen, mechanistischen Denkens. Dieser so zum Scheitern verurteilte Aufstand machte archetypische und spirituelle Seelenenergien zu Dominanten des kollektiven Bewusstseins und trug derart zu jener Besudelung des Mythischen bei, die bis heute nicht überwunden wurde. Der Nationalsozialismus war die Zerrform einer *in der Substanz berechtigten deutschen Visionssuche*, die wir zunächst einmal als solche begreifen müssen, um an Tiefenschichten unseres Bewusstseins heranzukommen. Diese Tiefenschichten können zum schöpferischen Kraftquell werden. Die Suche nach einer neuen Vision heute bedarf der gereinigten, bewusstgemachten und weisheitsvoll eingesetzten Energien: der «umgepolten» Tiefenkräfte von damals.

Zunächst bedarf es grundsätzlicher Klärungen: Was heißt Nihilismus? Und: Was hat es auf sich mit jenen archetypischen Kräften, die den «Aufstand des Mythos» in dem angedeuteten Sinne bestimmten?

Im abendländischen Nihilismus des 19. und 20. Jahrhunderts sind vier Komponenten vereint:

1. Die Entwertung oder «Ver-Nichtsung» aller metaphysischen und religiösen Werte (Ernst Jünger: «Léon Bloys ‹Dieu se retire› bezeichnet besser die große Wandlung als Nietzsches ‹Gott ist tot›.»)[8]

2. Das zunehmend bedrohlicher werdende Gefühl der kosmischen Verlorenheit des Menschen als Konsequenz der Überwindung des geozentrischen Weltbildes (der Mittelpunktstellung der Erde), das Grauen vor der Leere des unendlichen Raumes, der des Göttlichen nicht mehr bedarf und dem Menschen seine metaphysische Würde raubt. Der Raum wird zum Nichts, der Mensch zum kosmisch bedeutungslosen Wesen an der Schwelle des Nichts.

3. Der globale Siegeszug der entgöttlichten Zahl, der mathematischen Abstraktion, der zunehmenden Mathematisierung der Welt. «Die Zahl als Ziffer ist den Göttern feindlich, und ihr Triumph bedeutet deren Sturz.» (Jünger)[9] In dem Essay «Zahlen und Götter» spricht Jünger von der «ununterbrochnen Abstrahlung von Systemen, die mit der denaturierten oder im pythagoräischen Sinne entgöttlichten Zahl arbeiten». «Sie lässt nur Funktionen, nicht aber Bilder, seien es Ideen oder Gestalten, durchdringen.»[10] Der Siegeszug der mathematischen Zahl, der sich auch in der privat- und staatskapitalistischen Quantifizierung des Güterwertes manifestiert, ist zugleich der Siegeszug des vom Lebendigen losgelösten Intellekts.

4. Die Möglichkeit der «Ver-Nichtsung» des Lebens (als «aktiver Nihilismus», wie Nietzsche sagt, als «Wille zum Nichts». «Lieber will noch der Mensch das Nichts wollen als nicht wollen.»).[11] Die Totalmathematisierung macht die Welt nicht nur sinnlos, sondern auch zerstörbar. Die Atombombe ist der

Ausdruck des (meist unbewussten) Willens zur «Ver-Nichtsung» des Lebendigen, des «nihilistischen Willens zur Macht».

Der stark von Nietzsche beeinflusste Ludwig Klages schreibt schon im Jahre 1913: «Wir täuschten uns nicht, als wir den ‹Fortschritt› leerer Machtgelüste verdächtig fanden, und wir sehen, dass Methode im Wahnwitz der Zerstörung steckt. Unter den Vorwänden von ‹Nutzen›, ‹wirtschaftlicher Entwicklung›, ‹Kultur› geht er in Wahrheiten auf Vernichtung des Lebens aus».[12]

Die Revolte gegen den Nihilismus zielt darauf ab (bewusst oder unbewusst), das Göttliche oder die Götter «zurückzurufen», was zugleich eine Wiederbelebung des Mythos bedeutet, die Zahl wieder zu «vergöttlichen», d. h. ihrer todbringenden Abstraktion zu entkleiden. Dies geschieht primär im orphisch-pythagoreischen Klangzauber der Musik. Gleichzeitig soll die Natur vom «Gitterwerk der Abstraktion» erlöst werden.

Die Revolte gegen den Nihilismus ist auch eine Revolte gegen die Hypertrophierung des Intellekts, die Tyrannei verstandesmäßiger Abstraktion. Nietzsche, der große Diagnostiker des Nihilismus und der modernen Seele, leitet die letzte, entscheidende Phase der Revolte ein: Er radikalisiert den nachkopernikanischen Nihilismus der kosmischen Verlorenheit und Winzigkeit des Menschen und versucht ihn zugleich ekstatisch und mit der Magie seines künstlerisch-philosophischen Machtwillens zu überwinden. In den drei bis vier Jahrzehnten vor der sogenannten Machtergreifung durch Hitler wirken Nietzsches Gedankenimpulse als starke Prägekräfte im Bewusstsein der deutschen Intelligenz; hinzu kommt die Wirksamkeit des «Prinzips Bayreuth», des Wagner-Erbes, auf das sich auch rassistische Sektierer berufen, sowie ein vages Umbruchs-, ja Endzeitbewusstsein. Der antinihilistische Impuls erfährt durch Nietzsche eine antisokratische, antichristliche und durch Richard Wagner eine antisemitische Stoßrichtung, die sich auf den verschiedensten Bewusstseinsebenen auswirkt.

Nur selten werden Antisemitismus und Antichristentum so unverhüllt als Einheit aufgefasst wie im Werk von Ludwig Klages. Versticktere Gleichsetzungen sind schon erheblich häufiger. Mit Blick auf die «deutsche nationalsozialistische Revolution» stellt Sigmund Freud 1939 die These auf, dass der europäische Judenhass «im Grunde Christenhass» sei, Antisemitismus und Antichristentum also aufs engste zusammen gehörten.[13] Auch hierfür haben nicht zuletzt Nietzsche und Wagner als Impulsgeber gewirkt: Nietzsche, der den Anti-Semitismus verbal mit Verachtung bedenkt, sieht doch im Christentum und den «modernen Ideen» die letzte Konsequenz des durch die Juden eingeleiteten «Sklavenaufstands in der Moral» gegen die aristokratische Grundordnung der Natur und die «vornehmen» Werte. In der »Genealogie der Moral» heißt es:

« ... die Juden, jenes priesterliche Volk, das sich an seinen Feinden und Überwältigern zuletzt nur durch eine radikale Umwertung von deren Werten, also durch einen Akt der geistigen Rache Genugtuung zu schaffen wusste. So allein war es eben einem priesterlichen Volke gemäß, dem Volke der zurückgetretensten priesterlichen Rachsucht. (...) Man weiß, wer die Erbschaft dieser jüdischen Umwertung gemacht hat ... Dieser Jesus von Nazareth ... war er nicht gerade die Verführung in ihrer unheimlichsten und unwiderstehlichsten Form, die Verführung und der Umweg zu eben jenen jüdischen Werten und Neuerungen des Ideals? Hat Israel nicht gerade auf dem Umwege dieses ‹Erlösers›, dieses scheinbaren Widersachers und Auflösers Israels, das letzte Ziel seiner sublimen Rachsucht erreicht?»[14]

Richard Wagner, seit der Jahrhundertmitte prononcierter Antisemit, will Jesus «entjudaisieren», will den eigentlichen Kern des Christentums vom Judentum erlösen – *eine* der Bedeutungsschichten seines «Parsifal». – Die Nationalsozialisten übernehmen wesentliche Elemente dieser Revolte, vereinnahmen sie und tragen zunehmend zu deren Pervertierung und Verhunzung bei. In Hitler und Himmler erreicht die Perversion ihren Gipfelpunkt und führt zur menschenverachtenden Barbarei unvorstellbaren Ausmaßes. Hitler wird zum Erfüllungsgehilfen derjenigen Kräfte, die er zu bekämpfen vorgibt. Und erst nach dem Zusammenbruch des Dritten Reiches entfaltet der Nihilismus der mathematischen Naturwissenschaft seine größte Wirkungsmächtigkeit. Der Kosmos als Integral alles Lebendigen rückt in äußerste Ferne, und das Leben auf dem Planeten Erde ist nunmehr als Ganzes bedroht.

Archetypen und mythische Realitäten

Ich sprach vom «Aufstand des Mythos» und den hierin wirksam gewordenen archetypischen Energien als einer wichtigen Komponente des antinihilistischen Impulses. Dass überhaupt archetypische Prägekräfte, also Urbilder in überindividuellen Tiefenschichten der Psyche, in einem derartigen Ausmaß zur Geschichtswirksamkeit zu gelangen vermochten, wie dies in

Deutschland in Form einer kollektiven Neurose geschah, hat auch zu tun mit jenem Bemühen, der Sogkraft des politischen und geistigen Vakuums, der Fundamentalkrise des europäischen Geistes nach 1918 entgegenzuwirken, den Nihilismus zu überwinden. Es war zugleich die Selbstzurücknahme, Selbstauflösung oder Resignation des Geistes überhaupt – eine Art «Flucht in die Archetypen» als Ausweg aus der Krise. Der deutsche Geist stürzte gleichsam in seinen eigenen Abgrund; er, dem man einen vergrübelten Hang zu den lichtfernen Tiefen des Seins nachsagte, zur «Irrationalität», und damit – nach Maßgabe rationalen Wirklichkeitsverständnisses – zur Realitätsferne, zur «mythischen Politikfremdheit».[15] Der «Ausweg aus der Krise» enthüllte sich als einer der schauerlichsten Irrtümer der neueren Geschichte.

In C. G. Jungs «Wotan»-Aufsatz von 1936 wird die religiöse oder quasi-religiöse Dimension des Nationalsozialismus ernstgenommen und dieser erstmalig tiefenpsychologisch als massenneurotisches Phänomen gedeutet. Dass man dieser Deutung zuweilen selbst den Vorwurf des «Irrationalen», ja Faschistoiden gemacht hat, sei hier in Parenthese vermerkt. Jung schreibt: «Wo nicht der Einzelne, sondern die Masse sich bewegt, da hört menschliche Regulierung auf, und die Archetypen fangen an zu wirken, wie es auch im Leben des Individuums geschieht, wenn es sich Situationen gegenübersieht, welche mit den bekannten Kategorien nicht mehr zu bewältigen sind.»[16] Jung wertet die Wirksamkeit archetypischer Bestimmungsfaktoren primär als Regression, als krisengeborenen Rückfall in archaische, vorrationale Seelenschichten.

Archetypen sind nach Jung und seiner Schule eigenständige seelische Realitäten, dynamische Faktoren im Kollektiven Unbe-

wussten, die sich in Riten, Mythen und Symbolen der Frühgeschichte genauso nachweisen lassen «wie in Traumen, Phantasi-
en und schöpferischen Gestaltungen des gesunden und kranken
Menschen unserer Zeit». Die Wirkung der Archetypen oder eines bestimmten Archetypus «erscheint in positiven und negati-
ven Emotionen, in Faszinationen und Projektionen, aber auch in
Angst, dem Gefühl des Überwältigtseins des Ich und in mani-
schen Erhobenheits- ebenso wie in Depressionszuständen».
«Jede die Gesamtheit der Persönlichkeit erfassende Stimmung
ist Ausdruck der dynamischen Wirkung eines Archetyps, unabhängig davon, ob diese vom Bewusstsein des Menschen angenommen oder abgelehnt wird, ob sie unbewusst bleibt oder das
Bewusstsein ergreift.» (Erich Neumann)[17] Der Jungsche Begriff
des Kollektiven Unbewussten, wiewohl von großem heuristi-
schen Wert, ist insofern ergänzungsbedürftig, als in ihm das regressive Element der Archetypen zu einseitig betont wird, das
der klaren Bewusstheit des Einzelnen und der Eigenverantwortung entgegensteht. Umfassender und somit wirklichkeitsnaher
erscheint mir der Begriff des «universellen Tiefenbewusstseins» in der tantrisch-buddhistischen Philosophie, welcher das
Kollektive Unbewusste genauso umspannt wie eine Art Überbewusstsein, das nur der höchsten Individualisierung sich er-
schließt.[18] Neben die Komponente der Regression, und zuweilen
auf eine schwer entwirrbare Weise mit ihr verzahnt, tritt jene
Aufnahmebereitschaft und innere Öffnung für den Mythos, die
gerade das Zeichen gesteigerter Wachheit, Reife und Bewusstheit ist. Die Symbiose beider Elemente ist besonders eindrucksvoll im musikdramatischen Werk Richard Wagners, das nicht
ohne Einfluss auf Hitler geblieben ist.
Der Nationalsozialismus war eine zuhöchst komplizierte, viel-

33

schichtige Erscheinung, und man tut gut daran, dies stets im Auge zu behalten. – Und wenn Thomas Mann in seinem Vortrag «Freud und die Zukunft» (1936) hervorhebt, dass das Mythische im Leben der Menschheit «zwar eine frühe und primitive Stufe» darstelle, «im Leben des Einzelnen aber eine späte und reife»[19], so klingt etwas von dem erwähnten Neben- und Ineinander zweier Stufen (Regression und Reife) im Mythischen an. Rückfall ins Archaisch-Frühgeschichtliche und Reife können in einem Einzelnen *zugleich* anzutreffen sein, auch in einer Epoche. Und gerade hier liegen höchste Gefährdung und Versuchung beschlossen. Der «Verrat am Mythos» wird aus dem Übergewicht der regressiven Komponente geboren, aus dem Unvermögen, sich der Herausforderung des Mythos von innen her wirklich zu stellen – aus der Unreife des Seelisch-Geistigen. Dies – und nur dies – führt zum «Teufelspakt» des deutschen Geistes, zu dessen «tödlichem Versagen» und zur Barbarei.

Der Mythenforscher Karl Kerényi begrüßt in einem Brief an Thomas Mann aus dem Jahre 1934, bezugnehmend auf dessen Werk, speziell die Josephs-Romane, «die Rückkehr des europäischen Geistes zu den höchsten, den mythischen Realitäten».[20] Eine zweifellos bemerkenswerte Aussage. Sicher dürfte Kerenyi hierbei kaum an den Nationalsozialismus gedacht haben, kaum an Alfred Rosenbergs «Mythus des 20. Jahrhunderts» (erschienen 1930). Und doch bestehen hier Zusammenhänge. In seinem Aufsatz «Bruder Hitler» von 1939 beschreibt Thomas Mann den deutschen Kanzler als den Bruder des Künstlers, als die pervertierte Erscheinungsform des künstlerischen Genies. «Ohne die entsetzlichen Opfer, welche unausgesetzt dem fatalen Seelenleben dieses Menschen fallen, ohne die umfassenden moralischen Verwüstungen, die davon ausgehen, fiele es leichter, zu gestehen, dass man sein Lebensphänomen fesselnd findet.» «Der Bursche ist eine Katastrophe; das ist kein Grund, ihn als Charakter und Schicksal nicht interessant zu finden.»[21] Und: «Märchenzüge sind darin kenntlich, wenn auch verhunzt (das Motiv der Verhunzung und der Heruntergekommenheit spielt eine große Rolle im gegenwärtigen europäischen Leben) ... Wagnerisch, auf der Stufe der Verhunzung, ist das Ganze.»[22] Die Grenzen zwischen «Märchen» und «Mythos» sind fließend; «Märchenzüge» – das kann auch heißen: Züge des Mythischen. – Was hat es auf sich mit der Realität des Mythos, mit seiner geschichtsmächtigen Prägekraft noch «auf der Stufe der Verhunzung»?

In bewusster Abgrenzung zur Annahme vom «dichterischen» Charakter der griechischen Mythen vertritt Walter F. Otto die Auffassung von der Realität und Wahrheit des Mythos. Mythen seien mehr als bloße Bilder und dichterische Gleichnisse für Erfahrungen, sie seien «Seinsoffenbarungen, die einer eigenen Weltstunde vorbehalten sind».[23] «Mythos» heißt zunächst nichts anderes als «Wort», «ursprünglich gerade nicht das Wort vom Gedachten, sondern vom Tatsächlichen». «Aber diese alten Mythen mussten den späteren Zeiten so unglaubwürdig erscheinen, das man nur die Wahl hatte, sie für absurd zu erklären, oder ... einer tiefsinnigen Phantasie zuzuschreiben.»[24] Heute ist mythisch beinahe gleichbedeutend mit unwirklich oder fiktiv. Wer vom «Führer-Mythos» oder vom «Mythos der Stunde Null» o. ä. spricht, will die Lüge darin bezeichnen, die als Wahrheit auftritt. Und in der Tat ist unsere Zeit reich an künstlichen Mythen, obwohl auch diese zumeist ihre versteckten Verbindungen haben zum «echten» Mythos.

Joachim Fest schreibt, Hitler habe «in seinen impulsiven Eingebungen ... durchweg mythisch, ästhetisch, realitatsfern, kurzum unpolitisch gedacht».[25] Er sei stets bemüht gewesen, die eigene Existenz zu mythologisieren.[26]

Diese Mythologisierungsbemühungen werden von Fest als theaterhafte Selbststilisierungen des «Führers» gewertet, was sicher eine Teilwahrheit umschreibt. Nur wird in dieser Sichtweise die eigenständige seelische Wirklichkeit und damit Wirksamkeit der mythischen Bilder unberücksichtigt gelassen. Dem Mythos – zumindest den großen geschichtsmächtigen Mythologemen – scheint eine eigene Seinsrealität innezuwohnen, die auf eine schwer definierbare Weise geschichtlich und übergeschichtlich zugleich ist: Zwar ist die Wirksamkeit des Mythischen an eine bestimmte historische Situation geknüpft, aber der Mythos selbst entzieht sich einer restlosen historischen Relativierung. Dies hat er mit großer Kunst, großer Musik, großer Dichtung gemein. Er reicht in die «Urgründe der Menschenseele» und zugleich in die «Urzeit», die «Brunnentiefe der Zeiten» hinab, wo die «Urnormen, Urformen des Lebens» gegründet sind, wie Thomas Mann sagt.[27] Die Mythengeschichte der Völker und Kulturen ist nach Schelling die Wiederholung der Weltenwerdung und der Naturgeschichte im menschlichen Bewusstsein; Mythen spiegeln die Kämpfe der Weltenwerdung und setzen sie zugleich fort. Die verblüffende Ähnlichkeit von Göttern, Formen und Motiven in den Mythen der Kulturvölker ist nur mit ihrem gemeinsamen Ursprung zu erklären. Allen gemeinsam sind ungeheure Kampfvorgänge, gigantische Schlachten zwischen Göttern und Gegen-Göttern: Widerspiegelung realer seelischer Prozesse. Von der Weisheit des Mythos kann nicht nur der Künstler unaufhörlich lernen, sondern auch der Philosoph. Was in den Mythen geschildert wird, ist alles andere als «human» im Sinne bürgerlicher oder sozialistischer Wertvorstellungen. Friedlich geht es nicht zu, weder in der indischen noch in der griechischen oder germanischen Mythologie. («Mythos» und «Mythologie» werden meist als Synonyme verwendet; eigentlich bezieht sich «mythologia» auf jene Sphäre des Dichterischen, innerhalb derer der Mythos selbst vorausgesetzt wird, während er zugleich der künstlerisch-bewussten Weiterführung und Gestaltung unterliegt.) Mythengeschichte ist stets ein Stück Bewusstwerdung der Menschheitspsyche. Die unauflösbare Einheit von Zeitlichkeit und Überzeitlichkeit im Mythos bedingt dessen eigentümlich «prophetische» Komponente: Er spricht das aus, was geschah, geschieht und auch geschehen wird, zumindest geschehen könnte. Hier treten Verbindungen zutage, die nichts zu tun haben mit deterministisch verstandener Kausalität.

Der Mythos enthält archetypische «Rollen», verkörpert in Göttergestalten oder herausgehobenen Menschen, in denen bestimmte außergewöhnliche Eigenschaften oder Fähigkeiten konzentriert sind.

Diese Rollen gehen offensichtlich über das hinaus, was C. G. Jung als Archetypen (Urbilder) des Kollektiven Unbewussten bezeichnet. Eher lassen sie sich als Faktoren innerhalb des «universellen Tiefenbewusstseins» (vielleicht auch des Oberbewusstseins) begreifen. Sie gleichen Wirkungsbündeln seelischgeistiger Energien, die ihrerseits Bewusstwerdungsprozesse zu beeinflussen und auszurichten vermögen. Die einzelne Persönlichkeit kann gleichsam in ein derartiges Energiefeld hineingeraten, hineingedrückt werden, so dass vorübergehend die Trennung von personalem So-Sein und archetypischer Rolle aufgehoben scheint.

Etwas von dem hier Ausgesprochenen klingt in Thomas Manns

Freud-Vortrag an:

«Wie aber nun, wenn der mythische Aspekt sich subjektivier-
te, ins agierende Ich selber einginge und darin wach wäre, so
dass es mit freudigem oder düsterem Stolze sich seiner ‹Wiederkehr›, seiner Typik bewusst wäre, seine Rolle auf Erden
zelebrierte und seine Würde ausschließlich in dem Wissen
fände, das Gegründete im Fleisch wieder vorzustellen, es
wieder zu verkörpern? Erst das, kann man sagen, wäre ‹ge-
lebter Mythus›.»[28]

Kapitel 1

Deutscher Geist und deutsche Neurosen – Was war «deutsch» am Nationalsozialismus?

«Denn es gibt nur ein Deutschland, nicht zwei, nicht ein gutes und ein böses, und Hitler, in all seiner Elendigkeit, ist kein Zufall; nie wäre er möglich geworden ohne psychologische Vorbedingungen, die tiefer zu suchen sind, als in Inflation, Arbeitslosigkeit, kapitalistischer Spekulation und politischer Intrige.»

Thomas Mann, 1940 [29]

Die Deutschen:
«Von Vorgestern und von Übermorgen»?

In Friedrich Nietzsches Schrift «Jenseits von Gut und Böse. Vorspiel einer Philosophie der Zukunft» von 1886 heißt es:

> «Es kennzeichnet die Deutschen, dass man über sie selten völlig unrecht hat. Die deutsche Seele hat Gänge und Zwischengänge in sich, es gibt in ihr Höhlen, Verstecke, Burgverließe; ihre Unordnung hat viel vom Reize des Geheimnisvollen; der Deutsche versteht sich auf die Schleichwege zum Chaos. (...) Das Ungewisse, Unausgestaltete, Sich-Verschiebende, Wachsende jeder Art fühlt er als ‹tief›. Der Deutsche selbst ist nicht, er wird, er ‹entwickelt sich›. ‹Entwicklung› ist deshalb der eigentlich deutsche Fund und Wurf im großen Reich philosophischer Formeln. (...) Die Ausländer stehen erstaunt und angezogen vor den Rätseln, die ihnen die Widerspruchs-Natur der deutschen Seele aufgibt (welche Hegel in System gebracht, Richard Wagner zuletzt noch in Musik gesetzt hat).»[30]

Gesetzt, diese Aussage habe seinerzeit ihre Gültigkeit besessen, «stimmt» sie auch heute noch, ein Jahrhundert danach? Haftet dem Deutschen noch immer jene rätselhafte «Widerspruchs-Natur» an, welche die Ausländer seit je irritiert hat? Ist er noch immer ein unaufhörlich Werdender, unvermögend zum Sein? – Der Deutsche unserer Tage, so scheint es, hat manche «Höhle», manchen «Zwischengang» seiner Seele zugemauert. Der überwiegende Teil der deutschen Intelligenz ist bemüht, sich nüchtern, zweckrational, kritisch, «politisch» zu geben; allen Irritationen und «Spinnereien» einer als unselig empfundenen Vergangenheit hat man endgültig abgeschworen. Joachim Fest schreibt in der Schlussbetrachtung seiner Hitler-Biographie über das heutige Deutschland (er meint die Bundesrepublik; was «Deutschland» eigentlich sei, darüber konnte man sich schon auf der Potsdamer Konferenz von 1945 nicht einigen):

> «Zum ersten Mal ist das Land dabei, seinen Frieden mit der Wirklichkeit zu machen. Aber zugleich damit hat der deutsche Gedanke auch etwas von seiner Identität verloren, er übt sich empirisch, ist ausgleichswillig und auf den allgemeinen Nutzen bedacht. Die ‹deutsche Sphinx›, von der Carlo Sforza vor dem Machtantritt Hitlers gesprochen hatte, hat ihr Geheimnis aufgegeben; der Welt ist wohler dabei.»[31]

Lassen wir die angeblichen Wohlgefühle der Welt außer acht; diese dürften ihr ohnehin inzwischen abhanden gekommen sein angesichts der sich abzeichnenden ökologischen Katastrophe und der realen Gefahr der atomaren Vernichtung. – Hat die deutsche Sphinx ihr Geheimnis aufgegeben? Nichts als die Oberfläche spricht dafür, dass es tatsächlich so ist. Vielleicht ist es gerade ein Symptom für die von Nietzsche hervorgehobene «Widerspruchs-Natur» der deutschen Seele, dass sie sich den trügerischen Mantel «verkrampfter Rationalität» umgeworfen hat. «Denn die deutsche Geschichte ist mit Hitler nicht zu Ende. Wer das Gegenteil glaubt und sich womöglich darüber freut, weiß gar nicht, wie sehr er damit Hitlers letzten Willen erfüllt.» (S. Haffner)[32] Hitler wollte seinen Untergang mit dem des deutschen Volkes verbinden. Dies sollten wir uns stets vor Augen halten, um nicht (unbewusst) Hitlers schlimmen Verrat am deutschen Geist nachträglich zu rechtfertigen. – Thomas Mann beklagt 1939 die «europäische Verhunzung»: «Unserer Zeit gelang es, so vieles zu verhunzen: das Nationale, den Sozialismus, den Mythos, die Lebensphilosophie, das Irrationale, den Glauben, die Jugend, die Revolution und was nicht noch alles. Nun denn, sie brachte uns auch die Verhunzung des großen Mannes.»[33] Auch die deutsche Geistesgeschichte ist keineswegs an ihr Ende angelangt; legitimieren wir nicht im Nachhinein, was an Besudelung und Verhunzung geschah. Lassen wir Hitler nicht diesen posthumen Sieg.

«Der Deutsche selbst ist nicht, er wird, er ‹entwickelt› sich. Ein anderes, tiefes Wort Nietzsches über die Deutschen geht von Betrachtungen über die «Meistersinger»-Ouvertüre aus, die in die folgende Bemerkung einmünden:

« ... etwas Deutsches, im besten und schlimmsten Sinne des Wortes, etwas auf deutsche Art Vielfaches, Unförmliches und Unausschöpfliches; eine gewisse deutsche Mächtigkeit und Überfülle der Seele, welche keine Furcht hat, sich unter die Raffinements des Verfalls zu verstecken, die sich dort vielleicht erst am wohlsten fühlt; ein rechtes echtes Wahrzeichen der deutschen Seele, die zugleich jung und veraltet, übermürbe und überreich noch an Zukunft ist. Diese Art Musik drückt am besten aus, was ich von den Deutschen halte: Sie sind von Vorgestern und von Übermorgen, *sie haben noch kein Heute.*»[34]

Auch hier erhebt sich die Frage, ob diese Charakteristik der deutschen Seele noch heute zutrifft. Haben die Deutschen noch immer jenes seltsame Verhältnis zu einer Gegenwart, die ihnen

42

nicht wirklich gehört, die nicht als erfüllte Gegenwart betrachtet wird, sondern nur als Übergangsstufe des Werdens zwischen den zwei «Eigentlichkeiten»: dem Vorgestern und dem Übermorgen? Auf der Oberfläche spricht einiges dafür, dass die Deutschen sich gleichsam mit der Gegenwart versöhnt haben. Stellenweise wird gar eine Geschichtslosigkeit erkennbar, die gespenstisch wirkt. Ein wenig unterhalb der Oberfläche jedoch sieht es häufig anders aus. Wirklich präzise Aussagen lassen sich hier nicht machen, zu mal Offenheit sich selbst und anderen gegenüber in unserer Gesellschaft keinen echten Kurswert besitzt und keinerlei Ermunterung findet.

Die Verdrängung von Vorgestern und Übermorgen schafft noch kein erfülltes Heute. «Vorgestern»: Das meint jene merkwürdige Rückwartsgewandtheit und Rückwärtssehnsucht, jenen «altertümlich-neurotischen Untergrund» der deutschen Seele, den Thomas Mann im Faustus-Roman beschreibt.[35] Das meint jene Seelenschichten, die etwas zu tun haben mit dem Teufelspakt des Dr. Faustus, mit Luthers urwüchsig-gewaltigem Naturell, mit den Dürer-Bildern «Ritter, Tod und Teufel» und «Melancholia», die oft als Symbole des deutschen Charakters angesehen wurden (nicht zuletzt von den Franzosen, die darin mit heimlicher Furcht ein Stück «urdeutscher Barbarei» witterten). Das meint auch Märchen und Zauberwesen, den Glanz von «Reich» und Kaisertum, die Dichtungen von Tristan und Isolde, vom Gral und vom Untergang der Nibelungen, die Edda – kurz alles, dem die Sehnsucht der Romantiker galt und was der größte «Mittler des Mittelalters»[36], Richard Wagner, auf die Bühne gebracht hat. Auch Märchenhaft-Archetypisches spielt ins Vorgestern hinein: die Höhle im Berginnern, die den Hort, die den schlafenden Kaiser birgt, der Berg selbst als Herrschaftssymbol und -sitz, die wehrhafte Burg: Munsalvaesche, die Burg des Grals ...

Hitlers Alpendomizil bei Berchtesgaden, der Berghof am Obersalzberg, von ihm einmal halb im Scherz als «meine Gralsburg» bezeichnet, hat damit genauso zu tun wie Heinrich Himmlers Ordensritterphantasien, die selbst Hitler zuweilen verspottete, die aber erschreckende Auswirkungen zeitigten. Die Wewelsburg war als Ordenszentrum konzipiert; in ihr schuf sich Himmler sein Walhall, seinen Artushof, ein Produkt spätromantischer und pubertärer Träume. Übermorgen – das ist die Vision, die Utopie, die ungeheure Transzendierung des Gegenwärtigen. Das ist der Wille zur Neugestaltung, zur Neuordnung der Welt, zum Tausendjährigen Reich – das ist das Fernziel, das jedes Opfer rechtfertigt. Das ist die Verheißung von der alles verändernden Weltenwende: anthropologische Mutation und Züchtung. Hitlers Gedankenwelt war angefüllt mit derartigen Visionen, die selbst den Kosmos einbezogen, wenn man an die begeisterte Übernahme der Hörbigerschen Welteis-Lehre denkt. Davon wird noch zu berichten sein.

Was ist «typisch deutsch» am Nationalsozialismus? Zur Beantwortung dieser Frage bedürfte es einer Wesensbestimmung des deutschen Geistes, der deutschen Seele. Diese aber sieht sich naheliegenden und kaum überwindbaren Schwierigkeiten gegenüber. Der Missbrauch der Völkerpsychologie sitzt tief und schafft erhebliche Probleme – auch das ist ein Element deutscher Neurose. Wenn es gelingt, davon abzusehen, kommt man schnell an die Grenzen des noch mit rationalen Mitteln Darstellbaren. Beschreibbar ist eine gewisse Prädisposition im deutschen Denken, eine gewisse Ausrichtung. Schon die deutsche Sprache kann als Produkt des deutschen Geistes begriffen werden, der also als Formungskraft und Bestimmungsgröße der Zeichen- und Klangsymbolik der Sprache vorausgeht. Vom Ursprung der Sprache wissen wir fast nichts, und jedwede konsequent vorangetriebene Fragestellung mündet hier in den Mythos, in die Frage nach dem «Sein». – Wir sind misstrauisch gegenüber romantischen Begriffen wie Volksgeist oder Volksseele als eigenständigen metaphysischen Entitäten, haben ihnen aber nichts wirklich Fundiertes entgegenzusetzen.

Lassen wir also offen, was «deutscher Geist» im Letzten ist. Genug – er existiert. Er hat sich irgendwann als solcher unverwechselbar herausgebildet, nicht als unwandelbare Form oder Struktur, sondern als lebendige Funktion des historischen Werdens. Die Grenzen zur «deutschen Seele», zum «deutschen Charakter» sind nicht klar zu ziehen.

Facetten des deutschen Geistes

Wie wurde über den deutschen Geist geurteilt in den vergangenen zwei Jahrhunderten? Wie sah er sich selbst? Wie wurde er vom Ausland gesehen? Es erscheint sinnvoll, einige der am häufigsten hervorgehobenen Wesenszüge skizzenhaft zusammenzustellen. Dies soll ohne Systematik und naturgemäß auch ohne den Anspruch geschehen, hier letzte Tiefen auszuloten oder umfassend zu beschreiben. Die Unzulänglichkeit einer derartigen Katalogisierung, die zugestanden sei, wird zur Kritik herausfordern, zumal sich insbesondere nach 1945 Wandlungen und Verschiebungen ergeben haben, die hier zumeist unberücksichtigt bleiben. Der Einfachheit halber sei nachstehend die Gegenwartsform verwendet; damit soll keine bruchlose deutsche

Kontinuität suggeriert werden, so als sei das hier Angedeutete auch heute noch dominant ...

1. Der deutsche Geist hat ein gestörtes Verhältnis zu sich selbst: einerseits erfüllt von dem Bewusstsein der eigenen Größe, ja der ihm zugeordneten geschichtlichen Mission, ist er andererseits von Selbstzweifel, Unsicherheit, ja zuweilen Selbsthass angenagt. Das hat er mit dem jüdischen Geist gemein. Im Gegensatz dazu steht die Ungebrochenheit des nationalen Selbstverständnisses und Selbstbewusstseins, wie sie z. B. der französischen Intelligenz eigen ist.

Die deutsche Geschichte ist reich an Zeugnissen der Geringschätzung, ja Verachtung der Deutschen durch ihre bedeutendsten Geister. Dafür zwei Beispiele. Im zweiten Band des Briefromans «Hyperion» (1799) von Friedrich Hölderlin heißt es in einem Brief Hyperions an Bellarmin:

«So kam ich unter die Deutschen. (...) Barbaren von alters her, durch Fleiß und Wissenschaft und selbst durch Religion barbarischer geworden, tief unfähig jedes göttlichen Gefühls, verdorben bis ins Mark, in jedem Grad der Übertreibung und der Ärmlichkeit beleidigend für jede gutgeartete Seele, dumpf und harmonielos, wie die Scherben eines weggeworfenen Gefäßes (...) Es ist ein hartes Wort und dennoch sag ichs, weil es Wahrheit ist: Ich kann kein Volk mir denken, das zerrissner wäre, wie die Deutschen. Handwerker siehst du, aber keine Menschen, Denker, aber keine Menschen, Herrn und Knechte, Jungen und gesetzte Leute, aber keine Menschen ... »[37]

Nietzsche, zur Zeit der «Geburt der Tragödie» voller Hoffnungen auf die «Wiedergeburt des deutschen Mythos», eine umfassende Kulturerneuerung unter dem Zeichen von Kunst und Musik, findet schließlich im Jahre 1888, kurz vor seinem geistigen Zusammenbruch, Worte der schroffen Ablehnung der Deutschen, ja des Deutschenhasses. Im «Ecce homo» heißt es:

«Und warum sollte ich nicht bis ans Ende gehen? Ich liebe es, reinen Tisch zu machen. Es gehört selbst zu meinem Ehrgeiz, als Verachter der Deutschen par excellence zu gelten. Mein *Mißtrauen* gegen den deutschen Charakter habe ich schon mit sechsundzwanzig Jahren ausgedrückt (dritte Unzeitgemäße, S. 71) – die Deutschen sind für mich unmöglich. Wenn ich mir eine Art Mensch ausdenke, die allen meinen Instinkten zuwiderläuft, so wird immer ein Deutscher daraus.»[38]

An anderer Stelle schreibt Nietzsche, die Deutschen hätten «alle großen Kultur-Verbrechen von vier Jahrhunderten ... auf dem Gewissen». «Und immer aus dem gleichen Grunde, aus ihrer innerlichsten Feigheit vor der Realität, die auch die Feigheit vor der Wahrheit ist, aus ihrer bei ihnen Instinkt gewordenen Unwahrhaftigkeit, aus ‹Idealismus›.»[39] Erwähnt sei, dass sowohl die Bemerkungen Hölderlins als auch diejenigen Nietzsches einer tiefgreifenden Enttäuschung entstammen, der deprimierenden Beobachtung, dass das, was der deutsche Geist ist oder sein könnte, von den Deutschen selbst missachtet, ja verraten wurde. Man weiß, dass Hölderlin, wie einige seiner großen Dichtungen zeigen, von der welthistorischen Aufgabe des deutschen Geistes überzeugt war. – Der deutsche Hang zur «Selbstaufgabe» darf hiermit also nicht verwechselt werden.

2. Der Glaube des deutschen Geistes an die eigene Mission hat religionsähnliche Züge; er geht über das seit dem Zeitalter des Imperialismus auch von anderen Volkern entwickelte Missionsbewusstsein hinaus, das sich die Franzosen bis heute wohl am ausgeprägtesten bewahrt haben. Einer der führenden Nationalsozialisten, Hans Frank, notiert am 10. Februar 1937 in seinem Tagebuch:

> «Ich bekenne meinen Glauben an Deutschland. Deutschlands Dienst ist Gottesdienst. Keine Konfession, kein Christusglaube kann so stark sein wie dieser unser Glaube, dass, wenn Christus heute erschiene, er Deutscher wäre. Wir sind in Wahrheit Gottes Werkzeug zur Vernichtung des Schlechten.»[40]

Vergleichbar ist nur die jüdische Überzeugung von der Auserwähltheit des eigenen Volkes. Dies ist einer der Gründe für den Hitlerschen Antisemitismus. Hitler soll (zu Hermann Rauschning) gesagt haben: «Es kann nicht zwei auserwählte Völker geben. Wir sind das Volk Gottes. Besagt das nicht alles?»[41] Und:

> «Denn nur zwischen uns beiden wird der Kampf um die Weltherrschaft ausgefochten, zwischen Deutschen und Juden. Alles andere ist trügerischer Schein. (...) Ist Ihnen nicht aufgefallen, wie der Jude in allem und jedem das genaue Gegenspiel des Deutschen ist und ihm doch wieder so verwandt ist, wie es nur zwei Brüder sein können?»[42]

In seinem Buch «Mein Weg als Deutscher und Jude» (1921) beschreibt Jakob Wassermann die «Schicksals- und Charakterähnlichkeit» zwischen Deutschen und Juden:

> «Hier wie dort jahrhundertelange Zerstückelung und Mittel-
> punktlosigkeit. Fremdgewalt und messianische Hoffnung auf
> Sieg über alle Feinde und auf Einigung. Es wurde zu dem Be-
> huf sogar ein deutscher Spezialgott erfunden, der, wie der jü-
> dische Gott in den Gebeten, in allen patriotischen Hymnen fi-
> gurierte. (...) Ein seelisches Leben ohne Bindungen, das un-
> versehens zur Hybris führt, zu Hoffart und unbelehrbarem
> Starrsinn. Hier wie dort schließlich das Dogma der Auser-
> wähltheit.»[43]

Die besonders innige Beziehung gerade gebildeter Juden zur als
wesensverwandt empfundenen deutschen Kultur, zum deutschen Geist ist bekannt und hat bei einigen sogar das Dritte
Reich überdauert, man denke an Ernst Bloch, Hans Mayer, Theodor W. Adorno u. a. Die drei Genannten gehörten zu den ersten
nach 1945, die bemüht waren, das künstlerische Werk des von
den Nazis gefeierten Richard Wagner – die Primär-Quelle der
Hitlerschen Ideologie – neu zu interpretieren. Und sicher hat
Gershom Scholem Recht, wenn er darauf hinweist, dass «die
Liebesaffäre der Juden mit den Deutschen ... im Großen und
Ganzen einseitig und unerwidert geblieben» sei.[44] «Hitler sorgte
dafür, dass bei den meisten deutschen Juden beleidigte Liebe in
Hass umschlug.» (S. Haffner)[45] Ein extremes Beispiel dafür ist
der Deutschenhass Albert Einsteins, den dieser im amerikani-
schen Exil entwickelt hatte und der selbst von vielen Juden we-
gen seiner schroffen Unversöhnlichkeit kritisiert wurde.[46]

3. Der deutsche Geist ist am «Reich» orientiert; die politische Ordnungsform des «Staates» im Sinne Englands und Frankreichs lehnt er im Grunde ab. In der Utopie oder Vision vom «Reich» wird eine metaphysisch verankerte Ordnungsvorstellung erkennbar, mit der vielleicht auch jene Verhaltensweisen und Einstellungen zu tun haben, die man als Untertanengeist oder Obrigkeitshörigkeit kritisiert hat. Die Deutschen haben den Hang zur Ordnung um beinahe jeden Preis, sie sind «Ordnungsfanatiker», weil Ordnung für sie einen «Wert an sich» darstellt, eine nicht weiter hinterfragbare, gleichsam seinshafte Größe. So konnte in Deutschland nur jene Revolution erfolgreich sein, die eigentlich gar nicht stattfand (wie mit Recht gesagt wurde) bzw. die sich in legale Formen trügerisch zu vermummen wusste, eben die national-sozialistische, die spezifisch «deutsche Form der Revolution».

Das Wort «Reich» ist kaum adäquat übersetzbar; bedeutungsmäßig schwingt hier die mythisch geprägte Vorstellung einer Art von Endzeit-Reich des Friedens und der Gerechtigkeit mit (der Archetypus vom «Dritten Reich», von den Nazis propagandistisch geschickt ausgebeutet). Die höchste Ausformung der Reichsidee findet sich im Mittelalter bei Friedrich II. von Hohenstaufen, der sich als Weltherrscher (dominus mundi) und Friedenskaiser verstand und dem Herrschertum eine bis dahin einmalige sakrale Würde verlieh, wobei bemerkenswert ist, dass hier jüdisch-messianische Ideen beeinflussend gewirkt haben. Es ist kein Zufall, dass die umfassendste und eindrucksvollste Schilderung des «Messias-Kaisertums» des großen Staufers aus der Feder eines Juden stammt (gemeint ist die Staufer-Biographie von Ernst Kantorowicz von 1927, die auch Hitler nachweislich gelesen hat).

4. Der deutsche Geist neigt zur Überheblichkeit und zum Größenwahn, zum «Titanismus», zur trotzigen Überkompensation eigener Schwächen, zur Übertreibung jedweder Art. Ihm fehlt das Maß, die Ausgewogenheit, das Mit-sich-im-Gleichgewicht-Sein (weil er permanent über sich hinaus will), woraus zuweilen ein Hang zur Gewaltsamkeit erwächst. Ein übersteigertes Selbstbewusstsein der eigenen denkerischen Leistung bis hin zum schlichten Größenwahn ist keine Rarität unter deutschen Philosophen; man denke an Hegel, an Schopenhauer, an Nietzsche.

5. Der deutsche Geist hat einen Hang zum Perfektionismus; er verschmäht das Provisorium, das Vorläufige, das nur Angedeutete und gleichsam Impressionistische; er will «Hundertprozentigkeit», letztgültige intellektuelle Abrundung, woraus Dogmatismus und Fanatismus erwachsen können. Er will das Festgefügte eines in metaphysischen oder seinshaften Prinzipien gegründeten Weltbildes, in dem nur wenig Raum bleibt für das Spielerisch-Vexierhafte des Humors.

6. Damit eng verbunden ist die Neigung zu moralischem Rigorismus. Der deutsche Geist halt sich und alles ihm Ähnliche für «tief»; er verübelt es Jedem, der hier ein heiteres Auge zu erkennen gibt. Er grübelt häufig über sich. Nietzsche: «Es kennzeichnet die Deutschen, dass bei ihnen die Frage ‹was ist deutsch?› niemals ausstirbt.»[47] Noch einmal Nietzsche: «Der Deutsche *schleppt* an seiner Seele; er schleppt an allem, was er erlebt. Er verdaut seine Ereignisse schlecht, er wird nie damit ‹fertig›; die deutsche Tiefe ist oft nur eine schwere zögernde ‹Verdauung›.»[48]

Die moralischen Energien der Deutschen sind beträchtlich, wenn auch häufig richtungslos und daher bedenklich manipulierbar. Mit Recht spricht Joachim Fest einmal davon, dass die «Radikalität, die das eigentliche Wesen des Nationalsozialismus ausmacht», «kein Problem der kriminellen, sondern eines der pervertierten moralischen Energie» sei.[49] Eng gekoppelt an moralischen Rigorismus ist der Fanatismus der Prinzipienstarre, der religiös-sektiererhafte Heils- und Heilungswahn, die eifernde Unduldsamkeit in dem für wahr Gehaltenen. Der Fanatiker und moralische Rigorist hat wenig Phantasie für das von ihm zugefügte Leid, da er sich berufen glaubt, die aus den Fugen geratene Welt wieder «einzurenken» (wie es im «Hamlet» heißt). Die «deutsche Moral» hat einen eigentümlich steinernen Charakter ohne versöhnliche Züge.

7. Der deutsche Geist hat eine gefährliche Neigung zum Extremismus und Radikalismus; er denkt die Dinge weiter bis zum guten oder schlimmen Ende. Er verschmäht die Skrupel, er lehnt die Nuancen ab; er will gleichsam das Äußerste. Dies zieht sich von Fichte und Hegel über Nietzsche und die Expressionisten bis zu den Nationalsozialisten. Und auch nach 1945 finden sich genügend Belege dafür. Heinrich Himmler und viele SS-Unterführer waren moralische Rigoristen, Fanatiker, die jede menschliche und mitleidige Regung zu unterdrücken suchten (was oft nicht ohne Krampf und Qual abging), Extremisten, die dem Züchtungswahn in Richtung auf den «neuen Menschen» jedes nur erdenkliche Opfer zu bringen bereit waren. Hitler, Himmler und andere führende Nazis haben die Radikalität des Gedankens in schauerliche Realität umgesetzt. – Den Radikalismus des deutschen Geistes zeigt die Spannweite vom äußersten

Nihilismus, wie er in einigen Nietzsche-Fragmenten formuliert wird, bis zur Idee von der totalen Neuordnung der Welt, visionär ausgemalt in Weltenbränden und Apokalypse, der Rückbindung an den Kosmos.

8. Aus einer lichtfernen Schicht des deutschen Geistes bricht zuweilen eine eigenartige «Lust am Untergang» hervor, d. h. Eine Art des Extremismus, die auch den eigenen Untergang mitdenkt, mitwill, ja direkt oder indirekt vorbereitet. Dies manifestiert sich sowohl bei Nietzsche als auch bei Hitler.

Es ist jene «Nibelungenseite» des deutschen Wesens, häufig heraufbeschworen und sowohl gefürchtet als auch verspottet, der Hang zum «tragisch-heroischen» Untergang großen Stils, der gegebenenfalls auch eine Welt mit in den Abgrund zieht. Eine spezifisch deutsche Form des «Todestriebes», der Todessehnsucht spätromantischer Prägung? Wer den eigenen Untergang im Letzten will, verschmäht jede Rückversicherung, er verbrennt gleichsam die rettenden Schiffe, er verachtet das Zurück; dies offenbart die Seelenlage des «Vabanque-Fanatikers».[50] «Hitlers Reden sind voll dunkler Anspielungen auf schließliche Niederlage und Untergang, schon seit den frühesten Tagen seines Kampfes um die Macht.»[51] Dies gilt analog auch für Nietzsche: den «Vabanque-Denker» schlechthin.

Der Untergang der Burgunder am Ende des Nibelungen-Liedes – mit der Wucht einer antiken Tragödie konzipiert und im Letzten «grundheidnisch», wie Goethe bemerkt – ist die wohl prägnanteste Ausformung jener «tragisch-heroischen» Komponente. Richard Wagners «Ring des Nibelungen», speziell die «Götterdämmerung», von Hitler aus gutem Grund hoch geschätzt, ja bewundert, ist ohne diese Komponente nicht zu verstehen. Nach Nietzsche im Übrigen ist der Wille zum Untergang, zum Zugrundegehen, eine Spielart oder Ausdrucksform des Willens zur Macht.

Georges Clemenceau, französischer Ministerpräsident von 1906 bis 1909 und 1917 bis 1920, der als Vorsitzender der Versailler Friedenskonferenz maßgeblich beteiligt war an der Durchsetzung der harten Bedingungen, die Deutschland auferlegt wurden, schrieb:

«Es gibt in der deutschen Seele, in der Kunst, in der Gedankenwelt und Literatur dieser Leute eine Art Unverständnis für alles, was das Leben wirklich ist, für das, was seinen Reiz und seine Größe ausmacht, und an dessen Stelle eine krankhafte und satanische Liebe zum Tod. Diese Leute lieben den Tod. Diese Leute haben eine Gottheit, die sie zitternd, aber doch mit einem Lächeln der Ekstase betrachten, als wären sie von einem Schwindel erfasst. Und diese Gottheit ist der Tod. Woher haben sie das? Ich weiß darauf keine Antwort.»[52]

Ich will es mir ersparen, diese berühmten Sätze eines Mannes gesondert zu kommentieren oder zu relativieren, der die Deutschen wahrlich nicht liebte und der die politischen und psychologischen Folgen des Versailler Vertrages mitzuverantworten hat.

Vielfaltig waren die Appelle Hitlers und seiner Unterführer an den Willen der Deutschen zu Opfer und Untergang; diese Appelle haben Tiefenschichten des deutschen Geistes berührt und verhängnisvoll für das NS-Regime aktiviert.

«Die berühmte ‹Nibelungentreue›, die das Regime für sich beanspruchte, war vielleicht dem Geist der alten Dichtung gar nicht so fremd: denn charakteristisch für jene ist ja nicht die Treue der Nibelungen zueinander bis in den Tod, sondern die Treue zum Tod. So hatte der neue ‹Mythos› seine Wurzeln im alten – und in der deutschen Wirklichkeit.» (J. P. Stern)[53]

Genauer wäre hier von der Treue der Nibelungen zu Hagen zu sprechen, der seinerseits den «Willen zum Untergang» verkörpert. Auf eine merkwürdige Weise tragt Hitler Züge der Hagengestalt: des Nibelungenliedes *und* der «Götterdämmerung» Richard Wagners. – Im Februar 1942 sagt er in entlarvender Deutlichkeit: «Kurz gesagt ist es doch so, dass einer, der für sein Haus keinen Erben hat, sich am besten mit allem, was darin ist, verbrennen lässt – wie auf einem großartigen Scheiterhaufen.»[54] Er meint sich selbst und das von ihm beherrschte Deutschland; der «Nero-Befehl» vom 19. März 1945 dürfte mit derartigen Bestrebungen zusammenhängen. In einem «Spiegel»-Gespräch vom Mai 1983 hebt der DDR-Dramatiker Heiner Müller hervor, dass die Nibelungen «immer noch der deutscheste aller deutschen Stoffe sind und auch immer noch eine deutsche Wirklichkeit». «Nach wie vor werden die Nibelungen gespielt in Deutschland.»[55]

9. Der «Wille zum Untergang» ist eng verzahnt mit dem «Willen zum Opfer», der sich auf den verschiedensten Ebenen offenbart. In Deutschland genießt «Aufopferung» mehr als anderswo in Europa allerhöchstes Ansehen: Aufopferung für die Familie, den Beruf, das Vaterland, den Staat, die Partei u. ä. tritt gleichwertig

neben die «deutschen Tugenden» der Pflicht, der Arbeit, der Ordnung. Wer dieses tief in den Deutschen verankerte Wertsystem anzurühren vermag, hat immer Erfolg; die bisherige Geschichte dokumentiert dies, einschließlich der Zeit von 1933 bis 1945. Der «Wille zum Opfer» ist auch der «Wille zur Selbstüberwindung»; und wenn Nietzsche einmal Selbstüberwindung als seine «stärkste Eigenschaft» herausstreicht, dann ist er darin, wie auch in vielem anderen, ein «Deutscher par excellence». – Ungezählte Male beschwor Hitler die Opfer-bereitschaft der Deutschen – mit fulminantem Erfolg. Er knüpfte Sieg und Opfer eng aneinander.

10. Der deutsche Geist steht der politischen und gesellschaftlichen Wirklichkeit fremd gegenüber, er ist «unpolitisch». Geist und Politik – das gilt ihm als unvereinbar. Nietzsche hat dies in der «Götzen-Dämmerung» beschrieben:

«Die Kultur und der Staat – man betrüge sich hierüber nicht – sind Antagonisten: ‹Kultur-Staat› ist bloß eine moderne Idee. Das eine lebt vom andern, das eine gedeiht auf Unkosten des anderen. Alle großen Zeiten der Kultur sind politische Niedergangs-Zeiten: Was groß ist im Sinn der Kultur war unpolitisch, selbst antipolitisch.»[56]

Das kennzeichnet die Grundhaltung der Deutschen, insbesondere der deutschen Intelligenz. Politik gilt als «schmutziges Geschäft», mit dem «man» sich nicht abgibt, wenn man etwas auf sich hält im Sinne geistiger Kultur. Auch Hitler dachte ähnlich; häufig betonte er, nur widerwillig Politiker geworden zu sein und nur, weil sich kein anderer zur Rettung Deutschlands bereitgefunden habe; sonst wäre er Künstler oder Philosoph geworden. Die Selbsteinschätzung Hitlers als «Künstler-Politiker» wird uns noch beschäftigen. – Richard Wagner fasst die Haltung der deutschen Intelligenz zur Politik in den Worten zusammen: «Ein politischer Mensch ist widerlich.»[57] Und Thomas Mann formuliert in seinen «Betrachtungen eines Unpolitischen» von 1918: «Wenn Wagner irgendwie ein Ausdruck seines Volkes, wenn er irgendworin deutsch war, deutsch-human, deutschbürgerlich im höchsten und reinsten Sinne, so war er es in seinem Hass auf die Politik.»[58] Im Gegensatz dazu ist der französische Geist seit jeher gesellschaftlich orientiert, Geist und Politik sind für ihn keine Gegensätze.

11. Der deutsche Geist hat eine starke «irrationale» Komponente, die sich dem westeuropäischen Rationalismus überlegen fühlt. Von dieser aus erscheint die cartesianische «clarté» als flach, als oberflächlich. In diesem Sinne spricht Thomas Mann 1933 von der «alten deutschen Kultur-Quertreiberei» und nennt die Deutschen einen «Dorn im Fleische Europas, des Abendlandes».[59] Der deutsche Geist hat jenen vergrübelten Hang zum «Abseitigen» und Abgründigen des Seins, zu den lichtfernen Sphären von Natur und Seele. Dem korrespondiert der deutsche Hang zum Spirituellen, Esoterischen, «Übersinnlichen», Okkulten, zu Magie und Geheimgesellschaften in jedweder Form, den verschiedentlich gerade französischen Autoren für die Exzesse des Nationalsozialismus verantwortlich machen (so z. B. René Alleau in: «Hitler et les sociétés secrètes», 1969). In der deutschen Philosophie ist stets ein Teil Mystik, ein Element Meister Eckhart und Jakob Böhme. Deutsche Philosophie – das ist häufig intellektueller Abgrund und Extremismus, das

sind «Schleichwege» in die Tiefen der Existenz. Gerade in Deutschland ist der Geist immer wieder (vergeblich) bemüht, sich selbst zu widerlegen, sich selbst als Verstand und Vernunft gleichsam aufzuheben, das zeigt sich in der Nietzscheschen Lehre vom Willen zur Macht genauso wie in Ludwig Klages' Werk «Der Geist als Widersacher der Seele» (1929-32). Westeuropäer neigen dazu, den «deutschen Irrationalismus» in der Nähe von «Dämonie» anzusiedeln, von Todeszugewandtheit, dahinter einen Rückfall ins Mittelalter zu wittern, in die «teutsche» Barbarei.

12. Dies führt auf die bereits angedeutete Schicht des «Vorgestern» im deutschen Geist, den «altertümlich-neurotischen Untergrund», die «geheime Verbindung des deutschen Gemütes mit dem Dämonischen», wie Thomas Mann sagt[60], der hierin eine der Wurzeln des Nationalsozialismus sieht. In seinem Vortrag «Deutschland und die Deutschen» (gehalten am 29. Mai 1945 in den USA) heißt es, auf den Faustus-Roman vorausweisend:

> «Wo der Hochmut des Intellektes sich mit seelischer Altertümlichkeit und Gebundenheit gattet, da ist der Teufel. Und der Teufel, Luthers Teufel, Faustens Teufel, will mir als eine sehr deutsche Figur erscheinen, das Bündnis mit ihm, die Teufelsverschreibung, um unter Drangabe des Seelenheils für eine Frist alle Schätze und Macht der Welt zu gewinnen, als etwas dem deutschen Wesen eigentümlich Naheliegendes.»[61]

Für Goethe ist das «Dämonische» die Grundbedingung des

Schöpferischen überhaupt, dessen eigentliche Ermöglichung; er (wie auch Schelling) fasst den Begriff im «übermoralischen» Sinne auf, sieht ihn also keineswegs einseitig negativ. «Dämonie», so könnte man sagen, ist Schöpfertum, welches um die Abgründe weiß, welches aus den Abgründen gespeist wird, aus der Tiefe – aus dem «Ungrund», mit Jakob Böhme zu reden. «Ich bin immer am Abgrunde», sagt Nietzsche. Auch der deutsche Geist ist, so gesehen, «immer am Abgrunde», wie die Geschichte belegt. Das Dämonische kann zur Barbarei führen. In ihm liegen Wahnsinn und Höhenflug gefährlich dicht beieinander. Und nicht von ungefähr trägt die Figur des Adrian Leverkühn im Faustus-Roman deutliche Züge Nietzsches. «Nietzsche als Musiker» schien dem Großbürger und Humanisten Serenus Zeitblom alias Thomas Mann als das deutsche Genie schlechthin.

13. Der deutsche Geist strebt zur Musik, er ist dem Musikalischen nahe verwandt. Mit einigem Recht empfinden Ausländer häufig die Musik als die reinste und überzeugendste Manifestation des Schöpferischen im deutschen Volk, als «urdeutsch». Und nirgendwo sonst hat die Musik auch die Philosophie in solchem Maße geprägt und mit lebendigen Impulsen versehen. In Schopenhauers tiefsinnig-«deutscher» Metaphysik der Musik zeigt sich dies genauso eindrucksvoll wie in Nietzsches lebenslangen philosophischen Bemühungen um das «Schicksal der Musik». Die Musik, schreibt Schopenhauer, sei «darin von allen anderen Künsten verschieden, dass sie nicht Abbild der Erscheinung ..., sondern unmittelbar Abbild des Willens selbst ist und also zu allem Physischen der Welt das Metaphysische, zu aller Erscheinung das Ding an sich darstellt». Die Welt ist nach Schopenhauer die Selbstanschauung des in die Vielheit der Erschei-

nungen zersplitterten Weltenwillens; sie ist «verkörperte Musik», wie es in der «Welt als Wille und Vorstellung» heißt.[62] – Thomas Mann, für den Martin Luther das «Deutsche in Reinkultur» darstellt, «eine riesenhafte Inkarnation deutschen Wesens», hebt insbesondere dessen Musikalität hervor und bringt diese mit der durch Luther vollzogenen radikalen Trennung von geistiger und politischer Freiheit in Verbindung. Zeitlebens beschäftigt Thomas Mann das rätselhafte Wesen der Musik, der ihr innewohnende «Zahlenzauber», die unergründliche Einheit von «Ordnung» und «Wider-Vernunft».

«Soll Faust der Repräsentant der deutschen Seele sein, so müsste er musikalisch sein; denn abstrakt und mystisch, das heißt musikalisch, ist das Verhältnis des Deutschen zur Welt, – das Verhältnis eines dämonisch angehauchten Professors, ungeschickt und dabei von dem hochmütigen Bewusstsein bestimmt, der Welt an ‹Tiefe› überlegen zu sein. / Worin besteht diese Tiefe? Eben in der Musikalität der deutschen Seele, dem, was man ihre Innerlichkeit nennt, das heißt: dem Auseinanderfallen des spekulativen und des gesellschaftlich-politischen Elements menschlicher Energie und der völligen Prävalenz des ersten vor dem zweiten. Europa hat das immer gefühlt und auch das Monströse und Unglückliche davon empfunden.»[63] (Aus: «Deutschland und die Deutschen»)

Es ist von tiefer Bedeutung, dass Hitler die Musikdramen Richard Wagners bewunderte und Wagner selbst als seinen «einzigen Vorläufer» bezeichnete. Mehr als andere deutsche Musik atmet diejenige Richard Wagners etwas von «Vorgestern» im Sinne Nietzsches und Thomas Manns, zugleich auch etwas von faustisch-spätmittelalterlichem Teufelspakt.

14. Vielfach gilt im Ausland, gehasst und gefürchtet, der preußische Militarismus als «typisch deutsch» (speziell bei den Franzosen). Militarismus, Preußentum, Deutschland – das wird oft gleichgesetzt. «Preußischer Geist»: Das sind die Tugenden der Disziplin, des Gehorsams, der Unterordnung und alles dessen, was sich als «Männlichkeit» versteht und mit einer Verachtung und Unterdrückung alles Weiblichen (auch der «weiblichen» Seelenschichten im Manne) einherzugehen pflegt. (Vollendete «Höflichkeit» und «Ritterlichkeit» der Frau gegenüber ist kein Gegensatz dazu, sie kann mit einer Geringachtung der Frau verbunden sein – und ist es auch häufig; man studiere Nietzsches Aussagen über die Frauen!) In «Jenseits von Gut und Böse» feiert Nietzsche «die Skepsis der verwegenen Männlichkeit, welche dem Genie zum Kriege und zur Eroberung nächst verwandt ist und in der Gestalt des großen Friedrich ihren ersten Einzug in Deutschland hielt».[64] Er begrüßt die sich anbahnende Heraufkunft kriegerischer Tugenden in Deutschland «trotz aller Romantik in Musik und Philosophie» und verspottet die durch eine Bemerkung Michelets belegte «Furcht vor dem ‹Mann› im deutschen Geist». Nun – dieser «‹Mann› im deutschen Geist» ist nicht zuletzt die Deutschen selbst teuer zu stehen gekommen. Und sicher ist im Nationalsozialismus eine Schicht genuinen Preußentums, vor allem in der SS, ein Stück Friderizianismus. Hitlers Verehrung für Friedrich den Großen ist völlig konsequent; er hatte gute Gründe, sein eigenes Wirken zu demjenigen des großen Preußenkönigs in Parallele zu setzen. Man soll sich hier nicht durch falsche Idealisierungen des Preußentums und seines größten Herrschers irreleiten lassen.

15. Die Deutschen sind «Willens-Metaphysiker». Der Wille spielt in ihrer Vorstellungswelt eine zentrale Rolle. Seinem Wesen nach ist Wollen ein Prozess, kein Zustand; der Wille, als «Wille zur Zukunft», wird aus dem Bewusstsein geboren, dass das nicht ist, worauf der Wille zielt, dass es aber – eben durch die Kraft des Willens – realisiert werden kann.

«Wille» und «Werden» hängen zusammen; der Wille ist nicht, er geschieht, um das zitierte Nietzsche-Wort über die Deutschen abzuwandeln. Der «deutsche Wille» ist aufs «Übermorgen» gerichtet. In einem Nachlass-Fragment von 1885 schreibt Nietzsche: « ... wir Deutschen wollen etwas von uns, was man von uns noch nicht wollte – wir wollen etwas mehr!»[65] Worin dieses «mehr» besteht, darüber wird sich kaum ein Konsensus erreichen lassen; die Nazis haben es auf ihre Weise interpretiert und zu leben versucht. – Bei Schopenhauer und Nietzsche ist «Wille» der Zentralbegriff der philosophischen Welt-Auslegung; beide sind, obwohl sie es zurückweisen, von Fichte und Schelling beeinflusst. Letzterer muss als der eigentliche Begründer der Metaphysik des Willens angesehen werden, die als die «deutsche Philosophie» schlechthin gelten kann. – In den Reden Hitlers und anderer Nazis taucht das Wort «Wille» unzählige Male auf; es ist in der Tat ein Schlüsselwort, ein die deutsche Seele kennzeichnendes und aufschließendes Wort. «Den lieb ich, der Unmögliches begehrt», heißt es in Faust II. Das ist «echt deutsch» gedacht: das Wollen des Unmöglichen oder unmöglich Scheinenden. Der deutsche Wille zeigt Tendenzen zum Willensfanatismus, zur Verkrampfung, zur Sturheit, zum trotzigen «Dennoch» und «Jetzt erst recht». Auf ihre Weise waren sowohl Nietzsche als auch Hitler Willensfanatiker; beide sahen im Willen eine «Welt-Konstituente» und vertrauten auf die nachgerade magische Kraft des eigenen Willens (in der angenommenen Übereinstimmung mit einem übergeordneten, kosmischen Willen).

16. «Es kennzeichnet die Deutschen, dass man über sie selten völlig unrecht hat.» (Nietzsche) Die Deutschen sind widersprüchlich, eine Eigenschaft, die alle anderen Eigenschaften zu relativieren vermag. Je nach Blickwinkel kann die «Widerspruchs-Natur» der Deutschen ihrerseits der «irrationalen» Komponente der deutschen Seele zugeordnet werden, also Punkt 11 des hier skizzierten «Eigenschaften-Katalogs».

Es sei noch einmal betont, dass hier lediglich zusammengetragen wurde, wie in Deutschland selbst und im Ausland in den letzten beiden Jahrhunderten über den deutschen Geist geurteilt worden ist. Die Ergänzungsbedürftigkeit dieses Katalogs versteht sich gleichsam von selbst. Was die Zeit nach 1945 hier an Strukturwandlungen gebracht hat, gehört zur Wirkungsgeschichte Hitlers und des Nationalsozialismus, zu der eingangs erwähnten deutschen Misere der Nachkriegszeit.

Nationalsozialismus als «Hintertreppen-Islam»

Die Frage nach dem «Deutschen» im Nationalsozialismus und in Hitler hängt eng zusammen mit dem Problem der Einordnung der NS-Herrschaft in die deutsche Geschichte. – Was war «deutsch» am Nationalsozialismus? Was war «deutsch» an Hitler? Beide Fragen sind zwar nicht miteinander identisch, gehören aber aufs Engste zusammen. Der Nationalsozialismus war im Grunde, auch von seiner Entstehung her, «Hitlerismus», und so gesehen war Hitler selbst der erste überzeugte «Hitlerist». Er, darüber kann kein Zweifel bestehen, glaubte an sich selbst und seine welthistorische Mission. Seit der Landsberger Festungshaft und seit der Abfassung des ersten Bandes von «Mein Kampf» (1924) gab es für ihn keine andere Rolle mehr als diejenige des «Führer-Heilands»: Retter des deutschen Volkes, Gründer des germanischen Weltreiches, Weltherrscher und Vernichter des Judentums. Man hat oft darauf hingewiesen, dass hier starke religiöse oder pseudo-religiöse Motive hineinspielen – johanneische, gnostische, manichäische: Weltenkampf der arischen Kräfte des Lichts gegen die semitischen Kräfte der Zerstörung und der Finsternis. In Hitlers Vorstellung war der Nationalsozialismus langfristig dazu bestimmt, als eine Art Weltreligion zu fungieren; ohne Frage sah sich Hitler als deren Prophet, und es ist viel «Islamisches» darin enthalten. Thomas Manns eher beiläufige Bemerkung über den Nationalsozialismus als «Hintertreppen-Islam»[66], ist mehr als nur ein literarisches Aperçu. Hitlers enge Beziehung zur islamischen Vorstellungswelt hat nicht jene Beachtung gefunden, die ihrer Bedeutung entspricht.

Hitler proklamierte die Einheit von Idee und Führer in der NSDAP, ab 1933 die Einheit von Führer und Volk. Nicht eine klar formulierte politische Zielvorstellung (schon gar nicht die berühmten 25 Punkte des Parteiprogramms von 1920) haben der NSDAP jene Durchschlagskraft verliehen, der am Ende niemand mehr gewachsen war. Die Partei verstand sich in der Aufstiegsphase als eine auf den charismatischen Führer eingeschworene Kampfgemeinschaft, wobei männerbündlerisch-homoerotische Züge unverkennbar sind. Joachim Fest weist darauf hin, dass der Massenerfolg Hitlers in den Jahren 1930-32 in erster Linie «ein religionspsychologisches Phänomen» gewesen sei, das «weniger politische Überzeugungen als seelische Zustände sichtbar» gemacht habe.[67] – Die wenigsten NSDAP-Mitglieder oder auch nur -Wähler dürften die beiden Bände von «Mein Kampf» gelesen haben. Nationalsozialismus: Das war für viele zunächst einmal das Prinzip Hoffnung, lärmender Protest gegen das Weimarer «System», Sprachrohr für Ängste und kleinbürgerliche Neidkomplexe, antikapitalistische Sehnsüchte und Aktionsbedürfnisse, für die unpolitische Erwartung des «Ganz-Anderen», der großen, befreienden Wende, der «nationalen Wiedergeburt» im Kampf gegen das «Diktat von Versailles» usw. Die NSDAP gab sich zukunftsbewusst, siegesgewiss, unberührt von den Skrupeln der bürgerlichen Parteien, antiintellektuell (was gerade für Intellektuelle seit je einen seltsamen Reiz hat), kämpferisch-radikal und gleichzeitig auf eine suggestive Weise rituell: gebunden an den Kultzauber der einprägsamen Symbole, an das Ordnungssystem einer «magischen Geometrie» – Marxismus, Katholizismus und Wagner-Oper in seltsamer Verschmelzung.

Was viele für Nationalsozialismus hielten, war nur die Fassade oder Maskerade. Bekanntlich gab es manche NSDAP-Mitglieder, die ernstlich an die Möglichkeit glaubten, einen «nationalen Sozialismus» zu verwirklichen. Führender Repräsentant dieser Gruppe war Otto Strasser, der 1930 die Partei verließ. Doch hielten sich Gedanken dieser oder ähnlicher Art bis weit in die 30er Jahre hinein. Was der Nationalsozialismus «eigentlich» war, darüber konnte schon vor 1933 und auch während der Nazizeit und danach keine Einigung erzielt werden. Noch heute kann man gelegentlich die längst widerlegte These hören, der

Nationalsozialismus sei im Kern eine reaktionäre Bewegung gewesen, gleichsam die radikalere Version der DNVP. Genau diese Einschätzung hat mit dazu beigetragen, dass Hitler Reichskanzler werden konnte. Die Illusionen der Konservativen vom Schlage Papens und Hugenbergs, ihre Einrahmungs- und Bändigungsbestrebungen, ihre bis ins Groteske gehende Unterschätzung der Persönlichkeit Hitlers und seines Machtwillens sind häufig beschrieben worden. Hitler war kein Nationalist im herkömmlichen Sinne, obwohl er sich nationalistischer Formeln bediente und bedienen musste. Er hielt sich gerade für den *Überwinder* des traditionellen Nationalismus!

In seinen auf das Erdganze bezogenen Visionen figurierten Rassen und Völker (bei ihm häufig als Synonyme verwendet) als Verkörperungen von kosmischen Kräften. Er brauchte den Nationalismus und den Konservatismus, obwohl er gerade Letzteren verachtete. Zu seinen Schachzügen gehörte es, als Bewahrer einer Kultur aufzutreten, auf deren Zerstörung und Überwindung er es abgesehen hatte. Dass er vielen Konservativen im In- und Ausland als Bollwerk gegen den als kulturzerstörend gewerteten Bolschewismus erschien und damit als der – ungeliebte – Vertreter einer gemeinsamen Sache, hat er gewusst und gezielt als Mittel der Innen- und Außenpolitik eingesetzt.

Zweifellos war er einer der größten Machttaktiker der Geschichte, jedenfalls so lange, als er die jeweils Anderen benötigte; als er Ihrer entraten zu können glaubte, verlor sich das machttaktische Kalkül, und das eigene Bewusstsein, zu schlechthin Ungeheurem ausersehen zu sein, brach sich auf furchtbare Weise Bahn. Nationalsozialismus ist im Innersten Hitlerismus; Hitler war der Programmatiker, Visionär und Praktiker einer Revolutionsidee von beispielloser Radikalität.

«Der Anspruch, den Hitler erhob, zielte auf nichts Geringeres als die Heilung der Welt. (...) Was er zu überwinden beanspruchte, war nichts anderes als die Selbstentfremdung des Menschen, verursacht durch den zivilisatorischen Prozess.» (Joachim Fest)[68]

Die Frage nach dem Nationalsozialismus ist die Frage nach Hitler; beides ist nicht zu trennen. Gottfried Benn schreibt im Mai 1933:

«Heute und hier können Sie immer wieder die Frage hören: schuf Hitler die Bewegung oder die Bewegung ihn? Diese Frage ist bezeichnend, man kann sie beide nämlich nicht unterscheiden, da sie beide identisch sind. Es liegt hier wirklich jene magische Koinzidenz des Individuellen und des Allgemeinen vor, von der Burckhardt in seinen Weltgeschichtlichen Betrachtungen spricht, wenn er die großen Männer der historischen Weltbewegung schildert.»[69]

Tausende von Parteimitgliedern im übrigen, die Hitlers Selbstbild vom «Führer-Messias» nicht nachvollziehen konnten oder schlicht, wie manche SA-Männer, für literarischen Unfug erklärten, fühlten sich doch Hitler aus dem gemeinsamen Kampf heraus verbunden und identifizierten sich mit ihm, empfanden ihn als den überzeugenden Repräsentanten der Bewegung.

Was war «deutsch» am Nationalsozialismus? Das führt notwendig auf die bohrende und schmerzliche Frage nach dem Element «Hitler» im deutschen Geist. «Beide, Hitler und die Mentalität dieses Volkes, wurzeln lückenlos in einer Kontinuität, die sich vom Anfang des 19. Jahrhunderts bis heute entfaltet.»

(Friedrich Heer)[70] Demgegenüber vertritt Sebastian Haffner die These, dass Hitler «in der deutschen Geschichte ein Unikum ist, ohne Vorläufer und ohne Nachfolger».[71] Damit wird der Hitlerismus zum totalen Fremdkörper in Deutschland erklärt.

1933: Die Illusion des Heute – «chiliastische Erwartung» und «unenthüllte Möglichkeit»

Werfen wir einen Blick auf das Frühjahr 1933, auf die Monate nach der Machtübernahme. Der deutsche Geist, so erschien es vielen Deutschen, aber auch Ausländern, hatte nunmehr politisch zu sich selbst gefunden. Beispiellos war die Aufbruch- und Umbruchstimmung jener Zeit; zwar gingen Tausende in die Emigration, zwar wurden politische Gegner behindert, drangsaliert oder, wie im Falle der Kommunisten, gleich zu Beginn mit physischem Terror niedergeworfen, aber eine nicht unbeträchtliche Zahl der Deutschen wurde gleichwohl von einer Woge nationaler Begeisterung erfasst, die keineswegs *nur* propagandistisch geschürt war.

> «Hitlers Berufung (zum Reichskanzler) fand bei mehr Menschen Zustimmung, als die NSDAP Wähler hatte. Da brach etwas auf, was es in Deutschland noch nicht gegeben hatte. Wildfremde Menschen umarmten sich auf den Straßen und küssten sich und weinten zusammen, als sei ein neues Zeitalter angebrochen. (...) ‹Gab es in Deutschland jemals einen solchen Ausbruch von hochgestimmter Erregung, Glück und Triumph ... ?› fragt Ernst Nolte, und die Frage muss verneint werden. (...) Die Historiker konnten später nicht erklären,

wie diese Massenspontaneität zustande gekommen war: die Umzüge, die sich in hunderten deutscher Städte und Ortschaften formierten, die marktschreierischen, fast pseudoreligiösen Selbstbekennergesten unzähliger Menschen, das Aufziehen von Hakenkreuzfahnen auch in den entlegensten Dörfern ... Eine irrationale Zuversicht brach sich Bann, die wundergläubige Vorstellung setzte sich fest, nun werde alles besser werden.» (Heinz Höhne)[72]

Gleichwohl ließen die neuen Machthaber nichts unversucht, die an den August 1914 gemahnende Massenekstase mit geschickten Propagandacoups noch zu steigern. Auch wurde die Versöhnung des neuen mit dem alten Deutschland lautstark verkündet und in symbolträchtigen Szenen sinnfällig zu machen versucht; man denke an die nachgerade perfekte Regie des «Tages von Potsdam» (21. März 1933), der Hitler die Möglichkeit gab, sich als Erbe des Preußentums, speziell Friedrichs des Großen, wirkungsvoll ins Bild zu setzen.

Das «beherrschende Gefühl der Zeitenwende»[73], das alle sozialen Schichten erfasst hatte, war ohne Frage echt und lässt sich nur als das Wirksamwerden archetypischer Strukturen verstehen. Die deutsche Geschichte schien in der «nationalen Revolution» einen, wenn nicht gar *den* Höhepunkt erreicht zu haben, der zugleich das Versprechen in sich barg, die «Schmach von Versailles» endgültig zu tilgen, die nationale Demütigung zu überwinden. Und der neue Kanzler war keineswegs als der Verfasser von «Mein Kampf» im Allgemeinen Bewusstsein; Journalisten gegenüber ging er sogar in eine gewisse Distanz zu seinem eigenen Buch.

Gottfried Benn gehörte zu jenen stark von Nietzsche beeinflussten Intellektuellen und Künstlern, die in der Machtübernahme durch Hitler nicht primär eine politische, sondern eine Bewusstseins- und Epochenwende erblickten. Ähnlich dem «Fall Heidegger» erscheint mir derjenige Benns von aufschlussreicher Bedeutung für die Beurteilung dessen, was Joachim Fest die «Selbstgleichschaltung der Intellektuellen» im Jahre 1933 genannt hat.[74] Dieser von vielen mit Erstaunen oder Erschrecken registrierte Prozess ist nicht vorstellbar ohne das bewusstseinsprägende Fortwirken Nietzscher Gedanken, speziell bestimmter antihumanistischer Suggestivformeln, die in Intellektuellenkreisen verbreitet waren und dort ästhetisch-zynisch gegen die bürgerliche Welt ausgespielt wurden. An der formelhaften Verkürzung der Ideen Nietzsches haben viele Bewunderer des Philosophen mitgewirkt, *auch* einige Nationalsozialisten (etwa Alfred Rosenberg); das Weimarer Nietzsche-Archiv unter der Leitung Elisabeth Förster-Nietzsches hat hier eine besonders unrühmliche Rolle gespielt.[75]

Während Thomas Mann und Heinrich Mann wie viele andere Schriftsteller Deutschland 1933 verließen, blieb Gottfried Benn und setzte seine künstlerisch-intellektuelle Autorität ein, um für den neuen Staat zu werben. Dies war keineswegs, wie man es später zuweilen sehen wollte, aus Opportunismus geboren. In seiner Autobiographie «Doppelleben» von 1950 schreibt Benn:

«Es ist nicht so, dass man uns nicht glauben kann. Wir waren nicht alle Opportunisten. Wir haben unsere inneren Überlegungen gehabt und dann unsere Zweifel durchgekämpft und dann mit unseren inneren und äußeren Niederlagen bezahlt wie jene, die sich von uns trennten. (...) Aus Opportunismus erhält sich kein schöpferischer Mensch. Man muss tiefere und verfänglichere Schichten aufsuchen, um zu Urteilen zu gelangen.»[76]

Benns «Doppelleben» ist häufig der sogenannten Rechtferti-gungsliteratur nach 1945 zugerechnet worden, und nicht weni-ge fühlten sich bemüßigt, die politische Blindheit dieses großen Lyrikers, selbst noch nach dem Zusammenbruch des Dritten Reiches, zu bedauern oder anzuklagen. Am nachdrücklichsten hat sich Benn, der kein Parteimitglied war, in seiner «Antwort-rede an die literarischen Emigranten» (24.5.33 Rundfunkrede, 25.5.33 Presseveröffentlichung) für den NS-Staat ausgespro-chen, und zwar als Antwort auf einen Brief von Klaus Mann aus dem französischen Exil, in dem dieser sein Befremden über die Haltung Benns zum Ausdruck gebracht hatte. Benns innere Ab-wendung vom Nazi-Regime erfolgte spätestens seit der Nieder-schlagung des «Röhm-Putsches» im Sommer 1934; wie viele Deutsche, so war auch Benn von der brutalen Mordaktion an den Führern der SA und anderen (unter ihnen auch Kurt von Schleicher und Gregor Strasser) entsetzt und abgestoßen. So ging er 1935 in die «innere Emigration», wie er es mit einem viel kritisierten Wort bezeichnete, – er zog sich als Militärarzt in die Armee zurück, weil der direkte Einfluss der Nationalsozia-listen hier noch vergleichsweise gering war. Bekanntlich änder-te sich dies erst, als Hitler die direkte Befehlsgewalt über die Ar-mee selbst übernahm, das Reichskriegsministerium auflöste und Wilhelm Keitel als Chef des – neu geschaffenen – Oberkom-mandos der Wehrmacht einsetzte (also im Februar 1938). In der Armee genoss Benn den persönlichen Schutz durch seine Vorgesetzten; seine Schriften wurden von den Nationalsozialis-ten verfemt und verboten, er selbst in übelster Form diffamiert.

71

Was hat einen der bedeutendsten deutschen Dichter des 20. Jahrhunderts dazu gebracht, sich zumindest vorübergehend für das NS-Regime zu erklären? Die Frage ist bisher nur unzulänglich beantwortet worden; sie gehört zu der umfassenderen Frage nach dem offenkundigen «Versagen» großer Teile der deutschen Intelligenz im Jahre 1933, wodurch Hitler moralisch-intellektuell aufgewertet wurde. Es gab Aufrufe und Treuegelöbnisse «für den Volkskanzler Adolf Hitler», die von zahlreichen Persönlichkeiten aus dem kulturellen Leben unterzeichnet wurden. Dies hat einen wichtigen Beitrag geleistet zu jener im Nachhinein beklemmend anmutenden Geschwindigkeit, mit der sich die Übernahme aller wichtigen Machtpositionen durch die Nationalsozialisten vollzog. Entgegen einer verbreiteten Legende war dies nicht primär die Folge von SA-Terror, Einschüchterung und Propaganda, sondern wurde aus anderen, tieferen Quellen gespeist. – Thomas Mann, der schon früh vor dem Nationalsozialismus gewarnt hatte, spricht in seinen Tagebuchaufzeichnungen von 1933 von den «unglückseligen Intellektuellen, die die schmutzigste Travestie ihres Traumes von hohem und reinem Deutschtum verwechseln mit diesem ihrem Traum; die in dem ekelsten Popanz, den die Weltgeschichte gebar, den ‹Retter› erblicken ... und einen hysterischen Schwindler, eine elende Null von Mensch, der die glaubensgierige Not und Wirrsal der Zeit mit der schlauen Zähigkeit des Verrückten zu seiner Erhöhung zu nutzen wusste, mit charismatischem Schimmer umgeben».[77] «Es ist menschlich nie etwas Ähnliches vorgekommen. Dabei ungeheurer Jubel der Massen, die glauben, dies wirklich gewollt zu haben, während sie nur mit verrückter Schlauheit betrogen wurden, was sie sich vorläufig nicht eingestehen können, – und das sichere Wissen aller Besseren, dass alles einem furchtbaren Verderben entgegensteuert.»[78] Angesichts dieser und ähnlicher Urteile muss man Thomas Mann, im Vergleich mit Gottfried Benn, den weitaus größeren politischen Instinkt zugestehen; und doch bleibt der Verdacht, dass der Humanist Thomas Mann hier der «verrückten Schlauheit» im Jahre 1933 zu viel an Einflussmöglichkeiten einräumt und das, was da in der Tat spontan aufbrach und viele mit sich riss, zu gering achtet. «Betrug» ist sicherlich eine Komponente des Geschehens, und nicht nur 1933, aber die Zusammenhänge sind hier erheblich tiefer und komplizierter, wie auch Thomas Mann selbst in späteren Jahren eingestand. Was 1933 geschah, ist mit den Mitteln der bürgerlichen Vernunft allein nicht adäquat zu beurteilen. «Man muss tiefere und verfänglichere Schichten aufsuchen, um zu Urteilen zu gelangen», wie Gottfried Benn sagt. Diese Schichten berühren die seelischen Energien des Archetypischen in dem eingangs skizzierten Sinne.

Eingeschoben sei eine Äußerung Carl Friedrich von Weizsäckers aus seiner biographischen «Selbstdarstellung» von 1975. Im Rückblick auf die Machtübernahme durch Hitler schreibt er:

«Mein Unglaube an die Legitimität des bürgerlichen Systems – in meiner Generation damals weit verbreitet – und *eine unklare chiliastische Erwartung* machten mich Zwanzigjährigen empfänglich für den seelischen Vorgang, den ein tiefblickender Kritiker die Pseudo-Ausgießung des Heiligen Geistes von 1933 genannt hat. Nicht der gedankenlose Inhalt der Parolen imponierte mir, aber das Faktum, dass zahllose Menschen, die verzagt und verzweifelt gewesen waren, einen gemeinsamen Lebensinhalt empfanden; das also, was die Anhänger der Bewegung ihren Idealismus nannten. Hinter der Liturgie der Vorbeimärsche, der Faszination der Macht, den Ekstasen des Führers meinte ich *eine noch unenthüllte Möglichkeit eines höheren Inhalts* zu spüren. Die Warnungen meines Vaters und meine Freundschaft mit Juden bewahrten mich vor der Versuchung, mich der Bewegung anzuschließen.»[79] (Hervorhebungen von J. K.)

Die Aussagen Weizsäckers zum Nationalsozialismus sind von respektgebietender Wahrhaftigkeit. Mit Recht deutet er auf die aus Feigheit geborenen «lebensgefährlichen Verdrängungsbarrieren» im deutschen politischen Bewusstsein nach 1945 und vermerkt lapidar: «Ich gehöre zu denjenigen Deutschen, die das Faktum des Nationalsozialismus nicht bewältigt, sondern überlebt haben.»[80]

Man vergleiche die Empfindungen Weizsäckers von 1933 mit denjenigen Gottfried Benns (geb. 1886). In der «Antwort an die literarischen Emigranten» schreibt Benn, die Emigranten hätten es versäumt, den von ihnen «so herabsetzend und hochmütig gebrauchten Begriff ‹das Nationale› in seiner realen Bewegung, in seinen echten überzeugenden Ausdrücken als Erscheinung wahrzunehmen», hätten es ferner versäumt, «die Geschichte form- und bilderbeladen bei ihrer vielleicht tragischen, aber jedenfalls schicksalsbestimmten Arbeit zu sehen». «Und mit diesem allen meine ich nicht das Schauspielhafte des Vorgangs, das impressionistisch Fesselnde von Fackeln und Musik, sondern den inneren Prozess, die schöpferische Wucht, die in der Richtung wirkte, dass sie auch einen anfangs widerstrebenden Betrachter zu einer weitertreibenden menschlichen Umgestaltung führte.»[81] Beide, der Arzt und Dichter sowie der angehende Physiker und Philosoph, sind 1933 angerührt von einem geahnten *inneren* Geschehen hinter der lärmenden Fassade der politischen Ereignisse. Diesem «inneren Prozess» wird eine ins Höhere, geschichtsgesetzlich-Existentielle hineinragende Bedeutung zugewiesen. Eine analoge Wertung der Geschehnisse findet sich auch in Martin Heideggers Freiburger Rektoratsrede vom 27. Mai 1933, in der u. a. um Verständnis für die «Herrlichkeit» und «Größe» des nationalen «Aufbruchs» jener Tage geworben wird.

Der Archetypus des Dritten Reiches

Auch und gerade angesichts der Katastrophe, die jenem Hochgefühl von Millionen 1933 einige Jahre später nachfolgte, tun wir Heutigen gut daran, es uns nicht zu einfach zu machen, uns nicht mit klischeehaften Deutungsversuchen zu begnügen. Vorgestern und Übermorgen im Sinne der oben zitierten Kennzeichnung der deutschen Seele durch Nietzsche fügten sich 1933 im Bewusstsein vieler Deutscher zu einem Heute der Erfüllung alter Sehnsüchte, was schon an der Bezeichnung «Drittes Reich» für den NS-Staat ablesbar ist. Hier kam einer der großen geschichtsmächtigen Archetypen zu fataler politischer Wirksamkeit. Dass dies überhaupt und in dieser Intensität geschehen konnte, ist bis dato nur unzulänglich erklärt worden.

Ernst Bertram schreibt in seinem 1918 erschienenen Buch «Nietzsche. Versuch einer Mythologie», Nietzsche habe «das Unerhörteste» gepredigt: «Er verkündet den Antichrist, des Übermenschen drittes Reich ... er schaut ein Kommendes, aber er horcht auf das Vergangene.»[82] Ernst Bertram gehörte zu denjenigen, die 1933 die Machtübernahme durch Hitler begeistert begrüßten und auch, im Gegensatz zu Benn, nach 1934 dem NS-Regime wohlwollend gegenüberstanden (er wurde nach 1945 als «Aktivist» eingestuft und erhielt vorübergehend Schreibverbot). Für Bertram war Nietzsche ein Vorläufer und Wegbereiter des Nationalsozialismus. – Erst durch den konservativen Schriftsteller Moeller van den Bruck ist der Begriff «Drittes Reich» einer breiteren Öffentlichkeit bekannt geworden (sein Buch «Das Dritte Reich» erschien 1923). Moeller van den Bruck gehörte zu den Verfechtern eines «dritten Weges» zwischen Kapitalismus und Sozialismus; lange vor den Nationalsozialisten sprach er von «nationalem Sozialismus». Deutschland, so meinte er, fehle ein chiliastisches Ideal, eine endzeitliche Heilserwartung. Das zu schaffende «neue» Deutschland müsse «von der Idee der germanischen Vergangenheit und der möglichen zukünftigen Größe Deutschlands beflügelt in einem neuen Zeitalter die Traditionen eines mittelalterlichen Sendungsbewusstseins wiederbeleben».[83] Vorgestern und Übermorgen erscheinen in dieser Vorstellung in gleichsam klassischer Gestalt. Die literarischen Produkte der Nazizeit, soweit sie regimekonform waren oder zumindest ihre Sympathie mit dem Regime bekundeten, zeigten sich erfüllt von dem Gedanken, dass Deutschland nunmehr in eine höhere Ordnung der Dinge eingetreten sei, dass eine tiefgreifende Umwertung stattgefunden habe.

Wille und Opfer

Am Abend des 1. Mai 1933 verkündete Hitler in einer Rede die Überwindung aller Klassenunterschiede durch die «Volksgemeinschaft», die in folgenden Sätzen ausklang (die in ähnlicher

Form in einer Vielzahl von Hitler-Reden aus jener Zeit erscheinen):

«Wir wollen tätig sein, arbeiten, uns brüderlich vertragen, miteinander ringen, auf dass einmal die Stunde komme, da wir vor Ihn hintreten können und Ihn bitten dürfen: Herr, Du siehst, wir haben uns geändert, das deutsche Volk ist nicht mehr das Volk der Ehrlosigkeit, der Schande, der Selbstzerfleischung, der Kleinmütigkeit und Kleingläubigkeit, nein, Herr, das deutsche Volk ist wieder stark geworden in seinem Geiste, stark in seinem Willen, stark in seiner Beharrlichkeit, stark im Ertragen aller Opfer. Herr, wir lassen nicht von Dir, nun segne unseren Kampf.»[84]

Geschwätz, Blasphemie, blanke Lüge, bloßes Theater? Man sollte vorsichtig sein mit derartigen Urteilen. Was Hitler ansprach, spiegelte das wider, was in großen Teilen der Bevölkerung an Stimmungen und Einheitsgefühlen lebendig war. Hitlers oft beschriebene Fähigkeit, auf mediale Weise die psychischen Zustände der Massen aufzunehmen, aufzusaugen, sich von ihnen aufladen und rauschhaft emportragen zu lassen, erscheint hier in besonders deutlicher Form. Zweifellos traf er mit derartigen Appellen an nationale Geschlossenheit, nationalen Kampf sowie an das zu erbringende *Opfer* und den aufzubietenden *Willen* eine wesentliche Schicht des deutschen Bewusstseins. Wie tief ging das, was Hitler sagte, bei ihm selbst? Bekanntlich war er ein großer Schauspieler – der größte Europas, wie er einmal zugestand – , ein Meister der Maskierung und der Verstellung, der hysterischen Suggestion. Wir wissen nicht, wie «ergriffen» er selbst war oder sein konnte. Die hier zutage tretende Schauspieler-Psychologie wird uns noch beschäftigen.

Noch in seiner letzten Rundfunkrede (30.1.45) bediente sich Hitler eines ganz ähnlichen Vokabulars: die Meisterung der Krise «durch unseren unabänderlichen Willen» und durch die «Opferbereitschaft» des deutschen Volkes wurde mahnend heraufbeschworen.[85] Insbesondere der unermüdlich wiederholte Appell an den Willen, an die ins Magische reichende Kraft des zielbewussten Wollens, rührte an Tiefenschichten des deutschen Geistes, an eine tief verwurzelte Tendenz, die in der Schopenhauer- und Nietzsche-Nachfolge noch ihre besondere Ausformung erfuhren hatte. Hitler wusste dies sehr genau; wie stets, so war er auch hier Täter und Opfer zugleich: einerseits pathologisch getrieben von dem Glauben an die übermenschliche Kraft des Willens, andererseits eben diesen Glauben im zuhörenden Gegenüber voraussetzend und gezielt ausbeutend. Die eigentümlich überredende, ja zermürbende Kraft vieler Hitler-Äußerungen, privaten und öffentlichen, der häufig genug auch Hitler-Gegner erlagen, basierte auf diesem Zusammenspiel.

Wille: Das war das Prinzip «hinter» den Erscheinungen, «hinter» oder auf dem Grunde von Bewusstsein und Intellekt und somit dem Zugriff der Ratio entzogen. Dazu schreibt J. P. Stern:

«Der Wille ist undefinierbar: Ihn definieren hieße, ihn dem Verstand, seinem Knecht, unterordnen ... Was hier wie ein Stück abstrakter Wortspalterei aussieht, ist ein Sophismus von unabsehbaren Folgen. Von Schopenhauer wird er an Nietzsche weitergereicht, von Nietzsche an Rosenberg und an den Ernst Jünger der zwanziger Jahre, an Gottfried Benn in den frühen Dreißigern und von dort an Hinz und Kunz in deutschen und österreichischen Landen.»[86]

Auch der Schopenhauer-Verehrer Hitler sah die Welt «als Wille und Vorstellung»; den im Titel des Schopenhauerschen Hauptwerkes angedeuteten Grundgedanken hat er auf seine schlimme Weise in die Wirklichkeit umzusetzen versucht: die Welt als (irrationale) Willensmanifestation und Wirkungsstätte des eigenen, egomanischen Willens sowie als Wahnvorstellung. Fraglos sah sich Hitler als Werkzeug eines «höheren» Wollens, das in seiner Vorstellung in kosmischen Dimensionen beheimatet war. Es ließe sich ein umfangreiches Werk schreiben über die nationalsozialistische Ideologie des Willens in ihrer Abhängigkeit von der Willens-Metaphysik der deutschen Philosophie des 19. Jahrhunderts.

In Heideggers viel kritisierter Rektoratsrede lässt sich «Wille» unschwer als einer der Schlüsselbegriffe aufweisen. Hier heißt es u. a.: «Die Selbstbehauptung der deutschen Universität ist der ursprüngliche, gemeinsame Wille zu ihrem Wesen. (...) Der Wille zum Wesen der deutschen Universität ist der Wille zur Wissenschaft als Wille zum geschichtlichen geistigen Auftrag des deutschen Volkes als eines in seinem Staat sich selbst wissenden Volkes. (...) Aber wir wollen, dass unser Volk seinen geschichtlichen Auftrag erfüllt. Wir wollen uns selbst.»[87]

Ein weiteres Beispiel aus dem Jahre 1933. In seinem an Romain Rolland gerichteten Brief «Antworten eines Deutschen an die Welt, schreibt der Schriftsteller Rudolf C. Binding:

«Vor diesem Geschehen, wie wir es an uns erfuhren – und ich bin völlig unverdächtig, denn ich habe der Bewegung nie an-

79

gehört – , vor dieser Einigung aus der Kraft, *Deutschland zu wollen,* verstummt alles. Deutschland – dieses Deutschland – ist geboren worden aus der wütenden Sehnsucht, aus der inneren Besessenheit, aus den blutigen Wehen, Deutschland zu *wollen:* um jeden Preis, um den Preis des Untergangs. Davor versinkt jede Anklage. (...) *Die Welt kann diese Revolution in ihren Tiefen gar nicht religiös genug auffassen,* mit Umzügen und Zeichen, mit Fahnen und Treuelübden, mit Märtyrern und Fanatikern bei Groß und Klein bis zu den Kindern, mit Verkündigungen und Verheißungen, mit einem unverrückbaren Glauben und einem tödlichen Ernst des Volkes.»[88]

In diesen Sätzen spiegeln sich paradigmatisch einige jener Wesenszüge des deutschen Geistes, die von mir angedeutet wurden: Da ist der Glaube an die nahezu alles vermögende Kraft des Willens; da ist die Radikalität des Wollens, die auch den eigenen Untergang einschließt, der in gewisser Weise mitgewollt wird. Sieg oder Untergang – alles oder nichts: Dies rührt an den «deutschesten aller deutschen Stoffe» (H. Müller): die Nibelungen. Da ist die religiöse Heiligung des eigenen Volkes, der Glaube an Deutschland, an das «Reich». Da sind Fanatismus und Besessenheit, trotziges «Dennoch» und die Verachtung rationaler Politik ... Die Worte Bindings sind repräsentativ für die Empfindungen einer Vielzahl von Deutschen im Jahre 1933. Sie sind zugleich als Symptom für die religionspsychologische Schicht des Nationalsozialismus zu werten.

Das Problem des unverwechselbar «Deutschen» im Nationalsozialismus bzw. Hitlerismus hat die Funktion eines Leitmotivs für die vorliegende Studie. Es wird uns noch in anderen Zusammenhängen begegnen. – Als vorläufiges Ergebnis sei festgehalten: Im Hitlerismus und, weiter gefasst, im Dritten Reich überhaupt manifestierten sich bestimmte Eigenarten des deutschen Geistes. Jede geistige und psychische Disposition, welcher Größenordnung auch immer, hat ihren schöpferischen, aber auch ihren destruktiven Aspekt. Beide Aspekte, als Entwicklungsmöglichkeiten, sind häufig nur durch eine dünne Wand getrennt. So kann, um ein Beispiel zu geben, der schöpferische Aspekt des «Irrationalismus» – etwa weisheitsvolle Relativierung des Intellekts, lebendige Unmittelbarkeit oder Befähigung zum Kunstschaffen – umkippen in Geistfeindlichkeit, Regression (im Sinne der Jungschen Archetypenlehre), ja Barbarei. Dies sei betont, um naheliegende Missverständnisse und Fehlurteile zu vermeiden. So wäre es töricht und auch unredlich, anzunehmen, der deutsche Geist sei *per se* oder wesensmäßig «faschistoid», wie dies nach 1945 verschiedentlich behauptet wurde.

Hitler hat es auf eine verblüffend wirkende Weise verstanden, gerade die Bewusstseinslage der deutschen Intelligenz gezielt anzusprechen, aller Polemik gegen die Intellektuellen ungeachtet. Er konnte dies, weil er selbst in seiner Denk- und Vorstellungswelt aus der spezifischen Geprägtheit des deutschen Geistes erwachsen ist und nur aus dieser erwachsen *konnte.* Die Beziehung des Nationalsozialismus – bzw. der Anfälligkeit großer Teile der deutschen Intelligenz für dessen Parolen – zum «deutschen Gedanken» der Schopenhauer- , Wagner- und Nietzsche-Nachfolge hat niemand deutlicher gesehen und schlüssiger beschrieben als Thomas Mann.

Die Monstrosität, das schlechthin Furchtbare und Verbrecherische, ist damit nicht schlüssig erklärt. Die karikaturhafte Übersteigerung von «typisch deutschen» Wesenszügen im Dritten Reich war eng verbunden mit der eigentümlichen Verselbständigung des «Elements Hitler» im deutschen Gedanken. Darin liegt eine schwer auszulotende Tragik. Dass ein derartiger Exzess möglich war, hängt wirkungskausal auch zusammen mit dem nihilistischen Grundcharakter der Epoche, genauer: mit der im Nationalsozialismus in Erscheinung tretenden Perversion eines antinihilistischen Impulses, einer antinihilistischen Revolte, die zugleich den «Aufstand des Mythos» schon im Keim verunreinigte, d. h. biologistisch-materialistisch verfälschte. Darin liegt ein schlimmes Versagen.

Kurz nach dem Zusammenbruch der Hitler-Diktatur 1945 schrieb Heidegger einen Rückblick auf sein Rektorat an der Freiburger Universität in den Jahren 1933/34. Hierin heißt es:

«Das Wesentliche ist, dass wir mitten in der Vollendung des Nihilismus stehen, dass Gott ‹tot› ist und jeder Zeit-Raum für die Gottheit verschüttet. Dass sich gleichwohl die Verwindung des Nihilismus ankündigt im dichtenden Denken und Singen des Deutschen, welches Dichten freilich die Deutschen noch am wenigsten vernahmen, weil sie darauf trachteten, sich nach den Maßstäben des sie umgebenden Nihilismus einzurichten und das Wesen einer geschichtlichen Selbstbehauptung zu verkennen.»[89]

Ob die Heidegger-These von der «Verwindung des Nihilismus» «im dichtenden Denken und Singen des Deutschen» stimmt, sei zunächst dahingestellt. Was den Nihilismus anlangt, so sei auf die in der Einführung skizzierten vier Komponenten verwiesen. Für Heidegger ist Nihilismus identisch mit «Seinsvergessenheit». Wichtig für unseren Zusammenhang ist der Hinweis Heideggers auf ein Versagen des deutschen Geistes, welches sich im fatalen Verkennen eines gegen den Nihilismus gerichteten Grundimpulses offenbart, wobei ich weniger von einer *Verwin*dung als von einer *Über*windung des Nihilismus sprechen möchte.

Kapitel 2

Im Zeichen des Neuen Zeitalters
oder
Weltenwende und kosmische Bindung -
Die Revolte gegen den Nihilismus

*«Wir sollten einsehen, daß es zum **Wesen** des ‹rationalen› Willens gehört, den ‹Schleier der Maja› in Fetzen zu reißen, und daß eine Menschheit, die sich solchem Willen anheimgegeben, in blinder Wut die eigene Mutter, die Erde, verheeren muß, bis alles Leben und schließlich sie selbst dem Nichts überliefert ist.»*

Ludwig Klages, 1913 [90]

Auschwitz gegen Hiroshima?

Man kann die Geschichte des Nationalsozialismus von Auschwitz aus betrachten, von dem Massenmord an Juden, Zigeunern, Polen, Russen und anderen. Man kann Grauen, Empörung und Entsetzen immer wieder heraufbeschwören, wie es auch allenthalben geschieht. Und dennoch – viele werden sich dagegen wehren, dass hier überhaupt eine Einschränkung gemacht wird – erscheint es legitim, über die moralische Anklage gegen die Mörder von damals hinaus das gesamte Geschehen unter den Auspizien der globalen Bedrohung von heute zu betrachten. Auschwitz wird sich menschlichem Ermessen nach *so* nicht wiederholen, aber: Hiroshima ist «wiederholbar»; nicht nur dies, das Schicksal von Hiroshima und Nagasaki kann das Schicksal aller Erdbewohner werden. Der atomare Holocaust ist real möglich, er ist keine Phantasmagorie. Diese Möglichkeit steht im Zentrum der Angst über dem Planeten – neben derjenigen der globalen ökologischen Katastrophe, des Zusammenbruchs der Leben ermöglichenden Ökosysteme.

Es belastet die Auseinandersetzung mit der Vergangenheit, wenn sie unter Abblendung der gegenwärtigen Bedrohung geführt werden muss. Die eigene Vergangenheit beschönigend zu verfälschen gehört fast zur Gewohnheit des Menschen, auch das Nicht-sehen-Wollen der eigenen Unzulänglichkeit, Dummheit und Verblendung. Es ist ein deprimierender Tatbestand, dass gerade die moralische Empörung über die Untaten der NS-Vergangenheit nicht selten Rechtfertigungs- und Ablenkungsfunktion hat und als taktisches Mittel eingesetzt wird. So bedeutet das dem jüdischen Volk von den Deutschen zugefügte Leid keinen unverbrauchbaren moralischen Kredit. Das Grauen von Auschwitz sollte nicht nachträglich dazu missbraucht werden, nunmehr jedwede Kritik an Juden oder am Staat Israel mit antisemitischen Tendenzen in Verbindung zu bringen oder als moralisch verwerflich zu etikettieren.

Doch hinzu kommt ein Weiteres, Bedeutsameres: Wenn vom Versagen des deutschen Geistes, von der Blindheit und dem Unvermögen einer ganzen Generation von Deutschen gesprochen wird, die sich früh anbahnende Katastrophe und den Weg in die Barbarei vorauszusehen, dann muss die – unbequeme – Frage erlaubt sein, welches Recht gerade diejenigen zur Aburteilung einer unseligen Vergangenheit haben, die heute maßgeblich daran mitwirken, die atomare oder ökologische Globalkatastrophe vorzubereiten. Um kein Missverständnis aufkommen zu lassen: Es geht nicht um Rechtfertigung oder gar um Aufrechnung der damaligen gegen die heutige Blindheit, sondern um die Notwendigkeit eines Umdenkungsprozesses. Es geht um intellektuelle und moralische Redlichkeit sowie um das Recht, die planetarische Vernichtungsbedrohung durch den technokratisch-wissenschaftlichen Nihilismus in die Beurteilung des Dritten Reiches einzubeziehen. Dies werden viele befremdet zurückweisen; doch gibt es nichts Wichtigeres heute, als zu begreifen, wie wir in diese fast aussichtslose Lage hineingeraten konnten und was zu tun ist, um das Undenkbare abzuwenden. Zu dem genannten Umdenkungsprozess gehört zugleich ein neues, vertieftes Verständnis des geschmähten «deutschen Irrationalismus» seit der Romantik, speziell jener Strömungen in den ersten Jahrzehnten unseres Jahrhunderts, die sich gegen die einseitige Verstandesherrschaft zur Wehr setzten, weil sie in ihr die Möglichkeit witterten, langfristig alles Leben auf dem Planeten zu zerstören, wie dies in den Schriften von Ludwig Klages am nachdrücklichsten betont wird. Die Wertung des «deutschen Irrationalismus» als reaktionär oder präfaschistisch hat den Blick verstellt für die revolutionäre antinihilistische Kraft eines um die Ganzheit des Lebendigen bemühten Denkansatzes. Dieser Ansatz ist gerade heute von besonderer Aktualität; dabei soll keiner unkritischen Adaption jener Denkelemente von Schelling bis Klages das Wort geredet werden, denen fraglos eine gefährliche Ambivalenz innewohnt. Gerade dies gilt es zu erkennen und zu verarbeiten, um nicht wirklich in ein reaktionäres Fahrwasser zu geraten.

Dennoch ist die häufig geäußerte Pauschalbehauptung, jene Revolte gegen den Intellekt, genauer: gegen die als nihilistisch empfundene Eindimensionalität desselben, habe, bewusst oder unbewusst, den Nationalsozialisten den Weg geebnet, unrichtig. Und zwar deswegen, weil hiermit eine fatale «Halbwahrheit» umschrieben wird. Und gerade «Halbwahrheiten» sind häufig gefährlicher als komplette Lügen oder Unwahrheiten. Zutreffend ist, dass die Nationalsozialisten die geistige Revolte gegen den Nihilismus konsequent vereinnahmt, pervertiert und schließlich ins totale Gegenteil verkehrt haben. Dass in jener Revolte viel Verqueres, Verschrobenes, Sektiererhaftes mit im Spiele war, ist unbestreitbar, sollte aber nicht als Alibi dienen, wie dies häufig geschieht, deren geistig-moralische Berechtigung zu verkennen. Hier gilt Analoges für die Beurteilung der Alternativ- und New-Age-Bewegung unserer Tage.

Machen wir uns das hier angesprochene geschichtliche Fehlurteil an einem Beispiel klar, das für viele stehen möge: In einer Dokumentensammlung über die Dichtung im Dritten Reich – «Literatur unterm Hakenkreuz» – versucht der Herausgeber Ernst Loewy zu verdeutlichen, dass und in welchem Maße sich bestimmte Grundformen der geistigen Haltung bei den Nationalsozialisten wiederfinden, die bereits Jahre und Jahrzehnte vor 1933 vielfältigen Ausdruck in Deutschland gefunden haben. Um die behauptete Kontinuität zu belegen, werden als zentral erachtete Motive und Vorstellungen aufgelistet und mit Textbeispielen untermauert. Das Buch gliedert sich in vier große Abschnitte mit den Überschriften «Bodensatz der Romantik», «Triumph der Provinz», «Der militante Nationalismus» und «Der stilisierte Terror». Zum ersten Abschnitt gehören wiederum die Unterabschnitte «Die diffamierte Ratio», «Mythen aus der Retorte», «Die ‹höhere Ordnung›» und «Autoritätsgläubigkeit». Suggeriert wird fortwährend auf geschickte Weise, dass dies alles zusammengehört. Erst die Diffamierung der Ratio zugunsten des «Organisch-Gewachsenen» und der «Urgewalt des Elementaren» (u. a.), dann Faschismus, schließlich Auschwitz, so als sei dies wirkungskausal voneinander abhängig.[91]

Und das Fazit des Buches ist die Warnung vor allen mythischen, Intellekt-feindlichen, organischen, kurz: «irrationalistischen» Bestrebungen, weil diese – so die Meinung Loewys und vieler anderer – eben zum Faschismus führen, zur Barbarei und zum Völkermord. Eine fatale und sowohl moralisch als auch intellektuell fragwürdige Schlussfolgerung, die sich auf die (überspitzte) Formel bringen ließe: Wer die Lebensfeindlichkeit des isolierten Intellekts bekämpft (wer also damit verhindern will, dass Hiroshima möglich wird), will Auschwitz! Darauf laufen die Argumente Loewys und aller derjenigen, die ihm beipflichten, im Grunde hinaus.

Welche Kurzsichtigkeit, gerade heute die Hinwendung zum «Organisch-Gewachsenen» zu diskreditieren, indem man sie mit reaktionären oder faschistoiden Gedanken in Verbindung bringt! Was haben wir anderes als die Systeme des Organischen, um uns einer nun wirklich «funktionierenden» Ordnung zu vergewissern und von dieser zu lernen? Die bisweilen groteske Eindimensionalität des Intellekts und seiner starren Wahrnehmungsformen ist an einer Vielzahl von Beispielen nachweisbar. Stets wird die Ganzheit des Lebendigen ignoriert und damit kurz- oder langfristig auch zerstört. Das Ausmaß der Verbrechen, begangen durch die Perversion der Wissenschaft im Dienste eines absolut gesetzten Intellekts und einer dubiosen Fortschrittsidee, übersteigt noch das, was die Nationalsozialisten an Verbrechen begangen haben. Und es gehört zu jener schlimmen tragischen Ironie der neueren Geschichte, dass Hitler all dem, wogegen er vorgeblich kämpfte, *gerade dadurch* eine vorher ungeahnte Wirkungsmächtigkeit verliehen hat. So gesehen war Hitler der beste Bundesgenosse seiner erklärten Feinde, dagegen der Feind derjenigen Kräfte, die er zu verteidigen behauptete. In jenem von ihm wiederholt pathetisch beschworenen «Entscheidungskampf über das Schicksal der Welt»[92] zwischen den Mächten der Zerstörung und denen der Schöpfung hat er sich völlig eindeutig als Werkzeug des Vernichtungswillens offenbart. Der geplante und in erschreckendem Umfange auch realisierte Völkermord ist «für sich genommen» (wenn dieser Ausdruck hier gestattet ist) nicht sein größtes Verbrechen; sein *welthistorisch gesehen* größtes Verbrechen ist es, der indirekte Helfershelfer und Wegbereiter gerade jener Kräfte geworden zu sein, die auf eine Zerstörung alles Lebendigen auf diesem Planeten abzielen. Diese «Kräfte», die über das Unbewusste wirkenden Prinzipien gleichzusetzen sind, haben sich heute in die Anonymität der politischen und militärischen Apparate, der wissenschaftlichen Laboratorien zurückgezogen, so dass einzelne Individuen als direkt Verantwortliche nur mit Mühe herausgegriffen werden können. Alles treibt dem Abgrund, der Katastrophe entgegen – aber nur wenige fühlen sich offenbar wirklich verantwortlich.

Die Vision der geschichtlichen Verwandlung

Wir müssen die rätselhaft erscheinende Anfälligkeit großer Teile der deutschen Intelligenz für die offen Geist-feindlichen Parolen des Nationalsozialismus aus der globalen Perspektive der Jetztzeit zu begreifen versuchen. Mit herkömmlichen Betrachtungsarten ist hier nichts auszurichten. Greifen wir noch einmal auf Gottfried Benn zurück, auf seine positive Haltung gegenüber den NS-Machthabern bis zum Sommer 1934. Dass Benn in der Machtübernahme durch Hitler einen «inneren Prozess» wahrzunehmen glaubte, dem er «schöpferische Wucht» zuschrieb, wurde bereits hervorgehoben. In dem offenen Brief an Klaus Mann und die literarischen Emigranten heißt es:

«Wollen Sie, Amateure der Zivilisation und Troubadoure des westlichen Fortschritts, endlich doch verstehen, es handelt sich hier gar nicht um Regierungsformen, sondern um eine neue Vision von der Geburt des Menschen, vielleicht um eine alte, vielleicht um die letzte großartige Konzeption der weißen Rasse, wahrscheinlich um eine der großartigsten Realisationen des Weltgeistes überhaupt, präludiert in jenem Hymnus Goethes ‹An die Natur›, – und wollen Sie auch das noch in sich aufnehmen: Über diese Vision entscheidet kein Erfolg, kein militärisches oder industrielles Resultat, wenn zehn Kriege aus dem Osten und aus dem Westen hereinbrächen, um diesen deutschen Menschen zu vernichten, und wenn zu Wasser und zu Lande die Apokalypse nahte, um seine Siegel zu zerbrechen, der Besitz dieser Menschheitsvision bliebe vorhanden, und wer sie verwirklichen will, der muss sie züchten, und Ihre philologische Frage nach Zivilisation und Barbarei wird absurd vor so viel Legitimation als geschichtliches Sein.»[93]

Das unverwechselbar «Deutsche» derartiger Worte bedarf kaum der besonderen Hervorhebung. Auch ist die starke Beeinflussung durch Nietzsche unverkennbar: Da ist die Verachtung der Zivilisation und des westlichen Fortschritts, der Demokratie und der Humanität; da ist die visionäre Grundhaltung, das im Innersten «Irrationale» bei gleichzeitiger intellektueller Pointierung und Polemik; da ist der unbeirrbare Wille, um der Erhöhung des Typus Mensch willen ungeheure Experimente von Zucht und Menschenformung zu wagen, auch wenn daran Unzählige zugrunde gehen und «zu Wasser und zu Lande die Apokalypse nahte». – In einem Nachlassfragment Nietzsches von 1884 heißt es: «Es bedarf einer Lehre, stark genug, um *züchtend* zu wirken: stärkend für die Starken, lähmend und zerbrechend für die Weltmüden. / Die Vernichtung der verfallenden Rassen. Verfall Europas. / Die Vernichtung der sklavenhaften Wertschätzungen. / Die Herrschaft über die Erde, als Mittel zur Erzeugung eines höheren Typus.»[94] «Züchtung» ist ein Schlüsselwort der Nietzscheschen Philosophie, ähnlich wie «Vernichtung» (alles dessen, was die Herausbildung des höchsten Menschentypus hindert). «Ich will den Gedanken lehren, welcher vielen das Recht gibt, sich durchzustreichen – den großen *züchtenden* Gedanken.»[95] 1885 heißt es: «Periode der großen *Versuche*. Menschen, mit einem eigenen Wert-Kanon. Institutionen zur Züchtung höherer Menschen.»[96]

Gedanken dieser Art haben auf suggestive Weise bewusstseinsprägend gewirkt, insbesondere seit der Jahrhundertwende. Die Generation Benns und Hitlers ist ohne die von Nietzsche ausgehenden Impulse kaum vorstellbar. Gegen Ende des Briefes an Klaus Mann schreibt Benn:

« ... die zunehmende Verkleinerung des Menschen ist gerade die treibende Kraft, an die Züchtung einer stärkeren Rasse zu denken. Dazu: Eine herrschaftliche Rasse kann nur aus furchtbaren und gewaltsamen Anfängen emporwachsen. Problem: Wo sind die Barbaren des zwanzigsten Jahrhunderts (Nietzsche). Das alles hatte die liberale und individualistische Ära ganz vergessen, sie war auch geistig gar nicht in der Lage, es als Forderung in sich aufzunehmen und es in seinen politischen Folgen zu übersehen.»[97]

Die nationalsozialistische Machtübernahme wird also von Gottfried Benn ausdrücklich mit jenen Gedanken Nietzsches in Verbindung gebracht, deren radikal antihumanistischer Charakter deutlich genug zutage tritt.

Die spätere Nazi-Barbarei war dem Ästheten Benn widerlich (wie sie aus ähnlichen Gründen wohl auch Nietzsche abgestoßen hätte, obwohl sich hier nichts Sicheres aussagen lässt). Analoges gilt für Ernst Jünger, der die plebejischen Züge im Nationalsozialismus verachtete und diesen primär deswegen kritisierte, weil er eine falsche, nämlich «ametaphysische Lösung» repräsentierte.[98] Wesentliche Grundpositionen seines Denkens hat Gottfried Benn auch nach 1945 beibehalten, er war auch dann kein Opportunist: das letztlich metaphysische Menschenbild, den Glauben an eine bevorstehende menschheitliche Wende und «Mutation» des Geistes, die Metaphysik der ästhetischen Form – Humanist und Demokrat (im gebräuchlichen Wortsinn) wurde er nicht. – Die illusionistischen Hoffnungen Benns und eines Großteils der deutschen Intelligenz 1933 berühren noch andere Schichten. In seiner Schrift «Der neue Staat und die Intellektuellen» (gleichfalls 1933) heißt es:

«Eine geschichtliche Verwandlung wird immer eine anthropologische Verwandlung sein. In der Tat, jede politische Entscheidung, die heute fällt, ist eine Entscheidung anthropologischer und existentieller Art. Hier beginnt eine Trennung von Zeitaltern, die die Substanz berührt. Welchen Wesens ist der Mensch? Aus der Stellung zu dieser Frage steigt alles auf. Bis vor kurzem war der Mensch ein Vernunftwesen und sein Hirn der Vater aller Dinge, heute ist er ein metaphysisches Wesen, abhängig und von Ursprung und Natur umrahmt. Einst war seine Geschichtsdeutung der Fortschritt im zivilisatorischen Sinne, heute die Bindung rückwärts als mythische und rassische Kontinuität. (...) Das neunzehnte Jahrhundert sah seine Konstitution empirisch, ... heute sieht man ihn nicht morphologisch, sondern symbolisch, rauschentsprungen, triebernährt. Sein Letztes war, sich der Natur experimentell zu nähern, über ihr seine eigentliche Welt aus Klammern und Zahlen zu errichten, in dieser Stunde nähert er sich ihr anschauend, empfangend, wieder in jener alten inneren Bereitschaft: Partizipation. Das alles sind Äußerungen tiefer anthropologischer Verwandlung.»[99]

Die zitierten Sätze zeigen die Dimensionalität der Erwartungen, die Gottfried Benn mit den Geschehnissen des Jahres 1933 verband. Sie machen betroffen und hinterlassen zunächst eine gewisse Ratlosigkeit: die Nazis als Sachwalter einer neuen, partizipatorischen Haltung der Natur gegenüber, als Überwinder der experimentellen, mathematischen Naturwissenschaft? Das kann Benn *so* nicht gemeint haben. Offenkundig bezieht er sich auf einen neuen Typus Mensch, dessen erste Konturen er in oder besser «hinter» der Machtergreifung wahrzunehmen glaubte, die für ihn eine historische und zugleich eine anthropologische Verwandlung signalisierte. Benns Aussagen sind bemerkenswert widersprüchlich (was keine Minderung ihres Wertes bedeutet): Zwar wird der Mensch im neuen Zeitalter als «ein metaphysisches Wesen» betrachtet, aber: «abhängig und von Ursprung und Natur umrahmt»; was das heißen soll, bleibt dunkel, denn die «morphologische», also entwicklungs- und formgeschichtliche Betrachtungsweise wird ja aufgehoben zugunsten einer symbolischen. «Symbolisch» ist nun wieder etwas völlig anderes als «rauschentsprungen» und «triebernährt». Auch lässt sich «Züchtung» nicht in Einklang bringen mit der heraufbeschworenen «empfangenen» Haltung der Natur gegenüber, die an die Goethesche Art der Naturbetrachtung gemahnt. Diese war Benn genauestens bekannt; Ende 1931 schrieb er den noch heute grundlegenden Aufsatz über «Goethe und die Naturwissenschaften», der 1932 erschien. In dieser Arbeit finden sich bemerkenswerte Aussagen über die nihilistischen Wesenszüge und erkenntnistheoretischen Vorurteile der abstrakten Naturwissenschaft. 1933 glaubt Benn wie viele andere, an der Schwelle eines neuen Zeitalters zu stehen, einer neuen Rückbindung des Menschen an Natur und Kosmos, der Überwindung des Nihilismus. «Natur» wird zum Schlüssel- und Zentralbegriff in einer Vielzahl von Veröffentlichungen, in denen die verbreitete Vision von einer neuen Zeit ihren Ausdruck findet – Natur im schöpferischen, künstlerischen Sinne, als ordnungspendend, als Maßstab für den Menschen, Natur als kosmisches Werden, kosmische Gesetzlichkeit.

Hitlers Vulgär-Pantheismus

Auch hier wird eine Epochentendenz erkennbar, die allerdings ein zuhöchst komplexes Gebilde ist, d. h. alles andere als einheitlich. Der Naturbegriff in Hitlers «Mein Kampf» hat hiermit genauso zu tun wie die Bemühungen Rudolf Steiners und anderer Esoteriker, die Naturvorstellung zu spiritualisieren. – Noch bei Kant ist Natur schlicht «das Dasein der Dinge, sofern es nach allgemeinen Gesetzen bestimmt ist»[100]; diese allgemeinen Gesetze sind die überall und jederzeit gültigen Naturgesetze, die die mathematische Naturwissenschaft zu beschreiben vermag. Dadurch wird zugleich die Reichweite jeder möglichen Physik abgesteckt. Die organische Welt klammert Kant ausdrücklich aus dem Geltungsbereich kausal-mechanischer Gesetzlichkeit aus; dass einst ein «Newton der organischen Welt» kommen werde, hielt er für unmöglich. Als einen solchen feiert Ernst Haeckel 1899 in den «Welträtseln» Charles Darwin, der in seinem bahnbrechenden Werk von 1859 («Über die Entstehung der Arten») die Entstehung der organischen Welt aus mechanistischen Wirkursachen gezeigt habe. Haeckel und viele andere seines Geistes glaubten allen Ernstes, dass mit der Darwinschen Selektionstheorie die philosophische Frage endgültig geklärt worden sei: «Wie können zweckmäßige Einrichtungen rein mechanisch entstehen, ohne zwecktätige Ursachen?» (Anders formuliert: Wie kann organisches Leben aus rein mechanischen Ursachen entstehen?) Geradezu empört vermerkt Haeckel einmal: «In neuerer Zeit ist das alte Gespenst der mystischen Lebenskraft, das gründlich getötet schien, wieder aufgelebt.»[101]

Der Gedanke einer inneren Verwandtschaft aller Formen des Lebendigen und des stufenweisen Aufeinanderbezogenseins der organischen Welt ist alt; wir finden ihn bereits in der altindischen Philosophie, später in der Naturphilosophie der Renaissance und der Romantik. Noch Giordano Bruno (1548-1600) denkt Natur und Geist, organische und anorganische Welt als Einheit. Die rationalistische Philosophie des Descartes setzt hier das Skalpell an und trennt das zur Einheit Gefügte. Die Folgen waren verheerend und reichen bis in die Gegenwart hinein, obwohl es immer wieder Versuche gegeben hat, Natur und Geist erneut zusammenzudenken, so z. B. in der Naturphilosophie Schellings, die von Goethe als geistesverwandt empfunden wurde. – Es gibt zwei Möglichkeiten, die Einheit der anorganischen mit der organischen Welt zu denken: Man kann das Prinzip des Organischen zum Fundament der Natur schlechthin erheben, dann ist der mathematisch beschreibbare Mechanismus der Natur, die Sphäre des Anorganischen, ein *Teil* dieses kosmischen Organismus. Dies ist der Ansatz Brunos und Schellings. Andererseits kann man, den genau entgegengesetzten Weg beschreitend, die Sphäre des Organischen zur Folge einer wesensmäßig mechanisch-unbelebten Grundordnung machen, zum bloßen «Spiel der Natur» ohne tieferen Sinn. Dies geschieht in der Naturwissenschaft seit Darwin, jedenfalls vom Grundansatz her. Die sich hieraus ergebenden Probleme, allein schon erkenntnistheoretischer Art, sind gewaltig. – «Einheit der Natur» meint heute in der theoretischen Physik, in bewusster Anknüpfung an Kants Vernunftkritik, die *formale* Einheit der mathematisch aufgefassten Weltstruktur. Man beruft sich hierbei auch auf Platon und Pythagoras. Die moderne Ökologie neigt eher dazu, von der Einheit des Organismus auszugehen, obwohl die völlige Loslösung vom mechanistischen Denken noch nicht erfolgt ist. Der von Haeckel vorgetragene monistische Materialismus wird zwar von vielen als naturphilosophisch naiv eingestuft, ist aber von der Grundrichtung her auch heute noch bestimmend für die Naturwissenschaft.

Der Titel des Darwinschen Hauptwerkes lautet vollständig: «Über die Entstehung der Arten durch natürliche Zuchtwahl oder die Erhaltung der begünstigten Rassen im Kampf ums Dasein». Die Grundthese des Buches ist bereits im Titel enthalten. Nach Darwin ist es der Zufall (also eine Größe der Statistik), welcher die Gestaltenformung in der Natur vorantreibt; um dem Zufall ein breites Wirkungsfeld zu ermöglichen, müssen ungeheure Zeiträume angenommen werden. Der Mensch wird zum «technisch gebildeten Halbaffen», wie Haeckel einmal sagt. – Nietzsche spricht sich zwar wiederholt gegen den Darwinismus aus, ist aber selbst von ihm entscheidend beeinflusst. Er weist metaphysische Zweckursachen genauso zurück wie den Gedanken der organischen Einheit der Natur. Konsequent will er vom Menschen alle metaphysischen Bezüge hinwegnehmen, ihn vollständig «vernatürlichen». Dabei wird der Geist zum bloßen Akzidens, zum Sekundärphänomen, zum Werkzeug des Willens zur Macht, zum perspektivisch bedingten Organ. Mit einem Maximum an Geist wird der Versuch unternommen, die Eigenständigkeit des Geistes zu widerlegen. Der Versuch scheitert, wie alle Versuche dieser Art: Im Kern denkt Nietzsche die *Einheit* von Natur und Geist und steht damit Schelling und Giordano Bruno näher als er weiß oder wahrhaben will. Diese innere Spannung des Nietzscheschen Denkens hat auch dessen Wirkung mitbestimmt.

In «Jenseits von Gut und Böse» fordert er, man solle den Menschen «zurückübersetzen in die Natur»:

« ... über die vielen eitlen und schwärmerischen Deutungen und Nebensinne Herr werden, welche bisher über jenen ewigen Grundtext homo natura gekritzelt und gemalt wurden; machen, dass der Mensch fürderhin vor dem Menschen steht, wie er heute schon, hart geworden in der Zucht der Wissenschaft, vor der *anderen* Natur steht, mit unerschrocknen Ödipus-Augen und verklebten Odysseus-Ohren, taub gegen die Lockweisen alter metaphysischer Rattenfänger, welche ihm allzulange zugeflötet haben: ‹Du bist mehr! Du bist höher! Du bist anderer Herkunft!› – das mag eine seltsame und tolle Aufgabe sein, aber es ist eine *Aufgabe,* wer wollte das leugnen?»[102]

Nun – diese «seltsame und tolle Aufgabe» ist in einem Umfange in Angriff genommen worden, dass es zweifelhaft ist, ob dies *so* Nietzsches Zustimmung gefunden hätte. Der Mensch ist gründlich «vernatürlicht» worden, nicht nur im berüchtigten «Sozialdarwinismus», sondern auch in der streng naturwissenschaftlich orientierten Medizin. Auch ließe sich einmal provokativ-hypothetisch die Frage aufwerfen, ob nicht der Sozialdarwinismus, also die Übertragung Darwinscher Selektions- und Züchtungsvorstellungen auf die menschliche Gesellschaft, im Grunde die

konsequente Weiterführung des Darwinismus darstellt und keineswegs eine wie immer geartete Fehlentwicklung. Wer den
Menschen mit Darwin derart «naturalisiert», dass er zum Zu-
falls- und Selektionsprodukt im Letzten blinder und zielloser
Naturprozesse verkümmert, müsste er nicht auch den nächsten
Schritt wagen: die Anwendung des Darwinismus auf die Gesellschaft. Ist nicht inkonsequent, wer dies inhuman findet? Müsste
er nicht den Darwinismus, zumindest in seiner dogmatisierten
Form, selbst inhuman finden? ...

Freiheit – und das ist immer Willensfreiheit, die Freiheit des
Willens von der Kausalität der Natur – muss, wenn sie existiert,
im Metaphysischen wurzeln. Das hat Kant überzeugend deutlich
gemacht, und sowohl Schelling als auch Schopenhauer bauen
ihre Willens-Metaphysik folgerichtig auf diesem Gedanken auf.
Nietzsche verbindet die Schopenhauersche Willens-Metaphysik
mit dem darwinistischen Ansatz: Die kämpferische Züchtung
und Auslese von Arten und Rassen wird durch ein Willensprin-
zip vorangetrieben, ein künstlerisches Steigerungsprinzip, welches Aneignung, Unterdrückung und Ausbeutung beinhaltet.
Der «Wille zur Macht» wird von Nietzsche *nicht* als metaphysisches Prinzip bestimmt, obwohl sich genügend Formulierungen
finden, die gerade dies nahelegen. Die hier zutage tretenden Widersprüche sind bis heute nicht überzeugend interpretiert worden. – Nietzsche leugnet die Willensfreiheit und damit die moralische Verantwortlichkeit des Menschen (schon in «Menschli-
ches, Allzumenschliches»); andererseits finden sich Aussagen,
die gerade von der Freiheit des Menschen ausgehen. Und die
Nietzschesche Willens-Konzeption enthält die Vorstellung, dass
im schöpferischen Wirken Freiheit und Notwendigkeit zusam-
menfallen bzw. in einer höheren Einheit aufgehoben sind. Zu-

weilen bestreitet er, dass so etwas wie Wille überhaupt existiert, und weist auf die humanperspektivische Bedingtheit des Gegensatzes von Freiheit und Notwendigkeit hin.

Der Naturbegriff in Hitlers «Mein Kampf» ist augenscheinlich sowohl von Darwin als auch von Nietzsche beeinflusst. Auch Hitler «naturalisiert» den Menschen, obwohl er, im Gegensatz zu Nietzsche, die Idee einer göttlichen Weltordnung aufrechterhält. Bekanntlich war Hitler in «Mein Kampf» bestrebt, sich von den zahlreichen völkischen Sektierern und jeder Art Neuheidentum abzugrenzen und als gläubiger Katholik aufzutreten, was ihm manchen Spott (so von Ludendorff) zugezogen hat. Ganz im Sinne eines schwärmerisch-naiven Monismus Haeckelscher Prägung sah er in der Ordnung der Natur, den Gesetzen des Universums die Immanenz des göttlichen Wirkens. Die Zeitbedingtheit Hitlers ist hier besonders sinnfällig; und die diesbezüglichen Aussagen Hitlers sind keineswegs «unlesbarer» als diejenigen vieler anderer Autoren der Haeckel-Nachfolge. Kennzeichnend für Hitler ist jedoch, dass er den materialistischen Monismus verbindet mit sowohl Nietzscheschen als auch manichäisch-dualistischen Gedanken; der Kosmos wird in seiner Sicht zum Kampffeld einander entgegengesetzter Willensprinzipien, der schöpferischen Kräfte gegen die Kräfte des Chaos und der Vernichtung. Rassen und Völker sind für Hitler im Letzten Prinzipienträger, Verkörperungen von kosmischen Kräften.

Hermann Rauschning hebt hervor, dass der Jude für Hitler «ein Prinzip» sei; « ... die Nachhaltigkeit seines Antisemitismus wird erst durch die mythische Übersteigerung des Juden zu einem ewigen Prototyp des Menschen verständlich. (...) Hinter dem Hitlerschen Antisemitismus wird nun wirklich ein Kampf der Götter sichtbar.»[103] In «Mein Kampf» heißt es:

«Demgegenüber erkennt die völkische Weltanschauung die Bedeutung der Menschheit in deren rassischen Urelementen. (...) Sie glaubt somit keineswegs an eine Gleichheit der Rassen, sondern erkennt mit ihrer Verschiedenheit auch ihren höheren und minderen Wert und fühlt sich durch diese Erkenntnis verpflichtet, gemäß dem ewigen Wollen, das dieses Universum beherrscht, den Sieg des Besseren, Stärkeren zu fördern, die Unterordnung des Schlechteren und Schwächeren zu verlangen. Sie huldigt damit prinzipiell dem aristokratischen Grundgedanken der Natur und glaubt an die Geltung dieses Gesetzes bis herab zum letzten Einzelwesen. (...) Damit entspricht die völkische Weltanschauung dem innersten Wollen der Natur, da sie jenes freie Spiel der Kräfte wiederherstellt, das zu einer dauernden gegenseitigen Höherzüchtung führen muss, bis endlich dem besten Menschentum, durch den erworbenen Besitz dieser Erde, freie Bahn gegeben wird zur Betätigung auf Gebieten, die teils über, teils außer ihr liegen werden.»[104]

Wenig später wird die Rolle der NSDAP klar bestimmt: Die Partei übernehme «aus dem Grundgedankengang einer allgemeinen völkischen Weltanschauung die wesentlichen Grundzüge» und bemühe sich um deren praktisch-politische Durchsetzung, was nur mit Hilfe einer «straffen organisatorischen Erfassung großer Menschenmassen» möglich sei.[105]

Die Hitlersche Darstellung der «völkischen Weltanschauung» ist ein durchaus zeittypisches Konglomerat aus isolierten Nietzsche-Brocken, Haeckelschem Darwinismus und verschwommener Naturfrömmigkeit; eine Art Vulgär-Pantheismus. Die darwinistische Komponente in der Vorstellungswelt Hitlers wird eigentümlich überlagert von einer magisch-religiösen, ja esoterischen und eschatologischen Schicht. In dieser allgemeinen Form trifft die Bemerkung auch auf Nietzsche zu, der einerseits gegen den Mythos und jedwede Metaphysik zu Felde zieht, andererseits aber – stärker als er eingestehen will – von mythischen und eschatologischen Impulsen geleitet wird: Man denke an seine Vision vom «Großen Mittag» als *der* entscheidenden Wende der Menschheitsgeschichte, die «Richtschwert» und «Offenbarung» vereint (im Zarathustra).[106]

Welteislehre gegen Darwinismus –
Das «Kosmische» im Glauben Hitlers

Es ist bezeichnend, dass Hitler zwar die darwinistische Vorstellung vom «Kampf ums Dasein» übernahm, aber den Evolutionsgedanken, die Deszendenztheorie schroff zurückwies; dass der Mensch sich aus affenähnlichen Vorformen zu seiner jetzigen Gestalt emporentwickelt habe, hielt er für unsinnig. Dies hängt u. a. mit theosophischen Vorstellungen zusammen, die in Geheimgesellschaften und rassistischen Sekten seit den 80er Jahren des 19. Jahrhunderts verbreitet waren und denen auch Hitler zuneigte, obwohl er selten darüber sprach (schon gar nicht öffentlich) und hier zumeist eher den Skeptiker und kalten Zyniker herauskehrte. In einem seiner Monologe im Führerhauptquartier (in der Nacht vom 25. auf den 26. Januar 1942) sagt Hitler:

«Woher nehmen wir das Recht zu glauben, der Mensch sei nicht von Uranfängen das gewesen, was er heute ist? Der

Blick in die Natur lehrt uns, dass im Bereich der Pflanzen und Tiere Veränderungen und Weiterbildungen vorkommen. Aber nirgends zeigt sich innerhalb einer Gattung eine Entwicklung von der Weite des Sprungs, den der Mensch gemacht haben müsste, sollte er sich aus einem affenartigen Zustand zu dem, was er ist, fortgebildet haben.»[107]

Hiermit fasst Hitler einen der bis heute am häufigsten vorgetragenen Einwände gegen die darwinistische Abstammungslehre zusammen. Dann heißt es:

«Sehen wir auf die Griechen, die auch Germanen waren, so finden wir eine Schönheit, die hoch über dem liegt, was wir heute aufzuweisen haben. Das gilt für die Großartigkeit ihrer Gedankenwelt – nur die Technik war ihnen versagt – wie für das Bild ihrer Erscheinung. (...) Nun kann ja die Sage nicht aus dem Nichts gegriffen haben. Der Begriff setzt immer die Erscheinung voraus. Wir sind durch nichts gehindert, ja ich glaube, wir tun gut daran anzunehmen, dass das, was die Mythologie von Gestalten zu berichten weiß, die Erinnerung ist an einstige Wirklichkeit. / Gleichzeitig treffen wir in allen Überlieferungen die Erzählungen von einem Himmelssturz. Was die Bibel darüber bringt, ist nicht auf jüdischem Boden gewachsen, sondern sicher übernommen von Babyloniern und Assyrern. In der nordischen Überlieferung ist es der Kampf zwischen Göttern und Riesen. Ich kann mir das nur so erklären, dass eine der nordischen Naturkatastrophen eine Menschheit ausgelöscht hat, die im Besitz einer höchsten Kultur gewesen ist. Was wir heute auf der Erde finden, mögen Überbleibsel sein, die, dem Bild der Erinnerung nachlebend, allmählich zur Kultur zurückfinden.»[108]

Die letztzitierten Aussagen führen ins Zentrum der Hitlerischen Vorstellungswelt. Sie lassen sich im wesentlichen auf drei Quellen zurückführen, von denen Hitler nur eine namhaft macht:

> «Ich neige der Welteislehre von Hörbiger zu. Vielleicht hat um das Jahr 10000 vor unserer Zeitrechnung ein Einbruch des Mondes stattgefunden. Es ist nicht ausgeschlossen, dass die Erde den Mond damals in seine jetzige Bahn gezwungen hat.»[109]

Die zweite Quelle ist das Buch «Urwelt, Sage und Menschheit» des Naturphilosophen und Paläontologen Edgar Daqué von 1924. Dass Hitler das seinerzeit viel gelesene Werk kannte, geht aus Bemerkungen gegenüber Hermann Rauschning hervor. Auch Gottfried Benn war zeitweise von den Gedankengängen Daqués stark angezogen. Die dritte Quelle ist die Rassenlehre der «Geheimlehre» von Helena Petrovna Blavatsky (erschienen 1888), die in esoterischen und okkultistischen Kreisen zu ungeheurer Bedeutung gelangte und vielfältig abgewandelt wurde. An den mystisch-rassistischen Ideen von Guido von List, Lanz von Liebenfels, Arthur Dinter, aber auch von Heinrich Himmler, Walter Darré und anderen Nazis ist dies deutlich abzulesen.

Was die Lehren Hanns Hörbigers und Edgar Daqués mit denjenigen vieler Okkultgruppen verband, war die Überzeugung, dass sich die Menschheit an der Schwelle eines neuen Zeitalters befinde, welches eine bis dahin ungeahnte globale Umwälzung aller Lebensbedingungen und die Herausbildung eines neuen Typus Mensch bringen werde. Als Ursache dafür wurden, in jeweils unterschiedlicher Art, kosmische Umstrukturierungen verantwortlich gemacht. In der Hörbigerschen Vorstellungswelt, ähnlich wie in derjenigen Gurdjieffs, spielt der Mond eine zentrale Rolle: Der jetzige Erdmond sei der vierte, den unser Gestirn eingefangen und in die Umlaufbahn gezwungen habe. Entsprechend den vier Monden habe es vier große erdgeschichtliche Epochen gegeben; jeweils am Ende der ersten drei Epochen sei der jeweilige Mond zerborsten, habe sich in einen Kranz von Gestein, Eis und Gas verwandelt, der schließlich auf die Erde niedergestürzt sei und alles unter sich begraben habe. Hörbiger führt z. B. die Saurier auf die durch die Annäherung des Mondes (vor seinem Zerfall) bewirkte Verminderung der Erdanziehung zurück. Nach der Katastrophe sei jeweils eine lange mondlose Phase gefolgt. Die Tertiärzeit war nach der Ansicht Hörbigers und seiner Schüler eine Art Goldenes Zeitalter: In intellektueller, spiritueller und moralischer Hinsicht sei das während dieser Epoche den Planeten beherrschende Geschlecht der «Riesen» allen späteren Kulturen überlegen gewesen. Die Riesen seien die eigentlichen Kulturschöpfer gewesen. Hörbiger verweist hier auf alte Sagenüberlieferungen; überhaupt hängt der erhebliche Erfolg seiner Lehre nicht zuletzt damit zusammen, dass er Mythen und Sagen der Völker sinnvoll einzuordnen vermag: als Niederschlag alter Erinnerungen. Dies nimmt im Prinzip auch Edgar Daqué an. (Eingeschoben sei hier, dass die wohl bedeutendste Schriftstellerin unserer Zeit, Doris Lessing, in ihrem Roman «Shikasta» von 1979 auf derartige Gedankengänge zurückgreift.)

Der Untergang jener fernen Hochkultur unter der Herrschaft der Riesenkönige – «Gottmenschen» mit paranormalen, magisch-schöpferischen Kräften – geht nach Hörbiger auf die durch den dritten Mond verursachte Katastrophe zurück: Der Mond nähert sich spiralförmig der Erde, seine Schwerewirkungen bringen die Weltmeere zum Ansteigen; von den Riesen geleitet, fliehen die Menschen auf Berge und Hochebenen; hier vermögen sich Reste des Goldenen Zeitalters zu halten (u. a. in Tibet), eine maritime Hochkultur entsteht (Atlantis), ausgehend von fünf Zentren auf Berggipfeln, die den Globus beherrschen; kraft ihrer Fähigkeit der Steuerung und Beeinflussung kosmischer Energien gelingt es den Riesenkönigen, den endgültigen Zerfall des Tertiär-Mondes und sein Niederprasseln auf die Erde für einige Zeit aufzuhalten; schließlich stürzen die zerplatzten Teile herab, die Meere ziehen sich wieder zurück, eine lange mondlose Phase folgt; die Katastrophe zerstört die Kultur von Atlantis; die Riesenkönige verlieren ihre Herrschaft; in den Ebenen entsteht eine zweite atlantische Kultur, erheblich weniger bedeutend als die erste. 10000 Jahre vor unserer Zeitrechnung (so Hörbiger) fängt die Erde einen neuen, den jetzigen Mond ein, was mit einer erneuten Katastrophe verbunden ist, innerhalb derer die zweite atlantische Kultur, von der Platon im «Kritias» berichtet, von den Wassermassen begraben wird; die Riesen degenerieren, werden zu Ungeheuern und Feinden der Menschheit. Thors Kampf gegen die Riesen und viele andere ähnliche Sagen führt Hörbiger auf die Erinnerung an diese Phase nach dem vierten Mondeinfall zurück. An einzelnen Stellen auf der Erde entstehen neue Hochkulturen, die einstigen kosmischen Beziehungen werden nur noch geahnt oder leben in Erinnerungen fort, die sich in großartigen Mythen niederschlagen; die jüdisch-christliche Kultur schließlich rückt den Kosmos in äußerste Ferne; sie repräsentiert einen gefährlichen Rückschritt. Wir stehen nunmehr an der Schwelle eines neuen Äons, und die jüdisch-christliche Kultur wird versinken; Mutationen treten auf, ein neuer Mensch entsteht, der «Gottmensch» ältester Zeiten wird erneut erkennbar ... Soweit Hörbiger.

Eine Fülle von Äußerungen Hitlers belegen unzweideutig, dass er sich und sein Wirken in Relationen dieser Größenordnung begriff. Hörbiger und das verbindet ihn mit Hitler, aber auch mit Nietzsche – geht von der Vorstellung aus, dass der Kampf, das kosmische Ringen einander entgegengesetzter Kräfte, ein Weltprinzip sei, urewig, ohne Anfang und ohne Ende, und dass die irdische Geschichte mit diesen Kampfvorgängen im Weltall in Beziehung stehe – Folge der organisch gedachten Einheit des kosmischen Ganzen. Auch Himmler, Goebbels und andere führende Nazis dachten in ähnlichen Dimensionen. Dass Hitler den Kampf als Weltprinzip auffasst, als Bestandteil der Struktur des Universums, erklärt seine Verächtlichmachung des Friedens, einer friedlichen Weltordnung. Die Friedensbeteuerungen der ersten Jahre seiner Kanzlerschaft hat er im Nachhinein als taktisches Manöver bewertet. So sagt er z. B. in einer Geheimrede vor den Chefredakteuren der Inlandpresse am 10. November 1938:

«Nur unter der fortgesetzten Betonung des deutschen Friedenswillens und der Friedensabsichten war es mir möglich, dem deutschen Volk Stück für Stück die Freiheit zu erringen und ihm die Rüstung zu geben, die immer wieder für den nächsten Schritt als Voraussetzung notwendig war. (...) Der Zwang war die Ursache, warum ich jahrelang nur vom Frieden redete. Es war nunmehr notwendig, das deutsche Volk psychologisch allmählich umzustellen und ihm langsam klarzumachen, dass es Dinge gibt, die, wenn sie nicht mit friedlichen Mitteln durchgesetzt werden können, mit den Mitteln der Gewalt durchgesetzt werden müssen ... »[110]

Der Kanzler des deutschen Reiches war ein kriegs- und vernichtungssüchtiger Visionär; um kulturschöpferisch tätig sein zu können, was er als sein innerstes und höchstes Ziel bezeichnete, glaubte er, all jene Kräfte vernichten zu müssen, die sich seinen weitgespannten Neuordnungsplänen widersetzten. Für Hitler war der Kampf ein metaphysisches Prinzip, nicht im Sinne eines geistigen Kampfes verschiedener Weltanschauungen gegeneinander – den er als solchen verachtete, sofern darin nicht das Bestreben erkennbar war, den eigenen Ideen mit Gewalt zur Herrschaft zu verhelfen –, sondern im Sinne mythologischer Bilder vom Kampf göttlicher und titanischer Kräfte gegeneinander. Ich habe bereits angedeutet, dass für Hitler Rassen Ideen- und Prinzipienträger waren: Ihr weltanschaulicher Kampf gegeneinander führt notwendig zur physischen Gewaltanwendung – Geschichte als die Geschichte von Rassen- und Prinzipienkämpfen. Hitler hielt den globalen Sieg des Judentums bzw. des im Judentum verkörperten destruktiven Prinzips für eine reale weltgeschichtliche Möglichkeit. Seine neidvolle Bewunderung für das – angebliche – Weltherrschaftsstreben der Juden ist belegt. – Den berühmten Satz des Heraklit, dass der Kampf «der Vater aller Dinge» sei, bezog er konsequent auf die kriegerischen Auseinandersetzungen der Völker und Rassen untereinander und bezeichnete den großen griechischen Denker schlicht als «Militärphilosophen».[111]

Hier wäre einzufügen, dass auch Nietzsche, wie in seiner Lehre vom unaufhörlichen Kampf der kosmischen Willensströme gegeneinander zum Ausdruck kommt, Kriege als solche keineswegs ablehnte, ja für notwendig und sinnvoll erachtete.

Die Hörbigersche Lehre vom ewigen Kampf zwischen Feuer und Eis gibt Gedanken Anaximandros' und Heraklits eine trivialisierende, pseudowissenschaftliche Neufassung, zeigt aber zugleich Einflüsse des neuheidnischen Okkultismus und der Intellekt-feindlichen Naturphilosophie in der Nietzsche-Nachfolge. Hitler und Himmler erhielten durch diese Lehre eine Gelegenheit, den eigenen Antisemitismus in einen menschheitsgeschichtlichen und auf den Kosmos bezogenen Gesamtrahmen einzuordnen und zu rechtfertigen. Dass Hitler die in der Thule-Gesellschaft und anderen rassistischen Okkultgruppen verbreiteten Phantasien über die Herkunft der arischen Rasse zumindest in Grundzügen kannte, dürfte außer Frage stehen. Die scharfe Polemik gegen die völkischen Sektierer in «Mein Kampf» sollte nicht den Blick für die Tatsache verstellen, dass Hitler selbst Züge eben jener Sektierer trug. Was ihn unterschied, waren die beispiellose Radikalität in der politischen Durchsetzung seiner Ideen sowie sein verblüffendes machttaktisches Geschick.

Joachim Fest erklärt die Zuwendung Hitlers zur Welteislehre mit der Hörbigerschen «Rückführung von Erdgeschichte und Menscheitsentwicklung auf gewaltige kosmische Katastrophen»; dies vor allem habe Hitler überzeugt.

«Wie fasziniert spürte er Untergänge nahen, und aus diesem Sintflut-Aspekt seines Weltbildes leitete er seinen Berufungsglauben ab, den missionarischen, heilsbringerischen Zug seines Bewusstseins von der Geschichte. Die vielfach so unbegreiflich empfundene Konsequenz, mit der er im Krieg bis zum letztmöglichen Zeitpunkt und ungeachtet aller entgegenstehenden militärischen Notwendigkeiten das Vernichtungswerk gegen die Juden fortsetzte, rührte primär nicht aus krankhaftem Starrsinn; sie war vielmehr in der Vorstellung begründet, einen Titanenkampf zu führen, der alles Tagesinteresse weit überstieg, und jene ‹andere Kraft› zu sein, die, zur Rettung des Universums auserwählt, den Bösen ‹wieder zum Luzifer zurückwirft›.»[112]

Allerdings greift die Formulierung Fests, Hitler habe sich «zur Rettung des Universums auserwählt» gefühlt, zu weit. Hitler war «bescheidener»: Er sah sich als Menschheitsretter und Heilsbringer, wenn auch in stetem Bezug zu kosmischen Kampfvorgängen. – Zweifellos spielen hier auch Gedankengänge hinein, die von den «Kosmikern» im München der Jahrhundertwende verbreitet wurden, zu denen Ludwig Klages und Alfred Schuler gehörten. Schuler, stark von Guido von List beeinflusst, hielt im Jahre 1922 Vorträge im Salon Bruckmann, in dem auch Hitler häufig zugegen war. Klages und Schuler empfanden, in bewusster Anknüpfung an Nietzsche, Judentum und Christentum in gleicher Weise als kosmosfeindlich und verderblich. Für Schuler war das Hakenkreuz (die Swastika) das Symbol der Gegenbewegung zum Christentum, das «Gegen-Kreuz».

In der Welteislehre erscheint rassistisch-okkultisches Gedankengut in wissenschaftlicher Vermummung. Und fraglos wird gerade hier ein meist übersehener Strang der Nietzsche-Rezeption erkennbar, der für die Herkunftsanalyse der Hitlerschen Ideologie bedeutsam ist. Sicher hätte Nietzsche die Lehre Hörbigers als dogmatische Welt-Auslegung zurückgewiesen; gleichwohl gibt es unverkennbar «nietzscheanische» Elemente in ihr: so die Bewertung der abendländisch-christlichen Moral und Humanität als lebensfeindliche Illusion. Beide, Nietzsche und Hörbiger, fühlten sich berufen, ein kosmisches «Jenseits von Gut und Böse» sowie die Überwindung des modernen Menschen zugunsten des «Übermenschen» zu verkünden. Beide sahen im Kampf das Urprinzip des Universums. Usw.

Die Wirkung eines Denkers wird gerade dort häufig übersehen, wo ein eklatanter Niveauunterschied zutage tritt. Das geistige und sprachliche Niveau Nietzsches hat keiner derjenigen erreicht, die sich auf ihn beriefen. Doch wäre es verfehlt, Persönlichkeiten wie Ernst Bertram, Alfred Rosenberg, Ludwig Klages, Alfred Baeumler und andere ausschließlich als Verfälscher und Verkleinerer der großen und klaren Linien des Nietzscheschen Denkens abzustempeln. Die Eigenart der Wirkungsgeschichte dieses Denkens bis hin zum Nationalsozialismus ist kein Zufall, vielmehr wird sie *ermöglicht* durch Nietzsche selbst, durch sein sprachlich brillantes und daher suggestiv in seinen Bann ziehendes «Vabanque-Spiel» des Geistes, durch seine bedenkliche Mehrdeutigkeit. Über Richard Wagner sagt sein Bewunderer Thomas Mann, sein Genie setze «sich aus lauter Dilettantismen zusammen».[113] Analoges gilt auch für Nietzsche. Und ein Teil der Wirkungsgeschichte Nietzsches lässt sich auf die Loslösung und Vereinzelung dieser Dilettantismen zurückführen, wobei dann notwendig das sie zum Ganzen fügende Genie auf der Strecke bleibt.

Paradigmenwechsel vor Hitler –
Edgar Daqué: Kritik des mechanistischen Denkens

Ich habe den Paläontologen und Naturphilosophen Edgar Daqué erwähnt und den Einfluss einiger seiner Gedanken auf Hitler (auch auf Gottfried Benn) angedeutet. Dies bedarf der näheren Bestimmung. Als Ergänzung und Vertiefung seines Werkes «Urwelt, Sage und Menschheit» veröffentliche Daqué im Jahre 1926 das Buch «Natur und Seele. Ein Beitrag zur magischen Weltlehre», welches als aufschlussreiches Dokument der antinihilistischen Revolte jener Zeit bewertet werden kann. Schon in der Vorrede kennzeichnet Daqué die eigene, «magische» Weltanschauung als den bewussten Gegensatz zur «mechanistisch-intellektualen»; zudem weist er darauf hin, dass er – als «Kind seiner Zeit» – Gedanken zum Ausdruck bringe, die in den Seelen vieler seiner Zeitgenossen lebendig seien.[114] Und in der Tat waren gerade die 20er Jahre ein fruchtbarer Boden für naturphilosophische Bestrebungen, die darauf abzielen, der einseitigen Intellektualisierung der Naturbetrachtung eine von der Allbeseeltheit der Natur durchdrungene Ganzheitssicht entgegenzustellen, die auch die Magie einschließt. Es ging auch damals schon um das, was man heute als Paradigmenwechsel bezeichnet.

Daqué spricht von den vielen, die von dem Ahnen erfüllt seien, am Ende der Epoche der Verstandesherrschaft zu stehen. «Sie fühlen und wissen, dass der reine Intellekt alles Leben tötet, zu geistiger Anarchie und zur Verödung der Seele führt und schon reichlich geführt hat.»[115] Man beginne nunmehr herauszutreten «aus dem barbarischen Zeitalter jener fiktiven mechanistischen, alles entseelenden Naturanschauung in eine freiere Betrachtungsart».[116] «Das Zeitalter der mechanistischen Tyrannei ist zu Ende.» Das rationale Denken habe seine Ohnmacht offenbart, eine «echte schöpferische Kultur» hervorzubringen; alles kulturell Bedeutsame fließe vielmehr «aus dem Unbewusst-Lebendigen».[117] Die «beseelte Natur» stehe «in steter Wechselwirkung mit der Menschenseele», so dass auf keiner der beiden Seiten etwas vorgehe, «was nicht auf der anderen sein seelisches Korrelat und damit im gleichen Daseinsaugenblick auch seine natürliche Manifestation fände». Das Ich, das Subjekt, ist nach Daqué keine isolierte Größe, vielmehr müsse «der innere Zusammenhang des Ganzen» im Ich «verborgen und fühlbar» sein.[118] «Der Mensch ist das Wesen, in dem der von ihm erlebte und ihn einschließende Kosmos zum Bewusstseinsphänomen wird.»[119] Hieraus leitet Daqué die Unmöglichkeit und Unsinnigkeit einer voraussetzungslosen, objektiven Wissenschaft ab. Alle bisherigen Bemühungen objektiver Wissenschaftlichkeit hätten zu bloßem Schein-Wissen und zu lebensfernen Abstraktionen geführt. Die Wirklichkeit könne «nicht formuliert», sie müsse «erlebt» werden. «Man spricht heute viel von Wissenschaftsmüdigkeit, weil wir nach dem neuen Wirklichkeitserlebnis suchen.»[120] Das bevorstehende neue Zeitalter werde sich dem so lange verdeckten «Wesen des kosmisch-lebendigen Daseins »wieder annähern, und zwar mittels «Schauen» und «Intuition». «Diese Innenschau ist nicht subjektiv allein, in welchem Falle sie ja Phantasieren wäre; sondern sie ist subjektiv und objektiv in einem. Und das vollzieht sich in einem anderen Bewusstseinszustand, den wir im Gegensatz zum wachbewusst-intellektuellen den *magischen* nennen können.»[121] Wissenschaft produziere eine fiktive, letztlich tote Welt; im neuen Zeitalter ginge es darum, «zu jenem inneren Wissen um kosmische Dinge und kosmisches Geschehen» zu finden, das durch die rationale Art der Betrachtung verdunkelt worden sei.[122] Das neue Zeitalter werde überdies organisch-physiologische Weiterbildungen des Menschen mit sich bringen, ein Wiederhervortreten alter, verkümmerter Organe, was mit einer Wiedergewinnung der «Ursinnessphäre» verbunden sei. Usw.

Diese hier skizzenhaft wiedergegebenen Gedanken eines heute fast vergessenen Naturphilosophen, die an alte Weisheitserkenntnisse anknüpfen, lassen zumindest zweierlei deutlich werden: zum einen die in Kreisen der deutschen Intelligenz verbreitete Revolte gegen den Nihilismus, gegen das mechanistische Denken in der Descartes- und Newton-Nachfolge, und zum andern ein eigentümlich theosophisch-esoterisch geprägtes Bild vom «neuen Menschen». Der Protest gegen die Ungenüge und Lebensferne einseitig intellektueller oder linearer Naturbetrachtung war kein spezifisch deutsches Phänomen, man denke z. B. an D. H. Lawrence, doch war weder in England noch in Frankreich oder anderswo eine derartige Breitenwirkung zu verzeichnen. Auch war die deutsche Form der Revolte – einem Wesenszug des deutschen Geistes korrespondierend? – durch eine besondere Radikalität gekennzeichnet.

Niemand kann heute ernsthaft die prinzipielle Berechtigung der hier zum Ausdruck kommenden Wissenschaftskritik in Abrede stellen. Die Entwicklung bis hin zu den Massenvernichtungswaffen unserer Tage ist geradezu als überdimensionierte Bestätigung aller damals vorgetragenen Warnungen und Ängste anzusehen. Und es muss als Verhängnis gewertet werden, dass diese Revolte gegen den Nihilismus so kläglich gescheitert ist. Indem die Nationalsozialisten einen Teil dieser Impulse und Strebungen für sich zu beanspruchen versuchten, wurde ihnen die Spitze abgebrochen, sie verkümmerten zu ideologischem Flickwerk, zur Verschleierung von Betrug und hemmungslosem Machtwillen, zum «lebensphilosophischen» Feigenblatt der im Grunde technikgläubigen Machthaber des Dritten Reiches. Hitler kann geradezu als Technikfetischist bezeichnet werden, was seine gleichzeitige Hinwendung zu magischen Perspektiven der Weltsicht nicht behinderte. Das Scheitern der antinihilistischen Revolte hing naturgemäß auch mit der ihr innewohnenden Unzulänglichkeit und Unausgereiftheit zusammen, mit jenen Zügen von Fanatismus und Sektierertum, die der damaligen «New-Age-Bewegung» anhafteten. Die *heutige* New-Age-Bewegung wäre gut beraten, aus den Fehlern von damals zu lernen ...

Daqué verband seine Vision vom «neuen Menschen» mit der Vorstellung organischer Mutationen, was seine Beeinflussung durch das esoterische Gedankengut der Theosophie und verwandter Gruppierungen verrät. Auch Hanns Hörbiger nahm an, dass im Zuge der allmählichen Annäherung des Mondes an die Erde Mutationen stattfinden, innerhalb derer die vormaligen «Gottmenschen» erneut die Weltbühne betreten. Davon war, zumindest richtungsmäßig, auch Hitler überzeugt, wie aus Hermann Rauschnings «Gesprächen mit Hitler» hervorgeht. (Der Quellenwert von Rauschnings Gesprächsaufzeichnungen ist nicht unumstritten, da diese erheblich stilisiert sind; doch dürfte deren Authentizität im Grundsätzlichen feststehen.) Rauschning schreibt im 16. Kapitel seines Buches:

«Weltwende sei nun, das war ein Thema, das immer wieder in seinen Gesprächen anklang. Eine von uns Nichtwissenden in ihrem Ausmaß gar nicht zu erfassende Umwälzung des ganzen Lebens. Hitler sprach dann wie ein Seher und Eingeweihter. Es war eine biologische Mystik oder soll man sagen eine mystische Biologie, die das Fundament seiner Eingebungen bildete. ‹Der Irrweg des Geistes› erschien als der eigentliche Abfall des Menschen von seiner göttlichen Berufung. ‹Magisch sichtig› zu _werden, das schien ihm als das Ziel einer menschlichen Fortentwicklung. Er selbst fühlte sich bereits an der Schwelle dieses magischen Wissens, und schrieb ihm seine Erfolge und seine künftige Bedeutung zu. Da hatte ein Münchner Gelehrter (gemeint ist Edgar Daqué) neben fachwissenschaftlichen Büchern ein paar merkwürdige Sachen geschrieben über Urwelt, Sage und Menschheit, über die Traumsichtigkeit der früheren Menschheit, über eine Erkenntnisform und eine uns übernatürliche Macht über die rationalen Naturgesetze. Da gab es das Auge des Zyklopen, das Scheitelauge mitten auf dem Haupt, das jetzt zur Zirbeldrüse verkümmerte Organ einer magischen Einfühlung in das All. Solche Ideen faszinierten Hitler. Er liebte es zu Zeiten, sich damit leidenschaftlich zu beschäftigen. Er sah sein eigenes, wundersames Leben als eine Bestätigung verborgener Kräfte. Er steigerte den Sinn seiner Berufung zu der übermenschlichen Aufgabe, der Menschheit die Wiedergeburt zu einer neuen Gestalt zu verkünden. / Der Mensch befände sich in einer ungeheuren Wandlung. Buchstäblich, über Jahrtausende hinweg vollziehe sich ein Umwandlungsprozess mit ihm, verkündete er. Die solare Periode des Menschen neige sich ihrem Ende zu. In ersten großen Menschengestalten einer neuen Art künde sich das Kommende heute schon an.»[123]

Hanns Hörbiger wird von Rauschning nicht erwähnt, aber es

kann keinem Zweifel unterliegen, dass hier Gedanken der Welteislehre mit denjenigen Daqués und rassistischer Okkultgruppen verbunden werden. Wir wissen aus verschiedenen Quellen, dass sich Hitler schon während seiner Wiener Zeit mit Fragen des Okkultismus beschäftigt hat; und wenn er in «Mein Kampf» verkündet, in Wien sei das «granitene Fundament» seiner Weltanschauung entstanden, dann mag hierin, unausgesprochen, auch die «Nachtseite» der Existenz einbezogen sein. Auch Dietrich Eckart, Rudolf Heß, Karl Haushofer und andere wichtige Persönlichkeiten der NS-Frühgeschichte hatten okkultistische Neigungen. Insbesondere Dietrich Eckart, den Hitler als väterlichen Freund und Mentor verehrte, wirkte beeinflussend auf ihn in Richtung auf jene schlimme Synthese von Okkultismus und paranoidem Antisemitismus, die auch manche Mitglieder der Thule-Gesellschaft auszeichnete (Hitler und Eckart hatten nur den Stand eines «Gastes» in der Thule-Gesellschaft). Hitler hat diese innere Zuwendung zur Magie und zum Okkultismus phasenweise verdrängt, aber niemals wirklich aufgegeben. Dass er zugleich ein nüchterner und rational denkender Machttaktiker sein konnte, wenn es die Situation erforderte, gehört zu den unauflösbaren Widersprüchen dieser monströsen Persönlichkeit.

Wie alle Schauspieler war er permanent auf Wirkung bedacht und zeitlebens von der Angst gepeinigt, lächerlich zu wirken, was seinem Rollenbewusstsein jenen steinernen, unwandelbaren Charakter verlieh, der häufig registriert worden ist. Dies hat mit dazu beigetragen, dass er den Okkultismus betreffende Fragen nur im engsten Kreise und äußerst selten offen zur Sprache brachte. Im Innersten war er von einer magischen Religiosität erfüllt; ob seine wohl erst 1937 vollzogene endgültige Abkehr vom Christentum hiermit in Zusammenhang gebracht werden kann, lässt sich nicht mit Sicherheit ausmachen. Hitlers nahezu unersättlicher Synkretismus vermochte auch das Entlegenste und einander Entgegengesetzte zu vereinen, wenn es der eigenen welthistorischen Mission dienstbar gemacht werden konnte. Rauschning fragt einmal, halb rhetorisch: «Glaubte Hitler so etwas? War es nicht nur eine Art Propaganda, mit der er sich in gewissen Kreisen Ansehen und Anhänger schuf?»[124] Wenig später gibt er selbst die – vorsichtige – Antwort:

«Aber vielleicht glaubte Hitler doch daran. Er ist imstande, das Widerspruchsvollste zu verbinden. Eins ist gewiss: Hitler ist Prophet. Weit über die Bedeutung eines Politikers strebt er in die Gefilde eines übermenschlichen Daseins als der Prophet einer neuen Menschheit.»[125]

Für Hermann Rauschning war Hitler im letzten ein Nihilist ohne feste Überzeugung. Die Hitlerschen Neigungen zur Magie und zum Okkultismus nahm er nicht wirklich ernst. Einmal schreibt er: «Er (Hitler) ist immer Schauspieler. Er greift soeben Gehörtes auf und weiß es so zu verwenden, dass es dem Zuhörer als alter geistiger Besitz Hitlers erscheinen muss.» Und: «Die Hitlersche Politik ist eine rücksichtslose Gelegenheitspolitik, die mit ungeheuerlicher Leichtigkeit alles über Bord wirft, was ihr soeben als fester Grundsatz galt.»[126] Viele sind Rauschning in dieser Einschätzung Hitlers als eines dämonischen Nihilisten, der erfüllt war von prinzipienlosem Machtwillen, gefolgt, und in der Tat lassen sich gewichtige Argumente für diese These ins Feld führen. Und doch gab es ein unwandelbares weltanschauliches Element im Innern Hitlers, das auf eine merkwürdige Weise «unkorrumpiert» blieb (wenn ein derartiger Ausdruck hier überhaupt sinnvoll plaziert ist). Rauschning selbst gibt bedeutsame Belege für das weltanschauliche Fundament Hitlers, das keineswegs nihilistisch war (im Sinne der eingangs gegebenen Bedeutung), sondern gerade von dem Impuls gespeist wurde, den Nihilismus zu überwinden. Schon Joachim Fest hat dies angedeutet. Die Hitlersche Weltanschauung hat nichts mit Humanität zu tun, aber sie ist nicht per se als nihilistisch zu kennzeichnen, vielmehr geht sie von klar formulierbaren weltanschaulichen Prämissen und Wertvorstellungen aus, mögen diese auch menschenverachtend und absurd sein. Dass dieser «Glaubenskern» Hitlers schon im Ansatz als Perversion eines antinihilistischen Impulses zu bewerten ist, ist eine Grundhypothese dieser Studie; dennoch wäre es verfehlt, Hitler deswegen einen Nihilisten zu nennen. Nicht jede Wahnidee ist nihilistisch, wenn wir Nihilismus als Wertzerfall und Überzeugung von der Nichtigkeit menschlicher Existenz verstehen. Hitler glaubte an einen Sinn seines Tuns; einzelne, nihilistisch wirkende Zynismen können darüber nicht hinwegtäuschen. Dass Hitler in der schauerlichen Konsequenz seines Handelns dem Nihilismus – gerade durch die erwähnte Perversion – zu vorher nie gekannter Macht verhalf, wurde bereits angedeutet. Auch im Falle einer monströsen Person wie Adolf Hitler sollte man nicht, aus begreiflichem moralischen Abscheu heraus, jede Nuancierung der Wertung aufgeben.

Biologie und Esoterik:
«Der Wille zur neuen Menschenschöpfung»

Im Anschluss an die zitierte Bemerkung über Hitler als «Prophet einer neuen Menschheit" schreibt Rauschning:

«Mir gegenüber kleidete er diese Ideen in eine etwas materialistischere Fassung. / ‹Die Schöpfung ist noch nicht am Ende, wenigstens was dieses Lebewesen Mensch anlangt. Der Mensch steht biologisch gesehen deutlich am Scheidepunkt. Eine neue Menschenspielart beginnt sich abzuzeichnen. Durchaus im naturwissenschaftlichen Sinne eine Mutation. Die alte bisherige Gattung Mensch gerät damit unweigerlich in das biologische Stadium der Verkümmerung. Der Altmensch wird sein Leben nur noch in Kümmerformen fristen. Die ganze Schöpferkraft aber wird sich in der neuen Menschenspielart konzentrieren. Die beiden Spielarten werden sich sehr schnell voneinander fort in entgegengesetzter Richtung entwickeln. Die eine wird unter den Menschen heruntersinken, die andere wird weit über den heutigen Menschen hinaussteigen. Gottmensch und Massentier möchte ich die beiden Spielarten nennen.› / Ich erwiderte, dass das sehr an Nietzsche und seinen Übermenschen erinnere. Aber ich hätte das bisher im geistig übertragenen Sinne aufgefasst. / ‹Ja, der Mensch ist etwas, das überwunden werden muss. Nietzsche hat davon auf seine Weise allerdings bereits etwas gewusst. Er hat den Übermenschen sogar schon als eine biologisch neue Spielart gesehen. Obwohl das bei ihm noch schwankt. Der Mensch wird Gott, das ist der einfache Sinn. Der Mensch ist der werdende Gott. Der Mensch muss über seine Grenzen ewig hinausstreben. Sobald er beharrt und sich abschließt, verkümmert er und sinkt unter die Schwelle des Menschentums herunter. Er wird zum Halbtier. Götter und Tiere, so steht die Welt heute vor uns. (...) Wer den Nationalsozialismus nur als politische Bewegung versteht, weiß fast nichts von ihm. Er ist mehr noch als Religion: Er ist der Wille zur neuen Menschenschöpfung.› »[127]

Auffällig ist die für Hitlers Äußerungen dieser Art typische Mischung aus Biologismus und Esoterik, in der epochenspezifische Tendenzen anklingen, die sich bei Hörbiger und Daqué genauso aufweisen lassen wie bei Gottfried Benn (hier allerdings beschränkt auf die Jahre 1933/34). Diese schlimme Allianz von Biologie und Okkultismus findet sich auch in der Vorstellungswelt Heinrich Himmlers und seiner engsten Mitarbeiter. Hitlers in kleinem Kreis gelegentlich vorgetragene Geringachtung, ja Verspottung Himmlers und des von diesem propagierten «SS-Mythos» sollte nicht zu der Annahme verführen, hier habe es substantielle Differenzen gegeben. Wie kaum ein anderer sog Himmler, von Hitler stets wie eine Art Schuljunge behandelt, die Wahnideen von der Züchtung eines neuen Menschen in sich auf und setzte sie mit beklemmender Konsequenz in die Realität um. Himmler war in jeder Weise die «Kreatur» Hitlers.

Die zitierte Gesprächsaufzeichnung Rauschnings von 1934 enthält die einzige mir bekannte Bezugnahme Hitlers auf Nietzsches Konzeption vom Übermenschen. Wir haben keinen Beleg dafür, was Hitler von Nietzsche effektiv gelesen, zur Kenntnis genommen oder auch in irgendeiner Form verarbeitet und seiner Weltanschauung einverleibt hat. Es spricht einiges dafür, dass er von Nietzsche mehr kannte als nur einige einprägsame

Schlagworte, wie gelegentlich behauptet wird. Gerade «Also sprach Zarathustra» – von vielen Soldaten im Ersten Weltkrieg, neben der Bibel, im Tornister getragen – dürfte Hitler bekannt gewesen sein – was immer das konkret heißen mag, wenn man die in «Mein Kampf» beschriebene Eigenart seines Lesens berücksichtigt –, darüber hinaus wahrscheinlich auch die Nachlasskompilation «Der Wille zur Macht».

Welche Vorstellung verband Nietzsche selbst mit dem Begriff des Übermenschen? Die Beantwortung dieser Frage ist schwierig, auch wenn man alle entsprechenden Textstellen heranzieht und miteinander vergleicht. Der Übermensch ist eine in sich uneinheitliche, widersprüchliche Konzeption. Dass hier beispielsweise darwinistische oder pseudodarwinistische Züchtungsideen hineinspielen, ist ebenso oft behauptet wie bestritten worden. Für beide Versionen gibt es Belege. Nun sind zuweilen Missverständnisse und Fehldeutungen für die Wirkungsgeschichte eines Denkers bedeutsamer als die Differenziertheit des «eigentlich» Gemeinten, wobei gerade dieses bei Nietzsche nicht mit letzter Klarheit zu fixieren ist. Auch hat die besondere Art eines wirkungsgeschichtlichen Missverständnisses in der Regel mehr zu tun mit dem «Original» als gemeinhin angenommen wird. Nietzsches Vorstellung vom Übermenschen ist in sich ähnlich ambivalent wie seine Formel vom Willen zur Macht. Wer die Nietzsche-Rezeption als eine Geschichte von Verfälschungen und Missverständnissen auffasst, was durchaus legitim ist, muss deutlich machen, wie diese Verfälschungen und Missverständnisse möglich waren. Es ist wenig überzeugend, hier ausschließlich auf die beschränkte Aufnahmefähigkeit oder niedere Intelligenz der Nacheiferer und Bewunderer zu verweisen. Schüler und Anhänger spiegeln stets etwas von der Eigenart des «Meisters», und sei es nur einen bestimmten Aspekt, eine bestimmte Facette.

Rauschning fühlt sich durch die von Hitler gemachten Bemerkungen über die bevorstehende Mutation des Menschen und den «Gottmenschen» des neuen Äons an Nietzsches Übermenschen erinnert, obwohl er selbst, wie er Hitler gegenüber äußert, diesen Begriff bis dahin «im geistig übertragenen Sinne aufgefasst» habe. Kann Hitlers biologistisch-esoterisch konzipierter «Gottmensch», wie er in den zitierten Bemerkungen zum Ausdruck kommt, in Verbindung gebracht werden mit Nietzsches Übermenschen? Die meisten werden diese Frage verneinen bzw. gar nicht erst stellen. Und doch ist eine derartige Verbindung aufweisbar. Vom «Gottmenschen» war bereits im Zusammenhang mit der Welteislehre die Rede. Dieser Menschentypus des neuen Zeitalters wird nach Meinung Hörbigers das schöpferisch-magische Potenzial der «Riesenkönige» wiederbeleben und der Menschheit gleichsam den Kosmos zurückgewinnen, die jüdisch-christliche Fehlentwicklung endgültig überwinden sowie entartende Rassen «hinabstoßen». Rauschning zitiert den Hörbiger-Bewunderer Hitler wie folgt:

«Der neue Mensch lebt unter uns. Er ist da! (...) Genügt Ihnen das? Ich sage ein Geheimnis. Ich sah den neuen Menschen, furchtbar und grausam. Ich erschrak vor ihm. (...) In meinen Ordensburgen wird eine Jugend heranwachsen, vor der sich die Welt erschrecken wird. Eine gewalttätige, herrische, unerschrockene, grausame Jugend will ich. (...) Das freie, herrliche Raubtier muß erst wieder aus ihren Augen blitzen. (...) So merze ich die tausende von Jahren der menschlichen Domestikation aus. So habe ich das reine, edle

Material der Natur vor mir. So kann ich das Neue schaffen. (...) Das ist die Stufe der heroischen Jugend. Aus ihr wächst die Stufe des Freien, des Menschen, der Maß und Mitte der Welt ist, des schaffenden Menschen, des Gottmenschen. In meinen Ordensburgen wird der schöne, sich selbst gebietende Gottmensch als kultisches Bild stehen und die Jugend auf die kommende Stufe der männlichen Reife vorbereiten.»

«Missverstandener Nietzsche»?

In der SS, dem «Orden unter dem Totenkopf», hat man in der Tat versucht, einen «neuen Menschen» zu züchten, und zwar mit den Mitteln der Brutalität, des Terrors, der rituellen Magie alter Geheimbünde (die Vorbildfunktion des – offiziell bekämpften – Jesuitenordens ist belegt). Der «neue Mensch» der SS-Elite wurde über Jahre hinweg der Schrecken Europas, doch alle «Züchtungen» erbrachten nur eine Radikalisierung der alten Freikorpsmentalität, wie Heinz Höhne mit Recht hervorhebt[129], verbunden mit Exzessen der Inhumanität, die einem den Atem verschlagen, die aber gleichwohl im SS-«Moral-Kodex» ihre «Rechtfertigung» fanden. Die von Rauschning übermittelten Hitler-Äußerungen über das «freie herrliche Raubtier» muten wie eine bewusste Paraphrase der berüchtigten Stelle über die «blonde Bestie» aus Nietzsches «Genealogie der Moral» an. Nietzsche schreibt hier:

« (...) Auf dem Grunde aller dieser vornehmen Rassen ist das Raubtier, die prachtvolle nach Beute und Sieg lüstern schweifende *blonde Bestie* nicht zu verkennen. (...) Die vornehmen Rassen sind es, welche den Begriff ‹Barbar› auf all den Spuren hinterlassen haben, wo sie gegangen sind; noch aus ihrer höchsten Kultur heraus verrät sich ein Bewusstsein davon und ein Stolz darauf ... »[130]

Gesetzt, Hitler habe das oben Zitierte wirklich so gesagt (es sei also nicht nur von Rauschning auf Nietzsche hin stilisiert worden), so weist dies nicht zwingend auf Hitlers Kenntnis der «Genealogie der Moral», obwohl dies wahrscheinlich ist, sondern eher darauf, dass und in welchem Grade bestimmte Formeln und Spracheigentümlichkeiten Nietzsches, wie auch immer vermittelt, verbreitet waren. Hitler konnte hier auf einen Formelschatz zurückgreifen, der aus dem stark von Nietzsche beeinflussten Expressionismus herrührt und sich noch in den späten Goebbels-Reden nachweisen lässt. Die Prägekraft der Sprache Nietzsches hat zugleich eine bewusstseinsprägende Funktion, die im einzelnen schwer auszuloten ist. Nietzsche war *auch* ein Virtuose der suggestiven Formeln: Jenseits von Gut und Böse, Wille zur Macht, Sklavenaufstand der Moral, Racheakt der Schlechtweggekommenen, Überwindung des Menschen, Übermensch, Immoralismus, Gott ist tot usw. Und die unbezweifelbare Sprachmagie Nietzsches hat auch gefährlichen, dubiosen oder schlicht unmenschlichen Formeln eine unvergleichliche Durchschlagskraft in Kreisen der deutschen Intelligenz (aber nicht nur dort) verschafft. Ob Nietzsche damit zum «Vorläufer» Hitlers wird, ist eine ganz andere Frage; doch fraglos gehört er, genauso wie Richard Wagner, ins Zentrum der Vorgeschichte des deutschen Faschismus.

Hitlers Äußerungen «über Geist und Moral» werden von Rauschning ausdrücklich als «missverstandener Nietzsche» etikettiert.[131] Sie haben zu tun mit jener Revolte gegen den Intellekt, von der mehrfach die Rede war. Rauschning:

« ... es waren popularisierte Ideen, die eine gewisse Richtung der zeitgenössischen Philosophie in den Mittelpunkt ihrer Betrachtungen gestellt hatten. Hitler trug dies alles mit der Geste des Propheten und schöpferischen Genius vor. Er schien überzeugt, dass es seine eigenen Ideen waren. Er kannte nicht deren Ursprung und meinte sie nur sich selbst und den Eingebungen seiner Einsamkeit in den Bergen zu verdanken.»[132]

So soll Hitler u. a. gesagt haben:

«Wir stehen am Ende des Zeitalters der Vernunft. Der selbstherrlich gewordene Geist ist eine Krankheit des Lebens geworden. / Unsere Revolution ist nicht bloß eine politische und soziale, wir stehen vor einer ungeheuren Umwälzung der Moralbegriffe und der geistigen Orientierung des Menschen. / Mit unserer Bewegung ist erst das mittlere Zeitalter, das Mittelalter abgeschlossen. / Wir beenden einen Irrweg der Menschheit. / (...) Das Gewissen ist eine jüdische Erfindung. Es ist eine Beschneidung, eine Verstümmelung des menschlichen Wesens. / Eine neue Zeit der magischen Weltdeutung kommt herauf, der Deutung aus dem Willen und nicht dem Wissen. / Es gibt keine Wahrheit, weder im moralischen noch wissenschaftlichen Sinne. / (...) Jede Tat ist sinnvoll, selbst das Verbrechen. / Jede Passivität, jedes Beharren ist dagegen sinnlos, sie sind lebensfeindlich. Somit gibt es das göttliche Recht, das Beharrende zu vernichten. /

Der Ausdruck Verbrechen stammt noch aus einer überwundenen Welt. Es gibt positive und negative Aktivität. Jedes Verbrechen im alten Sinn steht noch turmhoch über der bürgerlichen Regungslosigkeit. (...) / Man muss Misstrauen haben gegen Geist und Gewissen, und man muss Zutrauen haben zu seinen Instinkten. Wir müssen eine neue Naivität wieder gewinnen. / Man stempelt uns zu Geistesfeinden. Jawohl, wir sind das. Aber in einem viel tieferen Sinne, als sich diese dummstolzen Wissenschaftsbürger nur träumen lassen. / (...) Die Vorsehung hat mich zu dem größten Befreier der Menschheit vorbestimmt. Ich befreie den Menschen von dem Zwange eines Selbstzweck gewordenen Geistes; von den schmutzigen und erniedrigenden Selbstpeinigungen einer Gewissen und Moral genannten Chimäre und von den Ansprüchen einer Freiheit und persönlichen Selbständigkeit, denen immer nur ganz wenige gewachsen sein können.»[133]

Sind diese Äußerungen Hitlers, wie Rauschning meint, als «missverstandener Nietzsche» zu bewerten? Das lässt sich nicht durchweg bejahen. Sicher wird Hitler die Schriften Nietzsches kaum wirklich verstanden haben (was immer er von ihnen gelesen haben mag), aber einige der hier zitierten Sätze scheinen den Aussagenden, sieht man von ihrem Umfeld einmal ab, als «Nietzscheaner» auszuweisen. Den Gedanken einer «objektiven Wahrheit» etwa hat Nietzsche schroff zurückgewiesen; es gibt nach ihm nur perspektivische Formen der Weltbetrachtung und -aneignung, die wiederum Manifestationen des Willens zur Macht sind. Nietzsche verkündet die Heiligung der Instinkte, eine immoralistische Neubewertung der alten Vorstellung vom Verbrechen. Im Nachlass von 1884 heißt es z. B.: «*Man versteht große Menschen nicht*: Sie verzeihen sich jedes Verbrechen, aber keine Schwäche. Wie viele bringen sie um!»[134] Nach Nietzsche ist das Gewissen im moralischen Sinne eine Krankheit; alles Lebensfeindliche kann und soll vernichtet werden. Ich erinnere an das schlimme Wort von der «Vernichtung der verfallenden Rassen». In einem anderen Nachlassfragment heißt es: «Vernichtung der Missratenen – dazu muss man sich von der bisherigen Moral emanzipieren.»[135] Dass die Moral eine «Chimäre» sei, wie Hitler meint, davon war auch Nietzsche überzeugt usw. Die Nietzsche-Bezüge in den zitierten Hitler-Äußerungen sind deutlich genug. Überlagert werden sie von Endzeiterwartungen, die eher mit Hörbiger und der geheimwissenschaftlichen Tradition zu tun haben. Gleichwohl finden sich auch bei Nietzsche Äußerungen, die als eschatologisch einzustufen sind. Wenn «magische Weltdeutung» soviel wie «Deutung aus dem Willen» meint (Magie als willentliche Bewusstseinsveränderung), dann wäre auch diese Hitler-Äußerung der – direkten oder indirekten – Nietzsche-Beeinflussung zuzuschreiben. Der Mensch ist nach Nietzsche primär ein Werte-Setzender, Werte-Schaffender; diese Wesensäußerung entspringt dem Willen zur Macht, der auch ein Wille zur Steigerung, zur Überwältigung, zur Selbst-Überwindung ist, wie Nietzsche betont, – *auch* ein Wille zur Unterdrückung, ja Vernichtung der jeweils entgegengesetzten Willensmanifestationen. Nietzsches «Wille zur Macht» ist dialektisch strukturiert; es geht stets um den Kampf von Willenszentren, Willensströmungen gegeneinander, zuoberst des «Willens zum Leben» (und damit zur Steigerung und Gestaltenformung) gegen den »Willen zum Nichts», den «nihilistischen Willen zur Macht».

Nach Rauschning liebte es Hitler nicht, auf die Herkunft seiner

Ideen angesprochen zu werden. Er äußerte, für sich genommen fraglos korrekt, was immer er von anderen übernommen habe oder was andere vor ihm gedacht hätten, «er selbst sei zumindest derjenige, der zuerst im großen Stil und konsequent gehandelt habe». «Und das entscheide allein.»[136] Wesentlich an Hitler ist primär die Radikalität seines Handelns aufgrund für richtig erachteter monströser Prinzipien; die Radikalität der Gedanken allein macht nicht die beklemmenden Dimensionen seiner Persönlichkeit aus.

In den geheimwissenschaftlichen Strömungen seit dem späten 19. Jahrhundert spielt die Vorstellung vom Übermenschen eine wichtige Rolle. In welchem Maße hier Nietzsches Übermensch-Gedanke, wie er zum ersten Mal im Zarathustra zum Ausdruck kommt, beeinflussend gewirkt hat, lässt sich nicht mit Sicherheit sagen oder quellenmäßig belegen. Das Wort Übermensch taucht schon in der römischen Antike auf und wird meines Wissens im deutschen Sprachraum erstmals von Heinrich Müller in seinen «Geistlichen Erbauungsstunden» von 1664-66 verwendet, und zwar als Synonym für «Gottesmensch». Später erscheint das Wort bei Goethe (etwa im Faust I), bei Jean Paul und anderen, wird aber erst durch Nietzsche als philosophischer Terminus in bewusster Frontstellung zum Christentum eingeführt. Die antichristliche Komponente des Begriffs manifestiert sich z. B. in Wladimir Solowjews «Erzählung vom Antichrist»: Hier wird der die Weltherrschaft erringende Antichrist als Übermensch bezeichnet. Da der Gestalt des altiranischen Propheten Zarathustra in der hermetischen Tradition Europas eine besondere Bedeutung zugewiesen wird – er gilt als einer der großen Weisen und Eingeweihten – und Nietzsche gerade Zarathustra (im Übrigen ohne die Kenntnis der esoterischen

Tradition) zum Verkünder des Übermenschen macht, erscheint es gerechtfertigt, den Nietzscheschen Zarathustra in Zusammenhang zu bringen mit dem Auftauchen der Frage nach dem Übermenschen in esoterisch-theosophischen Kreisen. Neuheidnisch orientierte oder zumindest vom traditionellen Christentum losgelöste Persönlichkeiten begannen im ausgehenden 19. Jahrhundert in zunehmendem Grade, die Begriffe Übermensch und Gottmensch einander anzunähern, schließlich gar zur Deckung zu bringen. Christliche Vorstellungen vom demütigen «Gottesmenschen» waren hiermit nicht mehr zu vereinbaren.

Die «Kreise», von denen hier die Rede ist, boten ein äußerst vielgestaltiges und buntes Bild, in das Buddhisten, Theosophen und wagnerisierende Neuheiden genauso hineingehörten wie etwa rassistische Okkultisten und antichristliche Nietzscheaner, die das Christentum als eine Ausgeburt des Judentums bekämpften. Allen gemeinsam war eine sich ständig radikalisierende Revolte gegen den Nihilismus, gegen den Intellekt, der als lebensfeindlich empfunden wurde – insofern also der «Irrationalismus». Dass hier Wirrköpfe, Scharlatane, an der bürgerlichen Welt Gescheiterte und fanatisierte Antisemiten in großer Zahl anzutreffen waren, sollte nicht den Blick verstellen für die produktiven Entwicklungs- und Ausformungsmöglichkeiten dieser Bewegungen. Gleichsam unter schweren Geburtswehen versuchte sich ein großer antinihilistischer Impuls Bahn zu brechen, allzuoft in frühzeitiger dogmatischer Erstarrung in heillosem Sektierertum endend. Ihren Höhepunkt erreichten diese mannigfaltigen Strömungen in den späten 20er und frühen 30er Jahren, ehe die Machtübernahme durch die Nationalsozialisten, die sich selbst als eben jene Alternative zur bürgerlichen und intellektuellen Welt anboten, dem allen ein schnelles Ende berei-

tete. Was an Ansätzen zu einer echten spirituellen und philosophischen Alternative vorhanden war, wurde zerschlagen oder in
den Untergrund gedrängt, und nicht wenige ließen sich von der
Augenfälligkeit der Erfolge Hitlers korrumpieren und erwarte-
ten die Erfüllung der eigenen Hoffnungen nunmehr vom Dritten
Reich. Hermann Rauschning hat das Eindringen der Sektierer in
die NSDAP beschrieben:

> «Alle diese kleinen, verwachsenen Sehnsüchtigen, die keine
> rechte Erfüllung finden: Nacktkulturisten, Vegetarier, Eden-
> gärtner, Impfgegner, Gottlose, Biosophen, Lebensreformer,
> die ihre Einfälle verabsolutierten und eine Religion aus ihrer
> Marotte zu machen suchten, lassen heute ihre geheimen
> Wünsche in die vielen Gaszellen des Riesenluftballons der
> Partei einströmen ... Diese verkümmerte und verwachsene
> Romantik engbrüstiger Geister, dieser vor Gehässigkeit und
> Rechthaberei atemlose Fanatismus kleiner Sektierer treibt
> den großen gemeinsamen Fanatismus der Partei und hält ihn
> lebendig als eine gemeinsame Traumbestätigung. Für alle
> Zukurzgekommenen ist der Nationalsozialismus der ‹Traum
> von großer Magie›. Und Hitler selbst ist der erste unter den
> Zukurzgekommenen. So wird er selbst zum Meister der gro-
> ßen Magie und zum Priester der ‹verkappten Religionen›.»[137]

Der Spott Rauschnings ist berechtigt, zweifellos hatte die
NSDAP Züge einer gewaltigen Sekte, und ihr Erfolg ist *auch* ein
Stück Sektenpsychologie; nur werden von Rauschning keine
Schlussfolgerungen gezogen, die der Dimensionalität des Phä-
nomens Nationalsozialismus wirklich gerecht werden.
Hitler konzediert Nietzsche, gleichsam großzügig, etwas von

132

dem geahnt zu haben, was ihn selbst bewegt: die Vision vom «Gottmenschen», von der Schaffung des neuen Menschen. Dabei zitiert er einen zentralen Satz aus dem Zarathustra. Die Ambivalenz des Gedankens vom Übermenschen im Werk Nietzsches wurde bereits angesprochen. Nietzsche scheint den Übermenschen primär als eine Steigerungsstufe des jetzigen Menschen aufgefasst zu haben, als einen weiteren Schritt der Evolution. Kennzeichnend für den Übermenschen ist sein übermoralisches, ins Kosmische hineinragendes Bewusstsein. Die Begrenzungen des winzigen Menschen-Ichs zu überwinden, kraft eines ungeheuren Willensaktes, in diesem Sinne also Selbst-Überwindung, gilt Nietzsche als unabdingbare Voraussetzung zur Schaffung des Übermenschen. Im Zarathustra heißt es:

«*Ich lehre euch den Übermenschen.* Der Mensch ist etwas, das überwunden werden soll. Was habt ihr getan, ihn zu überwinden? / Alle Wesen bisher schufen etwas über sich hinaus: Und ihr wollt die Ebbe dieser großen Flut sein und lieber noch zum Tiere zurückgehn, als den Menschen überwinden? / Was ist der Affe für den Menschen? Ein Gelächter oder eine schmerzliche Scham. Und ebendas soll der Mensch für den Übermenschen sein: ein Gelächter oder eine schmerzliche Scham. (...) Der Übermensch ist der Sinn der Erde. Euer Wille sage: der Übermensch *sei* der Sinn der Erde!»[138]

Und:

«Der Mensch ist ein Seil, geknüpft zwischen Tier und Übermensch – ein Seil über einem Abgrunde. / Ein gefährliches

Hinüber, ein gefährliches Auf-dem-Wege, ein gefährliches Zu-rückblicken, ein gefährliches Schaudern und Stehenblei-ben. / Was groß ist am Menschen, das ist, dass er eine Brücke und kein Zweck ist: Was geliebt werden kann am Menschen, das ist, dass er ein *Übergang* und ein *Untergang* ist.»[139]

Die Zurückweisung der jüdisch-christlichen Moral folgt notwen-dig aus diesem Grundansatz: Humanität im traditionellen Sinne ist nur auf den Menschen anwendbar, nicht dagegen auf den Übermenschen und jenen Prozess, der zu ihm hinführt. Aus-drücklich weist Nietzsche jede metaphysische Bezugsrichtung und Fundierung des Übermenschen zurück, wodurch ein merk-würdiges Phantom aufgebaut wird: ein Mutationsgebilde, des-sen überwundenes Fundament der Mensch ist, eine biologische Neuschöpfung? Eine darwinistische Züchtungsidee? Oder ein-fach ein Mensch, der die Moral überwunden hat und die Ewige Wiederkunft bejaht? ... Auf jeden Fall ist die Bezugnahme Hörbi-gers auf Nietzsches Konzeption vom Übermenschen keineswegs so willkürlich und oberflächlich, wie es zunächst erscheinen mag. Hörbigers «Gottmensch» trägt *auch* die Züge des Nietz-scheschen Übermenschen, und er trägt sie auf legitime Art. Und Hitlers inhuman-bizarre *Idee* vom neuen Menschen und seiner Züchtung ist ebenfalls ein Stück Nietzsche-Erbe, durchsetzt mit spätromantischen und okkultistischen Elementen.

Die Wiedergewinnung des Kosmos

Dass die 20er und frühen 30er Jahre von eschatologisch geprägten Hoffnungen, von der Erwartung einer nahe bevorstehenden anthropologischen Fundamentalerneuerung erfüllt waren, ist wiederholt angedeutet worden. Gottfried Benns Äußerungen von 1933 machen dies besonders sinnfällig. – Greifen wir nunmehr eine andere Geistesströmung jener Jahre heraus, in der sich die Hoffnung auf einen weltgeschichtlichen Umbruch im Sinne einer Rückbindung des Menschen an den Kosmos mit Nietzsche-Einflüssen verband. Im Jahre 1929 erschien im Eugen Diederichs Verlag in Jena ein Buch mit dem Titel «Vom Ursprung zur Vollendung. Ein Lebensbuch kosmisch-religiöser Bindung». Die in diesem Titel zusammengefügten sechs Begriffe – Ursprung, Vollendung, Leben, Kosmos, Religion, Bindung – stehen im Zentrum der von Eugen Diederichs in den ersten drei Jahrzehnten des 20. Jahrhunderts geleisteten Verlagsarbeit. Eugen Diederichs, der von der hohen Verantwortung seines Verlegertums durchdrungen war und in mancherlei Hinsicht bahnbrechend gewirkt hat, schreibt in seinem Geleitwort zu dem genannten Buch (einem Sammelband):

«Wir stehen nahe vor dem Kommen einer starken, religiösen Bewegung, die sich nicht mit den Ansichten und Dogmen der religiösen Bekenntnisse befasst, sondern deren religiöse Kräfte aus der Erkenntnis des organischen Lebens quellen. Dass diese Art religiösen Denkens schon immer in der menschlichen Natur lag und in den letzten drei Jahrzehnten immer mehr Boden gewann, davon will dieses vorliegende Lebensbuch Zeugnis ablegen. (...) Dieses Buch nennt sich ein Lebensbuch kosmisch-religiöser Bindung. Was heißt in diesem Sinn kosmisch? Kosmisch hat weder etwas mit schwärmerischem Gefühl noch mit Mystizismus zu tun. Kosmisch heißt: Ich bin Welt unter Welten, ich bin geheiligtes Teil der großen Einheit Leben, durch mich fluten kosmische Kräfte und Wirkungen. / Kosmisch heißt in der Prägung dieses Buches ferner: Die Unendlichkeit ist in mir. Ich bin nicht nur mit den Kräften meines Körpers mit dem All verbunden, sondern ich forme und gestalte seine ursprünglichen Strahlungen geistig zu einem Kosmos in mir und stelle sie als Tat nach außen.»[140]

Was in diesen Worten anklingt, ist jene tiefe Sehnsucht nach einem kosmischen Lebensgefühl, nach ganzheitlicher Rückbindung an den Großorganismus des Kosmos, wie sie in der Naturphilosophie der Renaissance vehement aufgebrochen war und zu einer Loslösung von der christlichen Dogmatik geführt hatte. Es sei hier vornehmlich an Giordano Bruno erinnert, dessen italienische Werke nicht von ungefähr gerade im Eugen Diederichs Verlag (1904-1909) in deutscher Übersetzung herauskamen. Diederichs berief sich bereits in seinen ersten verlagsprogrammatischen Äußerungen auf die richtungsgebenden Impulse der Renaissance, aber auch der Romantik; beide wollte er zu einer schöpferischen Synthese verbinden, um derart auf das kulturelle Geschehen in Deutschland einzuwirken. Meines Wissens wurde der Begriff «Neuromantik» erstmalig von Eugen Diederichs verwendet. Was immer wir an Äußerungen seit der Jahrhundertwende herausgreifen, in denen sich etwas von jener Revolte gegen den Nihilismus manifestiert, stets stoßen wir in der einen oder anderen Form auf das Streben, den Kosmos zurückzugewinnen. Das bedeutet immer auch die Sehnsucht nach Wiedergewinnung der Ganzheit des Lebendigen, der Vereinigung des lange Getrennten. In tantrischen Kulten Tibets und Indiens ging es um die Überwindung der Gegensätze; im tantrischen Zusammenfinden des Weiblichen und des Männlichen sah man das Ursymbol für die Einheit der weiblichen und männlichen Energien im Universum. Und es ist von tiefer Bedeutung, dass im Zuge der spirituellen und naturphilosophischen Bewegungen der Nach-Nietzsche-Zeit vereinzelt auch eine Wiederbelebung tantrischer Bestrebungen versucht wurde (wie dies heute in größerer Breite geschieht).

Die von Nietzsche propagierte Vernatürlichung des Leiblichen und Triebhaften durch Befreiung von moralisch-christlichen Normen gab vielen neuheidnischen Sehnsüchten eine willkommene philosophische Fundierung. Außerhalb Deutschlands ist hier vornehmlich der englische Schriftsteller D. H. Lawrence zu nennen, dessen Essay «Apocalypse» in hohem Maße von Nietzsches Anti-Sokratismus und Anti-Christentum geprägt ist. Mit Sokrates, so verkündet Lawrence, habe die Menschheit den Kosmos verloren, und durch die lebensfeindliche christliche Religion sei die Entfremdung des Menschen vom lebendigen Kosmos der «Alten» noch verstärkt worden. Christentum und sokratische Wissenschaft seien im Kern lebens- und kosmosfeindliche Bestrebungen. «Nun müssen wir den Kosmos zurückgewinnen», schreibt Lawrence.[141] Um das zerrissene Band neu zu knüpfen, müsse der Mensch alle lebensfeindlichen Projektionen und Abstraktionen des Intellekts zurücknehmen und ein neues, ganzheitliches Verständnis seines Körpers entwickeln, beginnend mit der moralfreien Auslebung der sexuellen Energien. Die christlich-moralische Verächtlichmachung des Körpers und der Sexualität steht für Lawrence in einem Kausalzusammenhang mit den zerstörerischen, lebensfeindlichen Konsequenzen der abstrakten Naturwissenschaft.

Die Wiedergewinnung des Kosmos – einer kosmisch orientierten Religiosität im Sinne von Eugen Diederichs – hat auch zu tun mit der Wiedergewinnung des Mythos. Der stark von Nietzsche beeinflusste Philosoph Arthur Bonus gehörte zu den wichtigsten neueren Autoren des Eugen Diederichs Verlages; eines seiner Werke trägt den Titel «Vom neuen Mythos. Eine Prognose». Der neue Mythos, so Bonus, werde den jüdisch-christlichen «Vatergott» überwinden, er werde den Menschen erneut zum Teil des Göttlichen machen.

«Dem Menschen ist die eigene innere Lebensbewegung, der eigene innere Willenstrieb die einzige Aufklärung über den Sinn des Alls, die einzige Stelle, an der für ihn das All-Leben durchsichtig und der rastlose Schöpfungswille erfühlbar geworden ist, und zwar weil er sich dort als einen Teil des Schöpfungswillens selbst empfindet und ergreift. / Von hier aus werden also auch die eigentlichen starken Gestaltungen des neuen Mythos aufsteigen.»[142]

An einer anderen Stelle des genannten Werkes heißt es:

«Vor allem sieht der neue Mythos als Hintergrund des Tagesgeschehens nicht ein leeres Nichts. Dies ist vielmehr die Trostlosigkeit des unreligiösen Zustandes, dass er sich auf ein ewig leeren Nichts aufgetragen sieht, ein Nichts, das er sich von den verschiedenen Wissenschaften mit Atomen, Energien oder ähnlichen gespenstischen Dingen anfüllen lässt, die ihm nichts zu sagen wissen und die bei Lichte besehen selbst wieder Nichtse sind. Im Gegensatz zu diesem trostlosen Bild der sogenannten wissenschaftlichen Weltanschauung betrachtet der neue Mythos als Untergrund des Menschenseins ein absolut erfülltes Leben, aus dem wir aufsteigen, in das wir zurücksinken, ein volles Leben und Weben unendlicher Kraft ...»[143]

Unverkennbar ist die starke antinihilistische Stoßrichtung des Textes, der Wille zur Überwindung des naturwissenschaftlichen Nihilismus. Bei Arthur Bonus und anderen können wir eine Art der Nietzsche-Rezeption beobachten, die den meisten Nietzsche-Adepten heute denkbar fern liegt: Widersprüche, Mehrdeutigkeiten und mythenfeindliche Elemente im Werk Nietzsches – und damit zugleich das gesamte Feld des experimentellen Denkens, des Spiels mit den Möglichkeiten des Geistes – werden als Beiwerk in den Hintergrund gerückt, dafür aber die latent pantheistischen, ja mystischen Schichten Nietzsches hervorgehoben. Die religiöse, prophetische Komponente des einsamen Philosophen erschien vielen seiner Bewunderer und Anhänger als die eigentliche und wesentliche.

Der Hinweis von Bonus auf die nihilistische Dimension der neuzeitlichen Naturwissenschaft geht auf eine Stelle in Nietzsches «Genealogie der Moral» zurück. Hier heißt es, dass durch die «Niederlage der theologischen Astronomie» – ihre Überwindung durch den Kopernikanismus – der Glaube des Menschen an seine «Würde, Einzigkeit, Unersetzlichkeit in der Rangabfolge der Wesen» verloren gegangen, er somit «*Tier* geworden» sei, «Tier, ohne Gleichnis, Abzug und Vorbehalt». «Seit Kopernikus scheint der Mensch auf eine schiefe Ebene geraten – er rollt immer schneller nunmehr aus dem Mittelpunkt weg – , wohin? ins Nichts? Ins ‹*durchbohrende* Gefühl seines Nichts›?»[144]

Eingeflochten sei hier, dass jene nihilistischen Konsequenzen der neuzeitlichen Astronomie erst in der Newton-Nachfolge in aller Deutlichkeit zutage treten: Erst mit der Fiktion der Universalgeltung mathematisch fassbarer Naturgesetze schwindet die «Hypothese Gott» (wie Laplace sagt). Und alle neuplatonischen Strebungen der Physiker von Galilei bis Heisenberg haben daran nichts zu ändern vermocht. Dass die «Vertreibung» der Erde aus der Mittelpunktposition im Universum nicht notwendig zum Nihilismus, d. h. zum Zerfall aller metaphysischen Werte und zur Annahme der Nichtigkeit und Verlorenheit des Menschen führt, beweist die Kosmologie Giordano Brunos, die von der Allgegenwart des Lebens im Universum ausgeht und den Menschen – über die Monade – in organische Wechselbeziehung zum Kosmos bringt und derart seine *kosmische Würde* wiederherzustellen sucht. Dies geschieht in bewusster Gegnerschaft zur aristotelischen und christlichen Weltsicht.

Es erscheint geboten, einige philosophische und psychologische Grundsatzbemerkungen zum Thema dieses Kapitels nachzutragen. Wenn von einer Revolte gegen den Nihilismus – und das heißt auch gegen den Intellekt in dem mehrfach angedeuteten Sinne – die Rede ist, dann erhebt sich die Frage, wer bzw. welche Bewusstseinsschicht im Menschen hier als «Subjekt» dieser Revolte fungiert. Der Körper? Die Emotionen? Die sexuellen Triebenergien? Die Seele? ...

Der Aufruhr gegen den Intellekt

Was der Intellekt *im Letzten* ist, wissen wir nicht. Er *wirkt* als Organ oder Werkzeug von etwas «hinter» ihm Stehenden; dies lässt sich mit einiger Berechtigung sagen. Der Körper kann sich auflehnen gegen die Hypertrophie eines Organs, wenn die Funktionsfähigkeit des Gesamtorganismus in Gefahr ist. Nun ist der Intellekt ein Organ besonderer Art, ein Werkzeug mit einer zugleich schwer fassbaren Eigengesetzlichkeit und Selbständigkeit. So ist der Intellekt in der Lage, beinahe beliebig fiktive Welten aufzubauen, Phantasiewelten von logischer Folgerichtigkeit und Geschlossenheit. Man denke an die Fiktionen der Mathematik. Und doch ist es möglich, einen Teil dieser Fiktionen auf die Natur anzuwenden; diese kann mathematisch beschrieben werden. Darauf beruht der Glaube an die Existenz von Naturgesetzen – der Metaphysik-Ersatz der theoretischen Physiker. Offensichtlich gibt es ein natürliches Ordnungsgefüge, dessen äußerste Zwiebelschale Gesetzmäßigkeiten unterliegt, die sich mathematisieren lassen. Das geht dort am besten, wo das Leben in seiner Komplexität und Vielfalt fehlt. Die Widerspruchsfreiheit der mathematischen Fiktionen eliminiert alles Lebendige. «Zahlen töten.» (So Oswald Spengler.) Und Henri Bergson hat wohl recht, wenn er sagt, dass sich der Intellekt bei den leblosen Dingen am wohlsten fühle, dass unsere Logik die Logik fester Körper sei. Der Aufruhr gegen den Intellekt ist stets zugleich der Protest gegen die Lebensfeindlichkeit der mathematischen Abstraktion. Wo mathematisiert wird, da wächst buchstäblich kein Gras mehr, da schwindet die Aura des Einmalig-Lebendigen. Der Wissenschaftsbegriff seit Galilei ist geprägt von dem Ideal der mathematischen Widerspruchsfreiheit und damit – unbewusst

– von dem Ideal einer toten Welt (wie auch kritische Physiker einräumen).

Wie war es möglich, dass ein Ordnungsorgan von so begrenzter Reichweite wie der Intellekt zur alles bestimmenden Größe werden konnte, zum Tyrann des Denkens und der Forschung? Es unterliegt ja keinem Zweifel, dass die Auswucherung im mechanistischen Denken zur globalen Vernichtungsbedrohung geführt hat, zum Ausrottungswahn der modernen Industriegesellschaft und zur ökologischen Blindheit. Allgemein gesagt besteht der Kern der rationalistischen Fehlentwicklung in der Missachtung dessen, was Leben ausmacht, in der Verkennung der inneren Zusammenhänge lebendiger Systeme und Prozesse auf dem Planeten. Der anthropologische Entwurf des rationalistischen Denkens basiert auf dem Parasitentum des menschlichen Wirkens, wobei der Wirtsorganismus Erde hemmungsloser Ausplünderung und Ausrottung unterworfen wird. Dass der Tod des Wirtsorganismus notwendig auch den Tod des Parasiten zur Folge hat, tritt erst ins Bewusstsein, wenn es beinahe schon zu spät ist.

Die Revolte gegen den Nihilismus als Aufstand gegen einen auf die Ausrottung alles Lebendigen abzielenden anthropologischen Entwurf ist fraglos vorbereitet worden durch die Natur- und Sinnenfeindlichkeit des Christentums bzw. die hier zutage tretende Abwertung alles Weiblichen in neurotischen Männerphantasien. Insofern sind die da und dort erkennbaren antichristlichen Facetten der Revolte verständlich. Erst der moderne Feminismus hat manches davon wieder ins allgemeine Bewusstsein gerückt, wenngleich in anderer Gewichtung und Zuordnung, d. h. ausschließlich bezogen auf den patriarchalen Logos.

Aus Gründen der Veranschaulichung möchte ich an dieser Stelle die alte Lehre von den Chakras heranziehen. Chakras (Sanskrit: «Räder») sind nach der esoterischen Physiologie Alt-Indiens und Tibets psychophysische Organe oder Bewusstseinszentren, angeordnet auf der Vertikalachse des Körpers, wobei hier unerheblich ist, ob diese real existieren oder nur der Vorstellung entstammen. Die mit der Chakra-Lehre verbundenen Weisheitslehren betonen durchweg die Bedeutsamkeit der Harmonisierung der Bewusstseinszentren; wo Blockierungen oder Verknotungen vorliegen, kann die Lebensenergie nicht frei fließen. Bekanntlich gibt es in der modernen Psychologie und Körpertherapie ähnliche Vorstellungen, z. B. in der auf Wilhelm Reich zurückgehenden Bioenergetik. Wer die unteren Chakras ignoriert oder unterdrückt, was notwendig mit repressiver Sexualmoral verknüpft ist, kann zwar seinen Intellekt entwickeln, aber er kann kein ganzheitlicher' Mensch werden, weil dazu die harmonische Integration der sexuellen und emotionalen Energien gehört. Was als «Lebensphilosophie» in der Nietzsche-Nachfolge auftrat, verbunden mit der angestrebten Rehabilitierung des Vitalen, des Unmittelbar-Lebendigen und Sinnlichen, kann als eine Art Revolte der unteren Chakras gewertet werden, als Aufstand von Erde, Pflanze und Tier *im Menschen* gegen die Hypertrophie des Gehirns. Dieser Aufstand ist ein erster und wichtiger Schritt, doch bestand und besteht die Gefahr der gewaltsamen Überkompensation, gleichsam der Machtübernahme der unteren Chakras, des Überschwemmtwerdens der oberen Bewusstseinszentren, was zur Verkümmerung des Individualitätsprinzips und zur Regression bzw. Geistfeindlichkeit führt, also zur Negativform des Irrationalismus. Entindividualisierungsvorgänge dieser Art ereignen sich in bestimmten Formen des

Rausches und der Trance, in der kollektiven Neurose und Ent-
hemmung, wie sie Massenbewegungen häufig mit sich führen.
Man denke an die rituelle Magie einer NS-Massenversammlung,
welche darauf angelegt war, das Individuum zurückzunehmen
ins Kollektiv. Die Herrschaft der unteren Bewusstseinszentren
oder des Kollektiv-Archetypischen führte in der weltanschaulichen Konsequenz im Dritten Reich zu einer Mystik des Biologischen und Nur-Biologischen, welche die metaphysische Würde
des Menschen negierte. Es gibt andere – weniger inhumane –
Formen der Regression, etwa im religiösen Bereich, aber allen
gemeinsam ist der lebensfeindliche Verlust der seelisch-geistig-
körperlichen Balance. Was wir heute brauchen, ist eine wirklich
integrale Bewusstseinsform, die das Magische, Mythische und
Mentale auf einer höheren Stufe integriert. Gefragt ist der *homo
integralis*, wie Rudolf Bahro in Anknüpfung an Jean Gebser hervorhebt («Logik der Rettung»).

Was damals nicht gelang und früh entgleiste oder pervertierte, um schließlich einzumünden in jenes grausige Spektakel
deutscher Visionssuche, das der Hitlerismus darstellte, ist ein
Lehrstück, welches uns viel sagt über uns selbst, über unsere Situation *heute*. Dies haben bisher die wenigsten begriffen. Und
dies gehört zum unerlösten Schatten des Dritten Reiches. Nicht
indem wir die geistigen, spirituellen und archetypischen Kräfte
leugnen, die zur Katastrophe geführt haben, stellen wir uns der
großen Herausforderung, sondern indem wir die Energien von
damals, die Tiefenkräfte von damals erneut wachrufen, allerdings, wie ich eingangs gesagt habe, nun in «richtiger Polung»,
in gereinigter, verwandelter Form. Nur derart können wir als
Deutsche den Hitler *in uns* erlösen ...
«Weltenwende und kosmische Bindung – Die Revolte gegen den

Nihilismus»: Das gilt auch heute, mehr noch als damals, weil der Nihilismus in sein letztes Stadium getreten ist, als täglich und stündlich praktizierter Vernichtungs- und Ausrottungswille im globalen technokratischen System. Noch trägt der Wirtsorganismus den Parasiten, aber der Tod der Natur – in unserer eigenen Seele bzw. Bewusstseinsverfassung *fast* schon vollzogen – ist eine reale Möglichkeit. Nur die Erlösung der Natur in der eigenen Seele wird uns retten, wird die äußere Natur von unserem Vertilgungswahn befreien. Das Dritte Reich war die falsche Antwort auf die Grundlagenkrise des rationalistischen Geistes, die falsche Antwort auf den offenen und versteckten Nihilismus im abendländischen Denken. Aber es gilt jetzt zu begreifen, dass die globale Krise von heute *im Kern* die Krise von damals ist, genauer: dass sich heute alles das zuhöchst gesteigert hat, was damals bereits angelegt war und worauf die Nazibewegung reagierte, obwohl sie *faktisch* dem Nihilismus zugearbeitet hat.

Kapitel 3

Vom «Hitler» in Nietzsche

«Was er bietet, ist nicht nur Kunst, eine Kunst ist es auch, ihn zu lesen, und keinerlei Plumpheit und Geradheit ist zulässig, jederlei Verschlagenheit, Ironie, Reserve erforderlich bei seiner Lektüre. Wer Nietzsche ‹eigentlich› nimmt, wer ihm glaubt, ist verloren.»

Thomas Mann, 1947 [145]

War Nietzsche ein Vorläufer Hitlers?
Die Verantwortung des Denkens

Ist jemand verantwortlich für das, was er denkt? Oder was durch ihn und in ihm denkt? Im ersten Falle wird der Denkende als die Ursache der Gedanken gesetzt, er spinnt diese gleichsam aus sich heraus. *Wie* das geschieht, ist eine andere Frage. Im zweiten Falle wird der Denkende als eine Art Opfer der Gedanken aufgefasst: «Es» denkt durch ihn, «es» benutzt ihn, um «sich» zu manifestieren. Gerade Nietzsche ist dieser Problematik intensiv nachgegangen: dem Verhältnis von Denken und Subjekt, von Grammatik und Sein. Im Nachlass von 1885 heißt es:

«Er (der Gedanke) taucht in mir auf – woher, wodurch? Das weiß ich nicht. Er kommt, unabhängig von meinem Willen, gewöhnlich umringt und verdunkelt durch ein Gedräng von Gefühlen, Begehrungen, Abneigungen, auch von andern Gedanken, oft genug von einem, ‹Wollen› oder ‹Fühlen› kaum zu unterscheiden. Man zieht ihn aus diesem Gedränge, reinigt ihn, stellt ihn auf seine Füße, man sieht, wie er dasteht, wie er geht, alles in einem erstaunlichen presto und doch ganz ohne das Gefühl der Eile: *Wer* das alles tut, ich weiß es nicht und bin sicherlich mehr Zuschauer dabei als Urheber dieses Vorgangs.»[146]

Die Gefahr ist nicht klein bei diesem Thema, «in dem Fallstrick der Worte» hängenzubleiben (wie Nietzsche einmal mit Blick auf Descartes und sein berühmtes «Ich denke, also bin ich» sagt).[147] Obwohl wir zu keinem klaren Ergebnis kommen (können?), wird gemeinhin angenommen, dass der Denkende verantwortlich zu machen sei für das, was er denkt. Hier schwingt zweierlei mit: die moralische und die kausale Verantwortlichkeit. Beides kann auf eine schwer definierbare Weise zusammengehören. Wenn wir jemanden bezichtigen oder verurteilen, verbrecherische Gedanken gedacht zu haben, dann bringen wir ihn, und zwar als Persönlichkeit, in ein Kausalverhältnis zu dem von ihm Gedachten. Ob der Betreffende nun der Urheber dieser Gedanken ist oder diesen lediglich die Möglichkeit gegeben hat, in ihm und durch ihn wirksam zu werden, scheint dabei von untergeordneter Bedeutung zu sein. Genug – auf irgendeine Weise messen wir ihm diese verbrecherischen Gedanken zu. Er wird verantwortlich gemacht dafür: Er hätte sie nicht zu denken brauchen (war also frei, es nicht zu tun). Oder: Er *musste* diese Gedanken denken, weil er nun einmal so *ist,* weil er aufgrund seines personalen So-Seins eben keine echte Alternative hatte. Gilt Letzteres, bedeutet dies dennoch keine Befreiung von der Schuldzuweisung, denn der Einzelne wird so betrachtet, als ob er *ein Anderer* hätte sein können, wie Schopenhauer in Anknüpfung an Kant meint. Das Denken verstrickt sich hier in unauflösbare Zirkelschlüsse. Die «Rettung» der Freiheit ist schwierig. Dies hat schon Kant überzeugend gezeigt.

Wer meint, von bestimmten Gedanken heimgesucht zu werden o. ä., betrachtet, bewusst oder unbewusst, Gedanken als eigene Wesenheiten, als Gebilde, die gleichsam kommen und gehen, wie es ihnen gefällt. Nun spricht in der Tat allerhand dafür, dass zumindest Gedanken besonderer Intensität subtilsten Energieströmen gleichen, die man aufnehmen, aber auch aussenden kann. Vielleicht ist es nicht nur romantische Phantasie, wenn Novalis in seinen «Fragmenten» die Gedanken als «wirksame Faktoren des Universums» bezeichnet. Ähnlich dachte Richard Wagner, der zu Humperdinck gesagt haben soll, dass es «universelle Gedankenströme» gebe als Quell der schöpferischen Inspiration.[148] Eine andere Frage ist, ob und in welchem Grade Gedanken an Wörter oder grammatische Formen (im Falle musikalischer «Gedanken» an melodische und harmonische Strukturen) gebunden sind. Dass bestimmte Wörter wirkende Energien sein können, weiß man seit ältesten Zeiten; man denke an die Lehre vom Mantram, vom magisch wirkenden Wort. Ähnlich bodenlos wie die Frage nach dem Verhältnis von Denken und personalem Sein ist diejenige nach der Verantwortung für die *Wirkung* der eigenen Gedanken: Ist jemand verantwortlich für das, was andere aus seinen Gedanken machen? Hat der Denkende also die mögliche Wirkung des von ihm Gedachten mitzuverantworten? Nietzsche spricht zu wiederholten Malen von der Vernichtung «missratener» Rassen und Menschen; kann man ihn verantwortlich machen für die Untaten der Nazis, die genau dies durchführten? Wo ist hier die Schuld des Geistes anzusetzen? Nietzsche hat sich, daran kann kein Zweifel bestehen, in gedankliche Exzesse gestürzt, er hat das Äußerste und Radikalste gedacht, auch das Inhumane im moralisch-christlichen Sinne. Er verachtete Christentum, Demokratie, Sozialismus, Humanismus, freie Presse, die «Masse» usw. Und was Thomas Mann einmal über Richard Wagner sagt, trifft auch auf Nietzsche zu: «Man muss sich darüber klar sein, dass ein Werk wie ‹Der Ring des Nibelungen›, das Wagner nach dem ‹Lohengrin› konzipierte, im Grunde gegen die ganze bürgerliche Kultur und Bildung gerichtet und gedichtet ist, wie sie seit der Renaissance herrschend gewesen war.»[149] Auch Thomas Manns Hinweis darauf, dass «viel ‹Hitler› in Wagner» sei, lässt sich analog auf Nietzsche übertragen.

Also: Ist Nietzsche verantwortlich zu machen für das Element «Hitler» in ihm? Kann man ihn wegen der schlimmen «Folgen» seiner Gedanken vor ein wie immer geartetes Tribunal bringen? Dies ist gelegentlich versucht worden, wohl am umfassendsten und kompromisslosesten von Ernst Sandvoss (in seiner 1969 erschienenen Studie «Hitler und Nietzsche»).

Um das hier angesprochene Problem der Wirkung des Denkens im Sinne der Verantwortung des Geistes einmal an anderen Persönlichkeiten zu verdeutlichen, ließe sich z. B. fragen: Ist Marx verantwortlich für den Stalinismus? (Michail Bakunin würde diese Frage sicher bejahen, wenn er Stalin erlebt hätte.) Luther für die Religionskriege? Einstein für die Atombombe? Mohammed für die blutige Geschichte des Islam? Usw.

Wenn von der Vorläuferschaft Nietzsches in Bezug auf Hitler die Rede ist, dann muss zweierlei auseinandergehalten werden, obwohl eines in der Regel das andere bedingt: der «direkte» Einfluss Nietzsches, wie er aus der Lektüre seiner Schriften erwachsen sein kann, und der «indirekte» Einfluss über Zwischenträger und Mittler. Einige dieser Mittler sind bereits hervorgehoben worden. Besondere Bedeutung erlangten Ernst Bertram, Alfred Baeumler und Alfred Rosenberg. Alle drei hielten Nietzsche für einen Wegbereiter des Nationalsozialismus. Die Bücher Bertrams und Baeumlers über Nietzsche hat Hitler mit Sicherheit nicht gekannt. Rosenbergs «Mythus des 20. Jahrhunderts» bezeichnete er als «Zeug, das niemand verstehen kann», wie Speer übermittelt.[150] Er wird das Buch nur zum geringsten Teil gelesen haben. In «Mein Kampf» wird der Name Nietzsche nicht erwähnt, obwohl sich unschwer gewisse Nietzsche-Einflüsse, etwa im Naturbegriff, nachweisen lassen. In den Reden und sonstigen mündlichen Verlautbarungen Hitlers wird Nietzsche nur selten genannt; Äußerungen wie die oben zitierte gegenüber Hermann Rauschning finden wir sonst nicht. Hitler hat Nietzsche nicht die fragwürdige Ehre angedeihen lassen, als sein Vorläufer angesehen zu werden. Dennoch scheint er ihn auf seine Weise bewundert zu haben: Der greisen Nietzsche-Schwester (Elisabeth Förster-Nietzsche, 1846-1935) hat er wiederholt seine Aufwartung gemacht und das Weimarer Nietzsche-Archiv, deren Leiterin sie war, finanziell unterstützt. Ihr Begräbnis wurde wie ein Staatsakt begangen, Hitler und führende NSDAP-Mitglieder waren anwesend, und in der Laudatio, die der «Völkische Beobachter» am nächsten Tage abdruckte, wurden Nietzsches Ideen als «das Fundament der nationalsozialistischen Weltanschauung» bezeichnet, was durchaus der Überzeugung Elisabeth Förster-Nietzsches, einer Verehrerin Hitlers, entsprach. Später ließ Hitler in Weimar eine pompöse Nietzsche-Gedenkstätte errichten.[151]

Dennoch lassen die uns zur Verfügung stehenden Quellen keine Aussage darüber zu, welche Schriften Nietzsches er gelesen hat. Hitlers Lesewut in bestimmten Phasen seines Lebens ist bekannt, auch sein ihm von vielen konzediertes erstaunliches Gedächtnis, das ihm dazu verhalf, Angelesenes in großer Menge zu speichern und dem früh zementierten Weltbild zu assimilieren. Er hat selbst in «Mein Kampf» Äußerungen zur «Kunst des Lesens» gemacht, die diesen Assimilierungsvorgang beschreiben.[152] Die eigentümliche Starrheit und Entwicklungslosigkeit Hitlers ist häufig hervorgehoben worden. Seine Unfähigkeit, Kritik zu ertragen, ja überhaupt anderen wirklich zuzuhören, hängt mit der frühen Fixierung auf eine Weltanschauung mit Absolutheitsanspruch zusammen. Nuancierungen und Differenzierungen hatten hier keinen Platz. Nun ist dies prinzipiell bei sehr vielen Menschen der Fall und durchaus gesellschaftsfähig. Erschreckend war allein die Art und Beschaffenheit dieser Weltanschauung, auch der fanatische Wille, das für wahr Befundene mit allen Mitteln politisch durchzusetzen.

Nietzsche-Formeln im deutschen Bewusstsein

Die so augenfällige Prägekraft Nietzschescher Formeln und Philosopheme im Bewusstsein der deutschen Intelligenz seit der Jahrhundertwende konnte auch auf Hitler nicht ohne Einfluss bleiben.

Einige der zentralen Impulse Nietzsches als Beeinflussungsfaktoren des «Zeitgeistes» seien im folgenden stichwortartig zusammengestellt:

1. das verstärkte Bewusstsein vom Zerfall der metaphysischen und religiösen Werte (Nihilismus)
2. die Überzeugung von der nihilistischen Geprägtheit der christlich-moralischen Weltdeutung
3. eine bis dahin ungeahnte Verfeinerung der Psychologie
4. ein völlig verändertes Sprachbewusstsein, Magie der Sprache, Kult der sprachlichen Virtuosität
5. das Misstrauen gegen Humanismus, Demokratie, «moderne Ideen», der Wille zu einer aristokratischen Gesellschaft
6. die Heiligung des Lebens, der Instinkte, des Vitalen
7. die Relativierung des Intellekts, Wissenschaft als System von Fiktionen («Positivismus»)
8. der Kult der Gewalt, des Cäsarentums, die Verächtlichmachung des Mitleids und verwandter Tugenden als nihilistisch

9. die Verherrlichung der großen Tat, der «großen Politik» mit Blick auf die Erdregierung
10. der Kult des Tragischen, des heroisch-tragischen Genies
11. der «Wille zur Macht» in jedweder Form
12. Zynismus und Radikalität des Geistes
13. die Relativierung moralischer Normen («Jenseits von Gut und Böse»)
14. die Verbindung von Gewalt und Ästhetik
15. der Wille zur «Vernatürlichung» des Menschen
16. die Erwartung einer Zeitenwende großen Stils «Großer Mittag»), der Zerschlagung der alten Werte («Umwertung aller Werte»)
17. der Kult des Krieges und kriegerischer Tugenden: Leben als Kampf, Verächtlichmachung des Friedens
18. der Kult des großen Einzelnen
19. das Anti-Christentum, die Vorstellung vom Christentum als Verbrechen gegen das Leben
20. eine besondere Form des «Anti-Judentums» (nicht mit herkömmlichem Antisemitismus zu verwechseln): die Juden als Schöpfer der «Sklavenmoral» ...

Es ist unverkennbar, dass Nietzsche seinerseits manche dieser Impulse aus dem Ideenreservoir seiner Zeit aufgegriffen hat: Da mischen sich Spätromantik und Positivismus, Schopenhauer- und Wagner-Erbe und wilhelminischer Imperialismus, materialistische Religionskritik im Stile Feuerbachs und Darwinismus usw. Und doch bekommt dies alles bei Nietzsche ein unverwechselbar eigenes Gepräge, wird gebündelt, radikalisiert und partiell wieder erkenntniskritisch aufgehoben in einem Werk, das in seiner sprachlichen Qualität nur mit Luthers Bibelübersetzung zu vergleichen sein dürfte. Nietzsches Selbstbewunderung als Sprachkünstler ist das, was den geringsten Widerspruch ausgelöst hat. In dieser unvergleichlichen Brillanz der Sprache liegt eine Suggestivität, die auch den plattesten Irrtum Nietzsches noch zum ästhetischen Phänomen geraten lässt.

«Wer, zuletzt, war deutscher als er?» Nietzsche – ein exemplarischer Deutscher?

Es ist kaum zu unterstellen, dass Hitler das Unverwechselbare der Persönlichkeit und Philosophie Nietzsches wahrzunehmen vermochte. Was in sein Bewusstseinsfeld rückte, wird im Wesentlichen nur jene Schichten berührt haben, die Nietzsche selbst in seiner Zeitgebundenheit zeigen. Hinzu kommt der erwähnte Einfluss Nietzsches auf die deutsche Intelligenz seit der Jahrhundertwende, von dem keiner der führenden Nazis, direkt oder indirekt, unbetroffen blieb. An dieser Stelle erscheint es einmal mehr geboten, das unverwechselbar «Deutsche» in Nietzsche ins Bewusstsein zu ziehen. Tritt in der Persönlichkeit Nietzsches der so gefürchtete deutsche Irrationalismus in Erscheinung, die deutsche «Kultur-Quertreiberei» in neuer, sprachlich virtuoser und brillanter Form? War Nietzsche nicht die leibhaftige «Widerspruchs-Natur» der deutschen Seele, die er selbst heraufbeschwor, nicht wirklich jener musiksüchtige deutsche Gelehrte, der den Pakt mit dem faustisch-lutherischen Teufel einging, wie Thomas Mann meint? War er nicht ein wütender Protestant, der nicht nur Rom und den Katholizismus, sondern das Christentum überhaupt leidenschaftlich bekämpfte? Ein Extremist des Geistes, ekstatisch, größenwahnsinnig, trunken von sich selbst – kurz: der «Zertrümmerer jeglicher Vernunft» (wie Augstein sagt)? Dass er immer wieder andere Völker gegen die Deutschen ausspielt, zuletzt die Franzosen, ist kein Widerspruch zu seinem engen Gebundensein an die rätselhafte Physiognomie des deutschen Geistes. Im Letzten wollte er – *gerade* als Deutscher – mehr von sich als andere.

In Thomas Manns Nietzsche-Vortrag von 1947 heißt es:

«... und nie hat er sich die geringste Sorge darum gemacht, wie seine Lehren sich in praktischer, politischer Wirklichkeit ausnehmen würden. Das haben auch die zehntausend Dozenten des Irrationalen nicht getan, die in seinem Schatten, über ganz Deutschland hin, wie Pilze aus dem Boden wuchsen. Kein Wunder! Denn nichts konnte im Grunde der deutschen Anlage genehmer sein als sein theoretischer Ästhetizismus. Auch gegen die Deutschen, diese Verderber der europäischen Geschichte, hat er seine schweflichten kritischen Blitze geschleudert und schließlich kein gutes Haar an ihnen gelassen. Aber wer, zuletzt, war deutscher als er, wer hat den Deutschen alles noch einmal exemplarisch vorgemacht, wodurch sie der Welt eine Not und ein Schrecken geworden sind und sich zugrunde gerichtet haben: die romantische Leidenschaft, den Drang zur ewigen Ich-Entfaltung ins Grenzenlose ohne festen Gegenstand, den Willen, der frei ist, weil er kein Ziel hat und ins Unendliche geht?»[153]

Der von Thomas Mann herausgestellte Zusammenhang zwischen Nietzsche und dem Nationalsozialismus geht zum einen von ihrer gemeinsamen Übersteigerung spezifisch deutscher Eigenarten aus: dem Irrationalismus und der realitätsfernen Tagträumerei. Zum andern sieht Thomas Mann Nietzsche als einen führenden Repräsentanten der europäischen «Verteidigung des Instinkts gegen Vernunft und Bewusstheit», der Revolte «gegen den klassischen Vernunftglauben des achtzehnten und neunzehnten Jahrhunderts».[154]

Der Vortrag Thomas Manns, zwei Jahre nach dem Zusammenbruch des Dritten Reiches, ist von dem Bemühen gekennzeichnet, Nietzsches Beitrag zur Entstehung des Faschismus klar herauszuheben, seine Verantwortung insofern nicht zu leugnen; dennoch werden die zeittypischen Züge in Nietzsches Denken gleichsam entschuldigend ins Feld geführt, die Naivität und Wirklichkeitsfremdheit der «Romantisierung des Bösen» in einer Epoche des Friedens, die nichts gewusst habe von den Dimensionen des realen Bösen und seiner «Miserabilität». Es sei «Dummheit», so Thomas Mann, dem Nietzscheschen Immoralismus – «all diesen schrillen und gequälten Herausforderungen» – «mit moralischer Entrüstung zu begegnen».[155] Am Ende des Vortrags heißt es:

«Daß Philosophie nicht kalte Abstraktion, sondern Erleben, Erleiden und Opfertat für die Menschheit ist, war Nietzsches Wissen und Beispiel. Er ist dabei zu den Firnen grotesken Irrtums emporgetrieben worden, aber die Zukunft war in Wahrheit das Land seiner Liebe, und den Kommenden, wie uns, deren Jugend ihm Unendliches dankt, wird er als eine Gestalt von zarter und ehrwürdiger Tragik, umloht vom Wetterleuchten dieser Zeitenwende, vor Augen stehen.»[156]

Die Bewertung Thomas Manns läuft darauf hinaus, Nietzsche als eine Art Märtyrer des Geistes zu begreifen. In dieser Sichtweise werden die Kernaussagen der Nietzscheschen Philosophie auf zeitbedingte Irrtümer reduziert. Vor allem zwei dieser «Irrtümer» hebt Thomas Mann hervor, «die das Denken Nietzsches verstören und ihm verhängnisvoll werden»: die Anwaltschaft des Lebens und der Instinkte gegen den Intellekt sowie die behauptete Gegensätzlichkeit von Leben und Moral.[157] Zu dem ersten «Irrtum» bemerkt Thomas Mann aufschlussreich:

> «Für meinen Teil sehe ich nichts besonders Teuflisches in dem Gedanken (einem alten Mystiker-Gedanken), dass einmal durch den Menschengeist das Leben aufgehoben werden könnte, womit es ja gute, unendlich gute Weile hat. Die Gefahr, dass das Leben auf diesem Stern sich durch die Vervollkommnung der Atombombe selber aufhebt, ist wesentlich dringender. Aber auch das ist unwahrscheinlich. Das Leben ist eine zähe Katze, und eine solche ist die Menschheit.»[158]

Der Humanist Thomas Mann unterschätzt offenkundig die Fähigkeiten des Intellekts, dieser «zähen Katze» den Garaus zu machen; auch wird der Kausalzusammenhang zwischen dem angeblich «alten Mystiker-Gedanken» und der Atombombe nicht hergestellt.

Nietzsches Hinweise auf die nihilistischen und lebensfeindlichen Möglichkeiten des Intellekts bekommen heute, unter den Auspizien der Globalbedrohung durch das atomare Inferno, ein ganz anderes Gewicht, als dies vor Hiroshima erkennbar war. Es ist eine Naivität, die durch die Atombombe heraufbeschworene Gefahr nur auf die politische Dimension zu beziehen, wie dies häufig geschieht. Und wenn Rudolf Augstein in Zusammenhang mit seinen Ausführungen über das Verhältnis Nietzsche-Hitler provokativ-spöttisch fragt: «Ein Nietzsche für Grüne und Alternative?», dann wäre ihm zu antworten: Ja! Warum nicht? dass dies niemals der ganze Nietzsche sein kann, ist selbstverständlich, aber müsste dies Grüne und Alternative bekümmern?

Nach 1945 haben sich viele mit der Frage beschäftigt, ob Nietzsche den geistigen Wegbereitern des Nationalsozialismus zuzurechnen sei. In der englischsprachigen Welt hat das Buch «Nietzsche: Philosopher, Psychologist, Antichrist» von Walter Kaufmann (zuerst 1950 erschienen) den Visionär des Übermenschen gründlich «entnazifiziert»; jeder Zusammenhang zwischen Nietzsche und Hitler wird von Kaufmann vehement bestritten. Das von ihm vorgelegte Nietzsche-Bild hat im angelsächsischen Bereich erhebliche Verbreitung gefunden, und auch in Deutschland begann man zunehmend, Nietzsche vom Rufe eines Präfaschisten zu befreien, als der er z. B. in Italien noch lange nach dem Krieg galt. Von Mussolini weiß man mit Sicherheit, dass er sich intensiv mit Nietzsche auseinandergesetzt hat.

Gottfried Benns Nietzsche-Vortrag vom 25. August 1950 geht von der These aus, Nietzsches Philosophie sei völlig bedeutungslos, da es ihm gar nicht um die Verkündung genuin philosophischer Gedanken gegangen wäre. Allein «der Drang, sich auszudrücken, zu formulieren, zu blenden, zu funkeln», sei «seine Existenz» gewesen: «das Verlöschen der Substanz zugunsten der Expression».[159] Nietzsche als Ausdruckskünstler, als Ausdrucksfanatiker – sonst nichts. Der Gottfried Benn der 20er und frühen 30er Jahre hatte es noch anders gesehen.

Die Auseinandersetzung mit dem brisanten Thema Nietzsche-Hitler ist in der deutschen Geistesgeschichte nach 1945 stets überschattet worden von zwei Faktoren: Da ist zum einen der Unwille derjenigen, die sich Nietzsche unbelastet zu nähern versuchten, denen es um die Schriften Nietzsches und nicht um die NS-Vergangenheit ging, sich überhaupt ernsthaft auf das Verhältnis der Nationalsozialisten zu Nietzsche einzulassen. Man ging gleichsam stillschweigend von der Annahme aus, dass Nietzsche mit der Berufung einiger Nazis auf ihn nichts zu tun hat. Naturgemäß ist diese seit den frühen 60er Jahren verbreitete Haltung ihrerseits eine Folge der völligen «Unbewältigtheit» der NS-Vergangenheit, ein Gemisch aus Unwissenheit (primär bei den Jüngeren) und Verdrängung (bei den Älteren). Der zweite Faktor betrifft die Unwilligkeit oder das Unvermögen der zeitgeschichtlichen Forschung seit den 50er Jahren, die *geistigen* und *psychologischen* Wurzeln des Nationalsozialismus wirklich verständlich zu machen, also zu zeigen, wie Hitler in Deutschland überhaupt möglich war, worauf die verblüffende und erschreckende Karriere dieses Mannes beruhte.

Die Marxisten hatten früh die These vom Nationalsozialismus als einer radikalisierten Form der Herrschaft des Großkapitals verbreitet, hatten Hitler mit dem deutschen Irrationalismus seit der Romantik in Verbindung gebracht, wobei Nietzsche zum Sprachrohr des wilhelminischen Imperialismus verkümmerte. Unter den Wortführern der Studentenbewegung fand diese These weitestgehende Zustimmung, obwohl nur die wenigsten sich der Mühe unterzogen, Nietzsche-Werke durchzuarbeiten. Das Verdikt des «Irrationalismus» stand fast immer schon vorher fest. Das war verständlich wegen des Nachholbedarfs in Sachen Marxismus und Kommunismus, zeugte aber nicht von «intellektueller Redlichkeit». Hinzu kam die von Syberberg beklagte «verkrampfte Rationalität» vieler Deutscher, und zwar durchaus nicht nur der Akademiker. Dass Nietzsche den Sozialismus, so wörtlich, für «Blödsinn» hielt, im Übrigen Karl Marx vollständig ignorierte, dagegen als Befürworter einer aristokratischen Sklavenhaltergesellschaft auftrat, machte ihn für viele Intellektuelle schlicht untragbar. Auch die kritische Gesamtausgabe von Colli/Montinari hat hieran nur wenig geändert. Hitler-Forschung und Nietzsche-Forschung liefen weitgehend nebeneinander her. Für Germanisten und Philosophiehistoriker war Hitler als Autor und Persönlichkeit kein Forschungsgegenstand, sieht man von wenigen Ausnahmen ab, und zwar aus naheliegenden Gründen.

Die Hitler-Forschung nahm Nietzsche kaum wirklich zur Kenntnis; eine echte Aufarbeitung des Verhältnisses Nietzsche-Hitler ist nicht geleistet worden. (Erst Bernhard H. F. Taureck hat jüngst diese Lücke zu schließen versucht: In seinem 1989 erschienenen Buch «Nietzsche und der Faschismus», von dem ich zu spät erfuhr, um es noch einarbeiten zu können.) Selbst in einem so bedeutenden Werk wie Joachim Fests Hitler-Biographie von 1973 wird Nietzsche nur wenige Male erwähnt, zumeist im Zusammenhang mit bestimmten epochentypischen Tendenzen, denen sowohl Nietzsche als auch Hitler verpflichtet waren. So schreibt Fest gegen Ende seines Werkes:

«Er (Hitler) war, trotz aller machiavellistischen Freiheit, in der er sich gefiel, sicherlich nicht frei von den Interventionen durch eine Moral, die er als ‹Chimäre› verhöhnte. Glaciales Wesen und Verdauungsbeschwerden: Es fällt nicht schwer, den Typus, der sich in dieser Verbindung anzeigt, geradezu konstitutionell dem 19. Jahrhundert zuzuordnen; nervöse Gebrochenheit, kompensiert durch Übermenschallüren: Auch darin wird der Zusammenhang Hitlers mit der spätbürgerlichen Epoche, der Zeit Gobineaus, Wagners und Nietzsches, erkennbar.»[160]

Von der gemeinhin praktizierten Art der Geschichtsschreibung sind keine wesentlichen Aufschlüsse über die bewusstseinsgeschichtlichen Zusammenhänge zwischen Nietzsche und Hitler zu erwarten.

Ernst Sandvoss:
Versuch eines Tribunals gegen Nietzsche

Einen ausdrücklichen *Erklärungsanspruch* in dieser Hinsicht erhebt der Philosophieprofessor Ernst Sandvoss in seiner Studie «Hitler und Nietzsche» von 1969, in der zugleich die weitestgehende und massivste «Anklage» gegen Nietzsche erhoben wird, die meines Wissens jemals vorgebracht wurde. Für Sandvoss ist Nietzsche *der* entscheidende Wegbereiter Hitlers. Da die Studie zugleich die umfassendste Darstellung zum Thema Nietzsche-Hitler überhaupt darstellt, erscheint es sinnvoll, sich mit einigen ihrer Kernthesen auseinanderzusetzen.

Sandvoss lässt keinen Zweifel an seiner christlichen Grundhaltung und an der Verehrung für Sokrates und Platon; er nimmt Nietzsches Anti-Sokratismus genauso ernst wie dessen Anti-Christentum. Gerade letzteres bedarf der besonderen Heraushebung, weil immer wieder erneut behauptet worden ist, Nietzsches Kampf gegen das Christentum sei «aus seiner eigenen Christlichkeit» erwachsen, wie Karl Jaspers 1938 formuliert.[161] Nietzsche, so Jaspers, sei mit seinem Anti-Christentum «Gemeingut geworden», auch «mit den Gedankenbeständen seiner entlarvenden Psychologie», mit seinem philosophischen

Denken selbst jedoch «so verborgen geblieben wie alle großen deutschen Philosophen».[162] Ernst Bertram schreibt in seinem Nietzsche-Buch von 1918, das von Nietzsche herausgekehrte Anti-Christentum sei «vielleicht das entscheidendste Selbstmissverständnis dieses Geistes» gewesen, «der so inbrünstig die Ziele seines Erkenntniswillens mit den Wurzeln seines Wesens zu verwechseln liebte».[163] Bertram sieht in Nietzsche einen der großen Repräsentanten «der nordischen Christlichkeit»; er sei «Wahlerbe des hellenischen, aber Bluterbe des protestantischen Wesens». «Nietzsche blieb – trotz jedes Grades von Versüdlichung, von Selbstbefreiung, von Sehnsucht ins Plastische – nordgebundener Musiker, blieb Christ ... der Antichrist ist eine theologische Streitschrift, wie der Zarathustra eine spätprotestantische Lutherdichtung ... »[164]

In der Wertung von Ernst Sandvoss bekommt der Nietzschesche Immoralismus dämonisch-nihilistische, ja schlicht verbrecherische Züge. Im Vorwort seines Buches schreibt er:

«Im Anfang war das Wort, nicht die Tat. Das gilt im Guten wie im Bösen. Hitlers Freveltaten waren nicht der Anfang, sondern das letzte Stadium eines moralischen, *geistigen,* religiösen *Zerfalls,* und selbst Hitler war nicht in erster Linie ein Mann der Tat, sondern Magier, Sophist, Demagoge, *Redner.* / Hinter der politischen Katastrophe Deutschlands verbirgt sich eine ‹Tragödie› des Geistes, deren Krankheitsbild sich vielleicht am deutlichsten im Bewusstseins- und Persönlichkeitszerfall Nietzsches abgezeichnet hat.»[165]

Faktisch geliefert wird eine nahezu erdrückende Zitatensammlung, wobei den jeweiligen Aussagen Nietzsches die «entsprechenden» Äußerungen und Taten Hitlers gegenübergestellt werden.

Nach Sandvoss gibt es die christlich-sokratisch-platonische «Heilswahrheit», die den Fortbestand der Menschheit verbürgt; der Nihilismus, verstanden als der Wille zur Zerstörung dieser «Heilswahrheit», führt die Menschheit langfristig ins Verderben. «Nietzsche war Nihilist des Wortes, Hitler Nihilist der Tat. Beide erstrebten Unmögliches, unvermögend, sich selbst zu beherrschen und Erreichbares zu erreichen. Beide vernichteten sich selbst dabei und einen großen Teil der von ihnen verführten Menschheit.»[166] Sandvoss erneuert im Grunde die These Hermann Rauschnings vom Nationalsozialismus als einer «Revolution des Nihilismus». Sicher hat Hitler im Letzten als Werkzeug eines ungeheuren Ver-Nichtsungs-Willens, insofern also als «Nihilist der Tat» gewirkt, und sicher war er von einem beispiellosen Machtwillen besessen, dem jedes Mittel recht war, nur ist er dennoch aufs Ganze gesehen eher als religiöser Fanatiker einzustufen, gejagt von der Vision einer globalen Erneuerung; auch Hitler glaubte an «seinen» Gott, er war *kein* Atheist! Nietzsche hielt sich selbst für einen Atheisten; er war es *nur* unter den Auspizien einer christlich-moralischen Weltsicht. Den altindischen Pantheismus beispielsweise begrüßte er als geistesverwandt, und er rechnete Spinoza unter seine «Vorläufer».

«So wenig sich Nietzsche von der europäischen Geisteswelt des 19. Jahrhunderts trennen lässt, vor allem von Hegel, Schopenhauer und Wagner, so wenig kann man Hitler aus den geistigen und politischen Strömungen seiner Zeit herauslösen und als Blitz aus heiterem Himmel betrachten. Dieser Himmel hatte sich schon lange verdüstert. Der deutsche

‹Geist› hatte sich seit Hegel aus der religiösen und kulturellen Tradition des Abendlandes gelöst, mit ihr gebrochen. Nietzsche und Hitler waren Exponenten dieser unheilvollen Bewegung.»[167]

Sandvoss verlegt demnach den Beginn des «Teufelspaktes» des deutschen Geistes in die Persönlichkeit und Philosophie Hegels. In Hegels Größenwahn sieht er den Nietzscheschen und Hitlerschen Größenwahn vorgeprägt. Sandvoss fasst die «verwandten Züge» in der «Denkweise» Nietzsches und Hitlers wie folgt zusammen:

«Pathologisches Selbstbewusstsein, Missionswahn, Größenwahn, Gottlosigkeit, Selbstvergottung, Immoralismus, Ideologie der Stärke, Verfolgungswahn, Konspirations-Theorie, Heiligung des Krieges, Kult der Größe und des Verbrechens, taktischer Moralismus, Verabsolutierung der Macht und Weltherrschaftspläne. Nietzsches menschenverachtende Ideologie hat … sowohl Verbrechen gegen die Menschheit als auch gegen die Menschlichkeit in dem Ausmaß, mit der Grausamkeit und Kälte, wie sie von Hitler befohlen und unter ihm ausgeführt wurden, erst ermöglicht. / Die Ähnlichkeit der beiden abnormen Persönlichkeiten beschränkt sich indessen nicht auf ihre Denkweisen.»[168]

Es folgt der Versuch, psychologische Gemeinsamkeiten zwischen Nietzsche und Hitler aufzuzeigen, die in der Tat vorhanden sind, wenn auch nicht annähernd in dem von Sandvoss behaupteten Umfang. Nietzsche als Verbrecher, als Unmensch, als Psychopath: Darauf läuft die gesamte Beweisführung von Sandvoss hinaus, die sich im Übrigen, bis in die Sprache hinein, des von Nietzsche geschaffenen psychologischen Instrumentariums bedient. So schreibt er einmal, ganz im Stile der Nietzscheschen Psychologie:

> «Im Bereich der *Affekte* dominieren bei Nietzsche und Hitler Rache, Hass, Ekel, Ehrgeiz, Eifersucht, Neid und Grausamkeit der Seele. (...) Ressentiments, Komplexe, Frustrationen und gewaltsame Kompensationen deformieren das Bild der Seele bis zur Unkenntlichkeit.»[169]

Sandvoss macht Nietzsche mitverantwortlich für alle «Unmenschlichkeiten und Grausamkeiten des Hitlerismus».[170] Und er resümiert auf der letzten Seite seines Buches:

> «Hitler und Nietzsche waren Warnzeichen im Orientierungsfeld der Menschheit. Solange die Magie ihrer dämonischen Verführungskraft nicht enträtselt ist, wird ihr Zauber über Jahrzehnte, Jahrhunderte weiterwirken, immer neue Seelen, vor allem junge Menschen, in ihren Bann ziehen, und ein Unheil wird das andere nach sich ziehen.»[171]

Sandvoss überspannt den Bogen (hierin ist er von Nietzsche beeinflusst, ohne es wahrhaben zu wollen); seine Anklage ist maßlos. Dennoch ist das Buch aufschlussreich, nicht nur als Quellen- und Dokumentensammlung, sondern auch insofern, als sich hier jemand von dem, was Nietzsche sagt, zutiefst getroffen und angegriffen fühlt, eben als Christ und Sokratiker-Platoniker. Das ist selten geworden, und schon deshalb ist die Schrift lesenswert. Vergleicht man die Sandvoss-Studie mit der Titelgeschichte des

«Spiegel» über Nietzsche und Hitler von Rudolf Augstein (8. Juni 1981), dann füllt als zentraler Unterschied auf: Obwohl auch Augstein auf die Gemeinsamkeiten zwischen Nietzsche und Hitler hinweist, verneint er eine wie immer geartete «Schuld» Nietzsches, was die Hitlerschen Untaten betrifft, ja überhaupt das Vorhandensein eines erkennbaren Kausalzusammenhangs zwischen beiden Persönlichkeiten. Er schreibt u. a.:

> «Was einer mit Einsatz seiner ganzen Existenz denkt, wird ein anderer mit Einsatz seiner ganzen Existenz tun, nur anders. Er wird es nicht ausführen, nicht vollstrecken, Kausalität ist nicht notwendig, manchmal gar nicht möglich. Die ‹Absicht Gottes› eine Chiffre für alle Möglichkeiten einer in sich zusammenhängenden Epoche. Die Absicht wäre dann in Opposition zum Bestehenden eine ‹unzeitgemäße›; die ganz andere, die ‹zeitgemäße› Tat wäre die Regierung durch Umsturz des Bestehenden.»[172]

Was hier formuliert wird, ist die Umschreibung der unterstellten Unmöglichkeit, überhaupt eine klare Aussage zum Thema zu machen. Die Darstellung Augsteins kommt über die Aneinanderreihung intellektueller Aperçus nicht wesentlich hinaus.

Schon in seinen Tagebuchblättern von 1933 setzt sich Thomas Mann mit der möglichen Verantwortung Nietzsches für das Dritte Reich auseinander:

> « ... Nietzsche also, Bergson, der *élan vital*, Klages, der Ankläger des Geistes als des Mörders der Seele, das Antizivilisatorische bei Hamsun, der Aristokratismus Georges, das Unbewusste. Der menschheitswidrige Missbrauch, den die Über-

tragung ihrer geistigen Revolution ins Wirkliche bedeuten würde, war ihnen gewiss nicht vorstellbar. Die Wirklichkeit versteht nicht den Aufstand des Idealismus gegen den ‹Idealismus›, diesen Kampf, den zum Beispiel Marx führte, so gut wie Nietzsche. (...) Der Kampf des Geistes gegen den Idealismus bei Nietzsche, bei Ibsen (die ‹Lebenslüge›) geschah aus Idealismus. Nietzsches Kampf gegen Platonismus, Sokratismus, Christentum war der eines Menschen, der mit Pascal viel mehr Ähnlichkeit hatte als mit Machiavelli oder Cesare Borgia; ein moralbesessener Anti-Moralist, ein Asket der Selbstüberwindung, der die asketischen Ideale verdammt. (...) Ich empfand die Schuld des Geistes, seine unpolitische und dem Genuss seiner Kühnheit ästhetisch hingegebene Rücksichtslosigkeit aufs Wirkliche.»[173]

Was hat es auf sich mit der «Schuld des Geistes», speziell des deutschen Geistes? Für Sandvoss besteht der «Teufelspakt» des deutschen Geistes in der nihilistischen Umwertung der christlich-sokratischen Werte seit Hegel und Schopenhauer, die konsequent zu Nietzsche und schließlich zu Hitler geführt habe. Der Nihilismus ist nach Sandvoss das Hauptmerkmal der antiken Sophistik; Sokrates, Platon und Aristoteles hätten den Kampf gegen die Sophistik und damit gegen die dämonische Versuchung des Nihilismus «in einem elementaren und vitalen Interesse der Menschheit» geführt.[174] Der Nihilismus der Antike, wie Sandvoss anhand von Aussagen führender Sophisten zu belegen sucht, habe in der Verneinung und Umkehrung der auf Gott, Wahrheit und Gerechtigkeit basierenden Weltordnung bestanden. Die antiken Sophisten seien die eigentlichen Vorläufer Nietzsches und Hitlers; d. h. deren Kerngedanken seien bereits von den Sophisten formuliert, von Nietzsche und Hitler lediglich radikalisiert worden: Atheismus, Naturalismus, Biologismus, Skeptizismus, Dogmatismus, Radikalismus usw. Sandvoss: «Nietzsche unterscheidet sich von seinen ‹großen› Vorgängern dadurch, dass er *bewusst* den Weg des Unheils bzw. Untergangs einschlug. Er *wollte* die bewährte sokratisch-christliche Heilswahrheit abschaffen, umkehren, *verneinen.*»[175] Den berühmten Satz des Sophisten Protagoras, dass der Mensch «das Maß aller Dinge» sei, bringt Sandvoss in Verbindung mit Nietzsches Vorstellung vom Menschen als einem Werte-Setzenden, Werte-Schaffenden. Nun ist unbestreitbar, dass Nietzsche in vielen seiner Aussagen der Position des Protagoras nahekommt, obwohl er den Menschen *zugleich* in das Bezugssystem eines totalen Relativismus verweist und immer wieder den perspektivischen Grundcharakter alles Organischen betont.

Für Sandvoss ist Nietzsche kein echter Philosoph im Sinne eines Freundes der Weisheit, sondern bloßer Sophist und Sprachmagier, eine Art Mephistopheles des Geistes. Wer die Götter oder Gott leugnet, wird nach Sandvoss notwendig auch den Menschen seiner Würde berauben, wird ihn biologistisch oder materialistisch abwerten, das Vorhandensein objektiver Wahrheit leugnen und schließlich nur noch sich selbst, sein Ego, seinen egozentrischen Machtwillen gutheißen. Am Ende steht die totale Verneinung, die schon der Sophist Gorgias in folgenden Thesen zusammengefasst hat: «Nichts ist.» «Wenn es auch wäre, wäre es für den Menschen nicht erfassbar.» Und: «Wenn es auch erfassbar wäre, wäre es doch dem Nächsten nicht mitteilbar.»[176] Dazu schreibt Sandvoss:

169

«Die Grenzen zwischen Gott und Mensch, Sein und Nichtsein, gut und schlecht, wahr und unwahr, sinnvoll und sinnlos verschwimmen. Alles ist in allem, und nichts von allem *ist*. Das menschliche Dasein hat den Zustand der Auflösung, Perversion, Krankheit und décadence erreicht, während ihm die dämonischen Verführer der Menschheit Wiedergeburt, Genesung, Gesundheit und Wachstum verheißen. (...) Von der Ernennung des Menschen zum Maß aller Dinge bis zur Selbstvergottung führt ein steiler Pfad ‹aufwärts›. Von der Vernunft zum Größenwahn und schließlich zum Wahnsinn durchläuft das Bewusstsein eine Reihe Stadien, die wir bei Nietzsche und Hitler besonders klar erkennen.»[177]

Was mir der philosophischen Auseinandersetzung wert erscheint, sind nicht die Irrtümer und Unzulänglichkeiten der Argumentationsweise von Sandvoss, sondern die von ihm vorgelegte, aus sokratisch-christlichen Prämissen abgeleitete Nihilismus-Theorie, die zugleich eine Lehre vom Wesen des Bösen beinhaltet. Konsequent sieht Sandvoss einen engen Zusammenhang zwischen Irrtum und Schuld, Erkenntnisfähigkeit und destruktiven Tendenzen: Wer die göttliche Welt- und Wertordnung nicht als solche erkennt, wird das Göttliche überhaupt verächtlich machen und als Illusion hinstellen, es skeptizistisch zerfasern, um schließlich – früher oder später – das eigene Ego als Gesetzgeber zu inthronisieren, die Welt einem zunehmend hemmungsloseren Machtstreben unterwerfen, an dessen Ende der «aktive Nihilismus», der Wille zur Ver-Nichtsung» steht. In diesen Ablauf nihilistischer Steigerung bezieht Sandvoss auch die Atombombe, die Möglichkeit globaler Zerstörung mit ein. Vereinfacht gesagt: Wer die gottgefügte Wirklichkeit aus innerer

Unfähigkeit nicht zu erkennen vermag, wird sie irgendwann einmal zerstören wollen – bewusst oder unbewusst. Der Nihilismus ist für Sandvoss der Inbegriff des Bösen, ja beides ist für ihn im Grunde identisch. Er übernimmt den Nietzscheschen Nihilismus-Begriff (Nihilismus als Entwertung und Zerfall aller metaphysischen Werte), gibt ihm aber eine entgegengesetzte Stoßrichtung. Für Nietzsche ist der Nihilismus die notwendige Konsequenz der christlich-moralischen Weltinterpretation, aber auch der neuzeitlichen Naturwissenschaft. Wer an ein Reich des Seienden auf dem Grunde der Dinge glaubt, im christlichen oder platonischen Verständnis, verlegt nach Nietzsche das Schwergewicht hinter die Wirklichkeit, letztlich in eine fiktive Welt, ja ins Nichts; «wirklich» allein seien die Konfigurationen des Willens zur Macht, wobei dieser als ein *immanentes* Prinzip verstanden wird. Dass Nietzsche zuweilen selbst zum Metaphysiker wird, ohne es wahrhaben zu wollen, ist von vielen Interpreten betont worden.

Martin Heidegger denkt den Nihilismus-Begriff Nietzsches weiter. Für ihn ist Nihilismus nicht die Entwertung aller moralischen Werte, sondern jede Form der metaphysischen Weltdeutung: Metaphysik führt zur «Seinsvergessenheit»; wer das Sein metaphysisch auslegt, entwertet es, macht die Wahrheit des Seins zum Nichts. Heidegger bewertet die gesamte abendländische Metaphysik-Tradition seit Sokrates und Platon als nihilistisch, weil sie das Sein zugunsten eines höchsten, absoluten Wesens im Grunde vernichtet. Er betrachtet Nietzsche nicht als Überwinder der Metaphysik, sondern als deren Vollender. Auf dem Gipfelpunkt der Seinsvergessenheit habe Nietzsche mit seiner Konzeption des Willens zur Macht, des Übermenschen und der ewigen Wiederkehr des Gleichen die uneingeschränkte

171

Herrschaft des wissenschaftlich-technokratischen Nihilismus überhaupt erst vorbereitet. Der Wille zur Macht sei nur der in sich kreisende «Wille zum Willen», der Übermensch der technokratische Mensch, der seine nihilistische Herrschaft über die Erde immer erneut will.

Kapitel 4

Anti-Nihilismus und Verhunzung des Mythos

Zur Genesis des Nihilismus

Wann tauchte das Wort Nihilismus zum ersten Mal auf? Meines Wissens geschah dies anderthalb Jahrzehnte nach der Erstveröffentlichung von Kants «Kritik der reinen Vernunft» und in bewusster Bezugnahme auf dieses Werk, in dem der traditionellen Metaphysik der Todesstoß versetzt wurde (jedenfalls nach der Überzeugung von Kant selbst und vieler seiner Anhänger). Kant glaubte bewiesen zu haben, dass metaphysische Erkenntnisse – also Erkenntnisse, die das Wesen der Dinge betreffen – für die Vernunft unmöglich sind, dass wir lediglich die Netze der Anschauungs- und Denkformen über eine in ihrer Eigentlichkeit gänzlich unbekannte Welt (das Ding an sich) werfen. Die Naturgesetze werden in dieser Sichtweise zur Selbstbespiegelung des erkennenden Subjekts. Hierzu schreibt D. Jenisch im Jahre 1796:

> «Ich gestehe aufrichtig, dass der bloße Gedanke der *gänzlichen,* der absoluten Irrealität menschlicher Erkenntnis in Rücksicht auf die Dinge an sich und der transzendental-idealistischen Schöpfung aller Naturgesetze ... für meine Einbildungskraft und Vernunft etwas Ungeheures, Schauerliches ..., etwas höchst Niederschlagendes und alle höhere Kraft-Anstrengung Lähmendes hat.»[178]

Die Kantsche Vernunftkritik stellt nach Jenisch, so wörtlich, «den *offenbarsten Atheismus* und *Nihilismus*» dar, wobei er in einer Klammerbemerkung ausdrücklich hervorhebt, dass «Nihilismus» «das eigentlichste Wort für die Sache» sei. Fichte, Schelling und Hegel haben ganz andere Schlüsse aus der «Kritik der reinen Vernunft» gezogen, aber es bleibt unabweisbar, dass Schlussfolgerungen, welche an die zitierten Äußerungen des Sophisten Gorgias gemahnen, *eine* Schicht des Kantschen Denkens berühren; diese hat, bis in unsere Tage hinein, mehr nachgewirkt als alle anderen Aspekte der Vernunftkritik. Und auch Nietzsche kann in einem Teil seiner erkenntnistheoretischen Betrachtungen als Kantianer bezeichnet werden; auf Nietzsches Radikalisierung der durch Kant behaupteten Fundamentaltrennung von Erscheinung und Wirklichkeit hat der Kant-Forscher Hans Vaihinger als einer der Ersten hingewiesen (in seiner «Philosophie des Als-Ob», erschienen 1911). Hier sollte man sich nicht durch Nietzsches spöttisch-abfällige Bemerkungen über Kant täuschen lassen (so spricht er einmal von der «plumpen Geschmacklosigkeit dieses Chinesen von Königsberg»[179], um nur eines von vielen Beispielen zu geben).

Die eigentliche Wurzel des neuzeitlichen Nihilismus jedoch liegt in den Konsequenzen, die aus der dogmatisierten und verallgemeinerten Newtonschen Mechanik gezogen wurden, mittels derer viele wähnten, der Grundgesetze des Universums habhaft geworden zu sein. Hinzu kam das Erschrecken über die unermessliche Leere des «absoluten Raumes», der keines Gottes mehr bedürftig schien und den Planeten Erde zur gleichsam insektenhaften Winzigkeit herabwürdigte, womit die metaphysische Einzigartigkeit des Menschen zerstob. Nietzsche hat dies in seiner bereits zitierten Äußerung aus der «Genealogie der Moral» eindrucksvoll formuliert. Die Kernpassage sei hier noch einmal aufgeführt: «Seit Kopernikus scheint der Mensch auf eine schiefe Ebene geraten – er rollt immer schneller nunmehr aus dem Mittelpunkte weg, wohin? Ins Nichts? Ins ‹durchbohrende Gefühl seines Nichts›?»[180] Der nachkopernikanische Nihilismus wurde zunächst verdeckt durch die neuplatonischen Bestrebungen Galileis, Keplers und Newtons, durch die eigentümliche Theologie der mathematischen Abstraktion, die noch bei Carl Friedrich von Weizsäcker zutage tritt. Giordano Brunos visionärer Entwurf eines unendlichen und unendlich belebten Universums vermochte zwar vorübergehend – in der Aufklärungszeit – eine gewisse Wirksamkeit zu entfalten (wenn auch verdünnt zu dem rationalistischen Postulat von der Allgegenwart der Vernunft im Kosmos), geriet aber im 19. Jahrhundert zunehmend in Vergessenheit. Die «Wiederentdeckung» Giordano Brunos durch den Haeckelschen Monismus war ein schlichtes Missverständnis.

Nietzsche erkennt die nihilistischen Konsequenzen der Naturwissenschaften, und seine Formel vom Tode des christlich-moralischen Gottes beschreibt fraglos eine zentrale Schicht des modernen Bewusstseins: den offenen oder versteckten (getarnten) Atheismus. Nietzsche will den nachkopernikanischen Nihilismus weiter vorantreiben. Der Nihilismus wird ekstatisch bejaht, und zugleich wird eine Gegenbewegung eingeleitet, eine neue Bindung an den Kosmos versucht. In einem Nachlass-Fragment von 1881 heißt es:

«Den *Egoismus als Irrtum* einsehen! Als Gegensatz ja nicht Altruismus zu verstehen! Das wäre die Liebe zu den *anderen vermeintlichen* Individuen! Nein! Über ‹mich› und ‹dich› hinaus! *Kosmisch empfinden!*»[181]

Ein kosmisches Bewusstsein also soll die Winkelperspektive der Egoverhaftung ablösen. Damit ist eine höhere Stufe der menschlichen Bewusstseinsevolution angesprochen, eine Art Bewusstseinssprung. Nietzsche formuliert hier eine Vision, die Esoteriker und Naturphilosophen verschiedenster Couleur seit mehr als einem Jahrhundert bewegt. Schon den Theosophen damals und vielen New-Age-Anhängern heute erschien bzw. erscheint ein ins Kosmische geweitetes Bewusstsein unabdingbar für die Weiterentwicklung der Menschheit. In pervertierter Form begegnen wir derartigen Gedanken auch in Hörbigers Welteislehre und sogar in «Mein Kampf».

«Wille zum Nichts» und drohende Selbstvernichtung

Der klarste und konsequenteste Ausdruck des Nihilismus heute ist die nukleare Vernichtungsbedrohung und die Ausrottungstendenz des global herrschenden Industriesystems. Nihilismus ist stets (bewusster oder unbewusster) «Wille zum Nichts», wie Nietzsche sagt, Wille zur «Ver-Nichtsung» alles Lebendigen. Der Nihilismus, *auch* als Zerfall aller verbindlichen Werte, ist heute *faktisch* allgegenwärtig; die planetarische Machtfülle der technokratischen Apparate und der mathematischen Naturwissenschaft ist unübersehbar. Bald werden auch die letzten Nischen ökologischer Geborgenheit zerstört sein; dann wird auch der Vernichter vernichtet ... So war – und ist – die Revolte gegen den Nihilismus immer auch eine Revolte gegen den «harten Kern der Kultur des neuzeitlichen Europa» (wie Weizsäcker die mathematische Naturwissenschaft nennt), gegen «das widerstandsfähigste Produkt dieser Kultur, ihr ständig wachsendes Stahlskelett»[182].

Das Scheitern der Revolte damals hat verheerende Folgen gezeitigt, und so konnte das mechanistische Denken nach 1945 seinen globalen Siegeszug antreten, der uns heute an den Rand der Selbstvernichtung geführt hat. Die Perversion der antinihilistischen Revolte war zugleich eine Perversion oder «Verhunzung» (wie Thomas Mann sagt) der schöpferischen Kraft, die als Möglichkeit im Mythos verborgen liegt: das Umkippen in Bewusstseinsregression und Barbarei. Die Zusammenhänge des geistig-moralischen Versagens sind im einzelnen schwer auszuloten und stellen eine permanente Herausforderung für das Denken dar.

Vom Bösen und vom «Feuer des Widerspruchs»

Nachstehend möchte ich einige Überlegungen zur Problematik des Bösen skizzieren, die mir geeignet scheinen, das Phänomen der Regression ins Kollektiv-Archetypische und damit jene bedeutsame Dimension des Nationalsozialismus ein wenig aufzuhellen, die mit der Verhunzung des Mythischen zu tun hat. Überlegungen dieser Art haben naturgemäß einen stark hypothetischen und spekulativen Charakter. Als Ausgangspunkt sollen hier Gedankengänge dienen, die in Schellings «Weltalter»-Fragment entwickelt werden, aber auch, ins Kosmische geweitet, im Werk des Philosophen Helmut Friedrich Krause anzutreffen sind.

Die der Erfahrung zugängliche organische Natur wird allem Anschein nach von Bewusstwerdungsprozessen konstituiert. Was sich uns als Mannigfaltigkeit der Formen darstellt, kann als das Nebeneinander unterschiedlicher Bewusstseinsstufen verstanden werden. Der schöpferische Wille zur Gestaltenformung (nach Nietzsche eine Manifestation des Willens zur Macht) setzt das immer wieder erneut zu überwindende Chaos, die Formlosigkeit, als Ermöglichungsgrund voraus. Nach Schelling ist die Verneinung «das notwendig Vorausgehende» jeder schöpferischen Bewegung: «Wäre das Nein nicht, so wäre das Ja ohne Kraft.»[183] Die Verneinung ist die «Mutter … der ganzen uns sichtbaren Welt». «Wir begreifen, dass die erste Existenz der Widerspruch selber ist, und umgekehrt nur in Widerspruch die erste Wirklichkeit bestehen kann … Alles Leben muss durchs Feuer des Widerspruchs gehen; Widerspruch ist des Lebens Triebwerk und Innerstes … »[184] Das Böse im Sinne der Formlosigkeit, des Chaos und der Unbewusstheit ist nach Schelling der nicht eliminierbare Grund der Existenz; der Kosmos ist gebändigtes Chaos, zur Form und Bewusstheit gezwungene Formlosigkeit.

Wir alle entstammen der Bewusstseinsevolution der Natur, tragen jedoch die jeweils zurückgelegten Bewusstseinsstufen noch in uns. So kann der Körper, zumindest richtungsmäßig, als materialisierte Vergangenheit betrachtet werden: Mineral-, Pflanzen- und Tierreich in einem. Das Körperbewusstsein ist gleichsam die Brücke zur vormenschlichen, vorindividuellen Vergangenheit. Und aus der anthropologischen Erforschung des Schamanismus und der Ekstase in religiösen Kulten wissen wir, dass die Ausschaltung des Wachbewusstseins im Trancezustand den Zugang eröffnen kann zu kollektiven Bewusstseinsschichten archaisch-vorindividueller Prägung.

Was immer das Böse *im Letzten* sein mag, es scheint in einer wesentlichen Schicht in der Verkehrung von Bestimmungsfaktoren der Existenz zu bestehen, wodurch die notwendige *Basis* der menschlichen Existenz zum herrschenden Prinzip erhoben, also die Rangordnung der Bewusstseinsstufen verkehrt wird.

179

Und in nichts anderem besteht offenkundig das, was wir als Bewusstseinsregression bezeichnen. (Schelling definiert das Böse als die auf den Kopf gestellte göttliche Notwendigkeit, als «Umpolung» göttlicher Prinzipien; in dieser Möglichkeit des Menschen sieht er den Kern der Freiheit.) Der angedeutete Rückfall in vorindividuelle Bewusstseinsstufen, der gleichsam die pflanzlichen und tierischen Schichten des Menschen aus ihrer dienenden Funktion herausbricht, kann zu einem gefährlichen Atavismus fuhren. Der tendenzielle Verlust seiner Individualität, das Zurücksinken in die kollektiv-archetypischen Schichten des Unbewussten, macht den Menschen zum Manipulationsobjekt der Massenpsychologie im Sinne der Theoreme Gustave Le Bons (dessen «Psychologie der Massen» hat Hitler nachweislich sehr genau studiert). Um noch einmal die Lehre von den Chakras oder Bewusstseinszentren heranzuziehen: Die unteren Chakras revoltieren gegen das Individualitätsprinzip im Menschen, in dem seine Eigenverantwortung und seine Freiheit wurzeln.

Das Tages- und Wachbewusstsein unter der Ordnungskraft des Intellekts hält die Mitte zwischen den vormenschlichen Schichten des Organismus und der Psyche und jenen Schichten, die ins «Überbewusstsein» hineinreichen (wo, je nach Glaubensüberzeugung, das Göttliche beginnt). Der Intellekt, wenn er einseitig hypertrophiert und sich von der lebendigen Stufenordnung der Zentren loslöst – und das bedeutet zugleich eine Loslösung vom Ganzheitsbezug der uns umgebenden Natur, des ökologischen Netzes – fühlt sich konsequent im Anorganischen am wohlsten, wie Henri Bergson hervorhebt; die Logik des Intellekts ist die Logik fester Körper. Und *diese* Form der Regression (und um eine solche handelt es sich, auch wenn hier gemeinhin nicht davon gesprochen wird) ist die gefährlichste, wie die

Entwicklung seit Hiroshima zeigt: Sie zielt langfristig auf Zerstörung alles Lebens auf dem Planeten ab. Aus ihr erwächst das
mechanistische Denken.

Das Wagnis des Mythos

Einleitend bereits wurde die Doppelseitigkeit des Mythos angedeutet: das Spannungsverhältnis von Regression ins Archaisch-
Frühgeschichtliche und seelisch-geistiger Reife, auf das Thomas
Mann in seinem Freud-Vortrag hinweist. Offensichtlich sind die
archetypischen Energien und Rollen in einer seelischen (oder
auch seinshaften) Tiefenschicht beheimatet, die sich den traditionellen Kategorien von Gut und Böse entzieht. Erst die besondere Art der Umsetzung und Auswirkung dieser Energien im
Einzelnen oder in der Gesellschaft bringt sie in den Bereich moralischer Wertsetzung. Zugleich wohnt dem Mythos eine sowohl
geschichtliche als auch übergeschichtliche Dimension inne. Dies
gilt auch für die Sphäre des «universellen Tiefenbewusstseins»,
die das Kollektive Unbewusste (der Jung'schen Lehre) und das
«Überbewusstsein» einschließt.

Wer sich dem Mythos existentiell öffnet, begibt sich in eine
Gefahrenzone besonderer Art. Ein Höchstmaß an Individualisierung, Reife und Bewusstheit, verbunden mit der Harmonisierung der Bewusstseinszentren, ist die Voraussetzung dafür, die
das Ego übersteigenden Bilder und Prägekräfte zu integrieren
und schöpferisch umzusetzen (worauf letztlich alle große Kunst
beruht). Der Mythos hat bewusstseinsaufsprengende Funktion:
Er reißt den sich ihm Nahenden aus dem engen Zirkel seines
Ego heraus, aus dem sicheren Umfriedetsein des Tagesbewusst-

seins. Das weiß der Künstler genauso wie der Tiefenpsychologe oder der Mythenforscher. «Mythomanie» – also Besessenheit vom Mythos – ist als solche durchaus nicht gleichzusetzen mit Regression; vielmehr ist sie zunächst einmal «jenseits von Gut und Böse». Und die Überschreitung des Ego im Mythos kann auf zweierlei Art erfolgen: durch das Hinabtauchen in die kollektiven Gründe der unteren Reiche in Trance- und Rauschzuständen und durch schöpferische Bewusstseinssteigerung, die das Ich vom «Überbewusstsein» aus relativiert. Hitler war Mythomane; auch Hölderlin, Richard Wagner und Nietzsche waren Mythomanen. «Bruder Hitler», wie Thomas Mann sagt, auch hier ... Der Bruder des mythenbeseelten künstlerischen Genies, wenn auch «auf der Stufe der Verhunzung» ...

Es fällt schwer, diese Gemeinsamkeiten ins Bewusstsein zu ziehen, und doch sind sie der Ausgangspunkt für ein vertiefteres Begreifen des Künstler-Politikers Hitler (wenn bei einer derartigen Persönlichkeit überhaupt von so etwas wie Begreifen die Rede sein kann). Und ein Teil der Triumphe und Erfolge Hitlers ist fraglos darauf zurückzuführen, dass ihm von Millionen von Menschen jene metaphysischen Rollenmerkmale zugeordnet wurden, deren archetypischer Ursprung ihre Durchschlagkraft erklärt und die keineswegs beliebig manipuliert werden können: die des «Führers» (auch im Sinne eines messianisch-heilsbringerischen Herrschertums), des Propheten, des Magiers, des politischen Erlösers, des genialen Künstler-Tyrannen usw. Jede Propaganda bleibt wirkungslos, wenn sie nicht an vorhandene Bewusstseinsinhalte und psychische Tendenzen anknüpfen kann. Massenekstasen, wie sie mit der Person Hitler verbunden waren, sind nicht mit gezielten Propagandacoups zu erzeugen; Vorhandenes lässt sich allenfalls steigern, kanalisieren und –

missbrauchen. Sicher war Hitler der Projektionsschirm der Massen, ihrer Erwartungen, Hoffnungen und Ängste. Und sicher war auch Hitlers Selbstidentifikation mit jenen mythisch-religiösen Rollenmustern zugleich abhängig von diesen Projektionsvorgängen. Nur lässt sich der ganze Komplex mit politisch-sozialen oder ideologiekritischen Kategorien allein nicht erfassen oder verständlich machen. Mit dieser Feststellung wird Hitler weder dämonisiert noch mythologisiert, vielmehr werden seelische Realitäten angedeutet, die archetypischer Struktur sind. Durch die Hitler-Bewegung und das Dritte Reich wurden archetypische Energien zu Bewusstseinsdominanten einer erstaunlich, ja erschreckend großen Zahl von Menschen.

Natürlich manifestieren sich mythische Motive in jeder geschichtlichen Epoche auf andere Art und Weise, treten mal stärker, mal schwächer ins allgemeine Bewusstsein. Eine Persönlichkeit wie Hitler ist nur in einer Krisensituation denkbar, wie sie die Zeit nach 1918, vor allem aber nach 1930 darstellte. Hitler wusste sehr genau, dass er die Krise brauchte, um aus ihr heraus als Retter auftreten zu können. Nur ist die Krise die *Ermöglichung,* nicht aber die *Ursache* der Hitlerschen Erfolge. Man muss dies scharf voneinander trennen, was häufig genug nicht geschieht.

Die Art der massenekstatischen «Kommunion» zwischen Führer und Geführten – als halbreligiöser, mit sexuellen Energien zusätzlich aufgeheizter Vereinigungszustand – ist notwendig entindividualisierend; sie steht der Bewusstseinssteigerung des Einzelnen diametral entgegen. Und nicht umsonst haben die Nazis die bürgerlich-humanistische Form des Individualismus verteufelt; das Volk bzw. die mythische Volks- oder Rassengemeinschaft geriet zur Perversion des Archetypus der Großen Mutter.

Die Funktion des Mythischen bei Hitler hat Joachim Fest wie folgt beschrieben:

«Er dachte mythologisch, nicht gesellschaftlich, und seine Modernität war durchsetzt mit archaischen Zügen. (...) Denn seine Rationalität blieb stets auf das Methodische beschränkt und erhellte die düsteren Winkel seiner Ängste und Affekte nicht; vom Grunde weniger mythologischer Prämissen aus hat er mit planvoller Nüchternheit agiert, und dieses unvermittelte Nebeneinander von Kälte und Irrglauben, Machiavellismus und Magieverfallenheit beschreibt erst die ganze Erscheinung.»[185]

Nun ist nicht jedwede Öffnung für die archetypischen Energien des Mythos per se Irrglaube und Magieverfallenheit; der Mythos selbst – genauer: die seelische oder seinshafte Sphäre, in der er wurzelt – ist offenkundig «übermoralisch», nur das *Motiv*, der seelische Antriebsgrund, verbunden mit den *Folgen* eines derartigen Sich-Öffnens, unterliegt der moralischen Bewertung. Das wird schlagartig deutlich, wenn man Hölderlin und Hitler miteinander vergleicht. Hitler und die vielen, die ihm gefolgt sind, entschieden sich für jene Form der Überschreitung des Ego, die der Steigerung der Individualität in Richtung auf das «Überbewusstsein» antipodisch entgegensteht: für das Kollektiv-Archetypische, für eine schlimme Bewusstseinsregression, die langfristig in die Barbarei führen musste. Dies schließt nicht aus, dass viele ernsthaft der Überzeugung waren, gerade durch den Anschluss an die Hitler-Bewegung ihren Beitrag zu leisten zur Heilung eines vom Nihilismus bedrohten Weltzustandes. Diesen Irrtum, diese Verblendung kann man mit einigem Recht als tragisch bezeichnen. Hitler von vornherein zum außermenschlichen Monstrum zu machen, zur «Inkarnation des Bösen», und den Nationalsozialismus pauschal und unkritisch zu verteufeln, ohne sich seiner Ursachen bewusst geworden zu sein – dies führt nicht weiter. Noch einmal sei mit Joachim Fest hervorgehoben, dass die Radikalität des Nationalsozialismus «kein Problem der kriminellen, sondern eines der pervertierten moralischen Energie» war.[186]

Der Mythos, nicht zu trennen von der Revolte gegen den Nihilismus, stellt eine Herausforderung an das Bewusstseins des Einzelnen dar, ihm in der besonderen Wachheit und Verantwortung einer gesteigerten Individualität zu begegnen. Und Karl Kerenyis an anderer Stelle zitiertes Wort von der «Rückkehr des europäischen Geistes zu den höchsten, den mythischen Realitäten» (aus einem Brief an Thomas Mann von 1934)[187] ist nur im Zusammenhang mit dieser Herausforderung zu verstehen, mit der der deutsche Geist konfrontiert war. Er hat sie, zumindest in der überwiegenden Zahl seiner Repräsentanten, nicht bestanden. Allzuviele sind dem von Hitler suggestiv vorgetragenen Missverständnis zum Opfer gefallen, jener illusionären Lösung der nihilistischen Krise im Rausch einer Heils- und Erweckungsbewegung, einer gewaltigen Polit-Sekte, die das Individuum in seiner metaphysischen Eigenständigkeit und Würde verriet. Der falsche Mythos, d. h. der biologistische Vulgär-Mythos der Nationalsozialisten, bedingte die Perversion des Anti-Nihilismus. Die geforderte Veränderung und Erweiterung des Bewusstseins schlug um in barbarische Regression.

Hermann Rauschning schreibt in seinen «Gesprächen mit Hitler»:

«So gehen unleugbare Kräfte durch Hitler durch; echt dämonische Kräfte, die den Menschen Hitler nur zum Werkzeug machen. Das Ordinäre in Verbindung mit dem Ungewöhnlichen, das ist es, was im Verkehr mit Hitler so unerträglich zwiespältig wirkt. Als ob Dostojewski ihn erfunden hätte, so wirkt dieser Mensch in seiner krankhaften Zerrüttung und falschen Schöpferkraft der Hysterie. (...) Die Schamanentrommel dröhnt um Hitler. Asiatische, afrikanische Kulte und Beschwörungen sind das eigentliche Element seiner Bezauberung. Rasende Tänze bis zur Erschöpfung. Es ist der Einbruch des Primitiven in das Abendland.»[188]

Ähnlich haben viele geurteilt, und der eigentümlich mediale Charakter der Persönlichkeit Hitlers ist von Rauschning und anderen aus der nächsten Umgebung des «Führers» wiederholt hervorgehoben worden: seine Fähigkeit, sich ekstatisch in einen tranceartigen Zustand hineinzusteigern, innerhalb dessen er als Objekt religiös-messianischer Projektionen der Massen, als Medium archetypischer Energien fungieren konnte, als deren Empfänger und Übermittler. Diese Form der «unio mystica», hysterischer oder neurotischer Prägung, bedeutet die Perversion des Mythos, seine Besudelung und Ausbeutung zu Zwecken der Massenbeherrschung. Schon das musikdramatische Werk Richard' Wagners überschreitet partiell auf bedenkliche Weise jene Grenze, die das individualitätssteigernde Künstlertum von der opiatischen Massenwirkung trennt, von der Korrumpierung des Künstlertums durch die Massenpsychologie ...

Abschließend sei ein kurzer Blick auf die Verhunzung des Mythos in der Gegenwart geworfen.

Wenn beispielsweise im modernen Bewusstsein der Mythos

eine zu vernachlässigende Größe darstellt, ja zuweilen gänzlich verschwunden zu sein scheint, so bedeutet dies nicht, dass die Kräfte des Archetypischen nunmehr aufgehört hätten, Geschichte und Bewusstsein zu beeinflussen. Wir sind drauf und dran, alles Leben auf dem Planeten zu zerstören, haben schon seit Langem eine unbeschreibliche Fähigkeit, Höllen jedweder Art zu produzieren, in denen wir wechselseitig als Teufel wirken, wie der späte Max Horkheimer in bewusstem Rückbezug auf Schopenhauer feststellte, und *bestätigen* damit auf eklatante Weise die Weltuntergangsmythen aller Zeiten und Kulturen, die Mythen von der Herrschaft der Dämonen, von Vernichtung, «Götterdämmerung» und möglicher Neuschöpfung. Und das nunmehr verdrängte mythische Grundbedürfnis – ähnlich unausrottbar wie das metaphysische Bedürfnis des Menschen, von dem Schopenhauer spricht – sucht sich andere Kanäle, andere Ausdrucksformen, spült neurotisch verzerrt ins Wachbewusstsein. Man studiere die Science-fiction-Filme und -Bücher der letzten Jahre («Krieg der Sterne» u. ä.), die fantasy-Welle und das Wiederaufleben der Grals- und Artussage (z. B. in dem faschistoiden Film «Excalibur»). Die Verhunzung des Heros-Archetyps ist nicht nur in Comics nachweisbar, fast durchweg trägt der Held der modernen Vulgärmythen unmenschliche Züge. Und häufig genug drängt sich der Eindruck auf, als habe die SS-Vision vom «neuen Menschen» hier prägend gewirkt. In der «superman»-Gestalt wird dies besonders deutlich. Dem korrespondieren die Phantasien der Gen-Manipulatoren ...

Es bedarf keines besonderen Scharfsinns, um hier mythisch-archetypische Bilder in verzerrter Form wiederzuerkennen. Offenkundig kann der Mensch ohne Bilder nicht existieren; der Mythos ist lebensnotwendig. Offiziell verbannt, führt er im Untergrund ein gespenstisches Dasein und nimmt heute die absonderlichsten Gestalten an; das lässt sich bis in die Naturwissenschaften hinein verfolgen, bis in die Vorstellungen der Quantentheoretiker und Astronomen.

Kapitel 5

Weltherrschaft und Großer Mittag

Der verborgene «König der Welt»

«Die dynamische Wirkung des Archetyps reicht aber über die unbewusste Instinktwirkung hinaus und setzt sich als eine unbewusste Willensbestimmung der Persönlichkeit fort, die ihre Stimmungslage, ihre Neigungen, Tendenzen und schließlich auch ihre Auffassungen, Intentionen und Interessen, ihr Bewusstsein und die spezifische Art und Richtung ihres Geistes entscheidend beeinflusst.» (Erich Neumann)[189]

Sowohl bei Nietzsche als auch bei Hitler tritt die mythisch-ästhetische und eschatologisch-heilsbringerische Prägung der Vorstellungswelt deutlich genug zutage. Rationalität, Skepsis und gelegentlicher Zynismus wirkten nicht als Störfaktoren, sondern wurden in das mythologische Bezugssystem integriert; die Grundimpulse und die Prämissen waren mythologischer Natur. Nietzsche und Hitler waren Mythomanen, Mythen-Besessene, und die Aufdeckung und geistesgeschichtliche Einordnung der hier erkennbaren mythologischen Prämissen vermag eine neue Verständnisebene für das Verhältnis Nietzsche-Hitler zu eröffnen. Dass ich Archetypen bzw. deren Widerspiegelung in den großen geschichtsmächtigen Mythologemen nicht primär als ideologische Fiktionen auffasse, sondern als seelische Realitäten jenseits moralischer Wertsetzung, sei noch einmal hervorgehoben, um Missverständnisse zu vermeiden. Diese Hypothese beinhaltet kein Verkennen des Umstands, dass archetypisch-mythische Strukturen in der uns überlieferten Geschichte häufig genug zu purer Ideologie verkümmerten, zu Machterhaltungs- und Unterdrückungszwecken missbraucht wurden. Doch schon die Möglichkeit des Missbrauchs in einer derartigen Größenordnung wie im Nationalsozialismus legt den Gedanken an die eigenständige Realität der hier wirksamen Urbilder nahe. Archetypische Prägungen und gesellschaftliche bzw. psychologische Wirklichkeit üben eine im einzelnen oft recht komplizierte Wechselwirkung aufeinander aus, so dass es schwerfällt, hier immer präzise Ursache und Wirkung voneinander zu trennen.

Zwei der bewusstseinsbestimmenden Archetypen oder Urbilder seien in ihren geistesgeschichtlichen Bezügen und in ihrer Funktion für das Verhältnis Nietzsche-Hitler aufgezeigt: der Archetypus des Weltherrschers bzw. des Weltkaisertums und derjenige der eschatologisch bestimmten Zeitenwende, des Großen Mittags, wie Nietzsche in Anlehnung an antike Mythen sagt. Beide Archetypen wurzeln tief in der Menschheitspsyche und haben im Geschichtsablauf die unterschiedlichsten Ausformungen erfahren. Zum Weltherrscher-Archetypus gehört die Vorstellung vom Messias, vom endzeitlichen Friedensfürsten, und diejenige vom Weltzentrum, vom «Nabel der Welt». Der Gralsmythos dürfte (in einer Schicht) mit den beiden erwähnten Archetypen zusammenhängen. Der trivialisierende Missbrauch dieses Mythos in der deutschnationalen Propaganda seit dem ausgehenden 19. Jahrhundert geht auf Richard Wagners «Parsifal» und die selbsternannten «Gralshüter» des Bayreuther Erbes zurück. Auch im Nationalsozialismus spielte der Gralsmythos – in verhunzter Form – eine fatale ideologische Rolle.

Die beiden zentralen Komponenten der Grallegende sind die Erlösung der Natur (Wiederfruchtbarmachung des Wüsten Landes) und die Weltherrschaft. Konsequent als Weltherrschaftsmysterium wird der Mythos von dem faschistoiden Kulturphilosophen Julius Evola gedeutet. Evola schreibt in seinem Buch «Das Mysterium des Grals»:

«Dieses Mysterium hat jedenfalls andere Träger als den rechtgläubigen Klerus und fußt auf einer dem Christentum total fremden Symbolik und Esoterik. Der Umstand, dass manche Texte den Gral auf den Kelch Jesu und die Gralslanze auf die Lanze der Kreuzigung zurückführen, kann denjenigen, der den Grundton und die innere Logik des Ganzen in Betracht zieht, nicht hindern, einzusehen, dass es sich hier um christliche, in jener Zeit herrschende Vorstellungen handelt, die letztlich zum Ausdrucksmittel ganz anderer Artung benutzt werden.»[190]

Der Weltherrscher-Archetypus hat die gesamte Geistesgeschichte der Menschheit beeinflusst; er findet sich in fast allen Kulturen und ihren Zentralmythen. Auch ist er zumeist eng verknüpft mit mythischen Manifestationen des Gut-Böse- bzw. Licht-Finsternis-Archetypus, der Mythologeme vom Kampf der Götter gegen die Dämonen und des Goldenen Zeitalters. In vielen Mythen wird der große Endkampf, so etwa des Kalki-Avatara gegen die Dämonenführer Koka und Vikoka im hinduistischen Glauben, an die Schwelle des endzeitlichen Friedensreiches verlegt. (Bekanntlich sahen die Nationalsozialisten im Zweiten Weltkrieg eine Art Endkampf zwischen dem jüdischen Weltherrschaftsstreben und der Führungsmacht des germanischen Ariertums, also Hitler-Deutschlands.) Die aus dem Archetypus erwachsenen Weltherrschaftsvorstellungen betreffen sowohl spirituelle als konkret in die Erscheinungswelt hineinreichende Funktionen. Der Weltkaiser gilt stets zugleich als spirituelles und politisches Oberhaupt – eine insbesondere in der islamischen Herrschaftsidee anzutreffende Verknüpfung, die jedoch ihre wohl klarste und reinste Manifestation im Kaisergedanken Friedrichs II. von Hohenstaufen erhielt, der seinerseits nicht unbeeinflusst blieb von der jüdischen Apokalypse und Eschatologie. Nicht von ungefähr war Hitler – wie Nietzsche – ein Bewunderer des großen Staufers. Hitler trug nicht nur Züge einer karikaturhaften Verzerrung Nietzsches, wie Hermann Rauschning andeutet, sondern zugleich Züge einer billigen und schlechten Imitation des staufischen Herrscherideals. Der Weltherrscher-Archetypus bezieht sich zum einen auf eine sakrale Herrscherpersönlichkeit, die vor Beginn der letzten Phase der Geschichte heraustritt, um ein Reich des Friedens und der Gerechtigkeit heraufzuführen. Dies spiegelt sich z. B. In der buddhistischen Hoffnung auf den kommenden Buddha, den Buddha-Maitreya, oder in der jüdischen Erwartung des Messias. Zum anderen bezeichnet der Archetypus die fortwährende unsichtbare Präsenz eines Weltenkönigs, der als ein übermenschliches Wesen die Weltgeschichte beeinflusst. Hiermit hängt der vornehmlich in der Mongolei lebendige Agarthi-Mythos zusammen, der große Ähnlichkeit hat mit dem Shambhala-Mythos: Agarthi wird als ein unterirdisches Königreich beschrieben, dessen Bewohner zu höchstem Weisheitswissen zu gelangen vermochten. Der König der Welt, so paraphrasiert Ferdinand Ossendowski die Worte eines Mongolen, «kennt alle Kräfte der Welt und vermag in den Seelen der Menschheit und in dem großen Buch ihres Geschicks zu lesen».[191]

«Die Hauptstadt von Agarthi ist von Städten umgeben, die von Hohenpriestern und Männern der Wissenschaft bewohnt sind. Sie erinnern einen an Lhasa, wo der Palast des Dalai Lama, der Potala, die Spitze eines Berges darstellt, der mit Klöstern und Tempeln bedeckt ist. (...) Wenn unsere wahnsinnige Menschheit einen Krieg gegen das unterirdische Königreich beginnen sollte, so wäre dieses imstande, die ganze Oberfläche unseres Planten in die Luft zu sprengen und sie in eine Einöde zu verwandeln.»[192]

Die inneren Verbindungen zwischen dem Agarthi- und dem Gralsmythos hat René Guénon überzeugend herausgearbeitet (in seinem Buch «Le Roi du Monde» von 1927). Zum Agarthi-Mythos gehört die Vorstellung, dass die Verborgenheit des Königs der Welt einst ihr Ende finden werde; er werde vor allem Volk erscheinen (wie der König von Shambhala), «wenn die Zeit für ihn gekommen sein wird, um die guten Menschen der Welt gegen die schlechten zu führen.» «Doch diese Zeit ist noch nicht gekommen. Die schlechtesten Menschen sind noch nicht geboren worden.»[193] Seit der Übermittlung dieser Aussage durch Ossendowski sind mehr als sechs Jahrzehnte vergangen. Bemerkenswert ist in diesem Sinnzusammenhang die zentrale Bedeutung des Hakenkreuzes, das von Ossendowski, der seinerseits auf mongolische Überlieferungen zurückgreift, in Beziehung gesetzt wird zum Mythos von Agarthi, zum verborgenen König der Erde. Das Hakenkreuz (die Swastika) wird hier zum Symbol der verborgenen Weltherrschaft; das hängt zusammen mit der Übernahme des tibetischen Buddhismus durch die Mongolen, und zwar in der Form der Gelbmützen-Sekte bzw. der Gelugpas, aus denen der Dalai Lama und der Panchen Lama hervortreten. Die Swastika ist ein Zentralsymbol des Lamaismus.

Die in Europa verbreitete Sage vom schlafenden Kaiser, der in dem Innern eines Berges (etwa im Untersberg bei Salzburg) seiner einstigen Wiederkunft harrt, dürfte mit dem Agarthi-Mythos zusammenhängen, obwohl sich dies im einzelnen schwer nachweisen lässt. Wir wissen, dass Hitler besonderen Wert auf den Umstand legte, dass man vom Konferenzzimmer des «Berghofes» aus auf den Untersberg sehen konnte. Albert Speer schreibt dazu:

«Ein für seine Ausmaße berühmtes, versenkbares Fenster in der Wohnhalle war Hitlers Stolz; es gab den Blick auf den Untersberg, auf Berchtesgaden und Salzburg frei. (...) Da saß er nun, ein freiwilliger Gefangener, mit dem Blick auf den Untersberg, von dem, wie die Sage wissen will, der noch schlafende Kaiser Karl eines Tages das Reich vergangener Herrlichkeit wieder aufrichten würde. Natürlich sah Hitler darin eine Beziehung zu seiner Person: ‹Sehen Sie den Untersberg da drüben. Es ist kein Zufall, dass ich ihm gegenüber meinen Sitz habe.› »[194]

Hitler ordnete sich selbst in derartige mythische Zusammenhänge ein. Speers Hinweis auf den «Kaiser Karl» ist insofern zu ergänzen, als der im Untersberg (oder im Kyffhäuser) schlafende Kaiser in den meisten Sagenüberlieferungen nicht Karl den Großen, sondern Friedrich I. Barbarossa darstellt, der wiederum erst in einem Volksbuch des frühen 16. Jahrhunderts an die Stelle seines viel bedeutenderen Enkels Friedrich II. getreten ist. Die zentrale Figur der auf das «Reich» bezogenen Eschatologie ist der größte Kaiser des Mittelalters – und das ist unbestreitbar Friedrich II. von Hohenstaufen.

Auch in einigen esoterischen Strömungen des Islam stoßen wir auf Motive, die an den Agarthi-Mythos erinnern: so etwa in dem arabischen Ritterorden der Ismaeliten. Julius Evola schreibt hierzu:

«Das Oberhaupt der Ismaeliten – der ‹Herr vom Berge› – wurde als unsichtbarer Gebieter aufgefasst, der ‹in seiner Hand Leben und Tod der Könige hält›. An seine Person und seine unnahbare Residenz, die mit dem ‹Paradies› gleichgesetzt wurde, heftete sich eine dem Symbolismus des Gralskönigs und im allgemeinen des ‹Weltherrn› entsprechende Symbolik. Einer der gegen die Templer erhobenen Vorwürfe bestand eben darin, sie wären ein enges Bündnis mit dem ‹Herrn› bzw. dem ‹Alten vom Berge› eingegangen.»[195]

Der Templerorden und der Orden der Ismaeliten wurden zerschlagen, da sie innerhalb des Christentums bzw. des Islams als ketzerisch galten, weil sie von jenem Archetypus angerührt waren, in dessen Zentrum die Vorstellung vom Gralskönig als dem sakralen Weltherrscher steht. Auch die Sage vom Priesterkönig Johannes, die am Ende von Wolframs «Parzival» anklingt, kann in dieses mythische Bezugsfeld eingeordnet werden.

Zur seelisch-archetypischen Ganzheit, welche die Gegensätze von Licht und Finsternis umgreift, gehört die Zuordnung der «Gegen-Rolle», des Widersachers, zur jeweiligen Lichtgestalt – *auch* als eine Entwicklungsmöglichkeit im Falle des Versagens, des (luziferischen) Sturzes. Der titanische Widerpart des Gralskönigs ist Klingsor, der Herr des Gegen-Grals. Auch Klingsor ist eine archetypische Gestalt; bei Wolfram herrscht er als Schwarzmagier über Schastel marveil und Umgebung. Orgeluse, in deren Minnedienst der Gralskönig Amfortas die unheilbare Wunde empfängt, schließt mit ihm einen Pakt, von dem sie erst befreit wird, als Gawan – eine Art zweites Ich oder eine andere Seinsebene Parzivals – den Zauber des Wunderschlosses bricht, indem er die ihm auferlegten Proben besteht. Bei Richard Wagner raubt Klingsor Amfortas den «heiligen Speer», als dieser dem Liebeszauber Kundrys erliegt, und verwundet den Gralskönig damit; fortan herrscht er mit Hilfe des Gralsspeers über den «Zaubergarten», den magisch verwunschene Frauen als verführerische Blumen erfüllen. Erst Parsifal vermag seine Macht zu brechen, indem er «welthellsichtig» wird (wie es wörtlich heißt) und Kundrys Zauber widersteht, sie damit gleichzeitig erlöst und selbst zum Gralskönig wird, nachdem er die Wunde des Amfortas mit dem wiedergewonnenen Speer berührt hat.

Hitler, der es liebte, sich mit Lohengrin, Siegfried und Parsifal zu vergleichen, war viel eher, um im Mythos zu bleiben, Telramund, Hagen und Klingsor. Jede große, bedeutsame Gestalt im Mythos hat ihren «Gegenspieler», wobei die Beziehungen hier häufig recht verwickelt sind. Die Geschichte ist reich an Bestrebungen, die Weltherrschaft – im Sinne des Gegen-Grals – zu erzwingen, mit den Mitteln militärischer Gewalt, des Terrors und der Menschenverachtung. Wenn die Hüter des Grals die Weltherrschaft im spirituellen Sinne verkörpern, allen voran der Gralskönig, dann sind alle jene dem Reiche Klingsors zuzurechnen, die die Macht des Grals ins Gegenteil verkehren, die ihre Durchschlagskraft aus der Perversion und Ausbeutung archetypischer Energien beziehen. Auch der «Widersacher» kann als archetypische Rolle mit Leben erfüllt werden. Der Triumph Klingsors bedingt das Siechtum des Gralskönigs Amfortas.

Hitler und der Friedrich-Mythos

Mit dem Grals-Komplex eng verzahnt ist der Archetypus des
«Reichs», der sakralen, theokratischen Ordnung eines Volkes, einer Kultur oder der gesamten Menschheit (Drittes Reich, Tau-
sendjähriges Reich u. ä.). Die staufische Kaiseridee hat hiermit
zu tun. Sie ist in ihrem Kern dem Christentum fremd (wie der
Gralsmythos), und der erbarmungslose Kampf zwischen Kaisertum und Papsttum in den 30er und 40er Jahren des 13. Jahrhunderts war im Innersten ein Kampf zwischen zwei einander
ausschließenden Prinzipien und Erdherrschaftsansprüchen.
Friedrich II. setzte sein Prinzip, seine Reichsidee, basierend auf
der Vorstellung vom Weltreich des Friedens und der Gerechtigkeit unter einem sakralen Weltkaisertum, dem christlich-kirch-
lichen Weltherrschaftsanspruch, dem Gedanken der Superiori-
tät des Papsttums entgegen. Das Ringen jener Jahre ging weit
über die politische Dimension hinaus, was auch von den Zeitgenossen sehr deutlich empfunden wurde; es war ein in die tiefsten Schichten des Psychischen hineingreifendes Geschehen.
Hier wollte einer den anderen vernichten. Es ist oberflächlich,
die archaisch-mythische Sprache, das gewaltige Pathos beider
Seiten nur als ideologische Verschleierung handfester politischer Machtinteressen zu deuten. Damit wird die archetypische
Dimension dieses Kampfes unkenntlich gemacht.

«In grausigen Farben entwarf die päpstliche Partei ein Schre-
ckensbild des Kaisers als eines Gottesleugners, Lästerers und
Frevlers gegen alle heilige Scheu, eines Unmenschen voll sa-
tanischer Verderbnis. Friedrich hat kaum weniger leidenschaftlich mit Anklagen gegen die Verweltlichung und die un-

christliche Entartung der Papstkirche geantwortet. (...) Sich selbst hat er in feierlichen Manifesten als gottgesandten Weltenherrscher, als Friedensfürst und Kaiser der Gerechtigkeit dargestellt.»[196]

Es ist von tiefer Bedeutung, dass Friedrich II. zugleich als Antichrist und als Messias-Kaiser gefeiert bzw. verteufelt wurde. Er war gleichsam beides. Aus gutem Grund gehört er zu den wenigen Persönlichkeiten, die Nietzsche nahezu rückhaltlos bewunderte. In die Kaiseridee Friedrichs II. sind neben jüdisch-eschatologischen auch orientalisch-islamische Gedanken eingeflossen. Erst auf seinem Kreuzzug (dieser Widerlegung und Aufhebung aller früheren Kreuzzüge) hat der Staufer «die Idee seines Davidkönigtums gefasst und verwirklicht». «In Jerusalem hat er sich zum ersten Mal mit dem Nimbus der Gottunmittelbarkeit umgeben.»[197] Die Gottunmittelbarkeit des sakralen Weltkaisertums ist kein christlicher Gedanke, denn sie schaltet den Nazarener als Vermittler genauso aus wie das Papsttum und die Kirche.

«Mit dem Kreuzzug von 1228/29 beginnt die Sakralisierung der staufischen Herrschaft. Der Kaiser versucht, Regnum und Sacerdotium in seiner Person zu vereinigen. Die kaiserliche Kanzlei verherrlicht Friedrich II. und sein Reich in der Sprache der Liturgie. Im Verlauf des Kampfes mit dem Papsttum gilt Friedrich II. bald als Vorläufer des Antichrists, bald als ersehnter Messias-Kaiser, der die Fülle des Friedens und der Gerechtigkeit bringen wird. Immer mehr umgibt ihn der düstere Glanz der Eschatologie und der Apokalypse.» (Hans Martin Schaller)[198]

Auch Hitler und das Dritte Reich wurden in der NS-Propaganda in liturgischer Sprache verherrlicht; die Parallelen zur Zeit des großen Staufers sind augenfällig. In der esoterischen Tradition spielt der Zeitraum von 700 Jahren eine bedeutsame Rolle; auch Hitler und führende SS-Männer, allen voran Heinrich Himmler, neigten der Annahme zu, dass bestimmten Zahlen eine symbolisch-magische Kraft innewohne, insbesondere der Zahl Sieben. Joachim Fest schreibt über den Hitler der 20er Jahre:

« ... schon frühzeitig entwickelte er das Bewusstsein, dass sich sein Tun und Lassen unter den Augen der ‹Göttin der Geschichte› abspiele. Konsequent leugnete er seine wirkliche Parteimitgliedsnummer 555 und gab sich als Mitglied Nummer 7 aus, um sich nicht nur den Rang einer niedrigen Ziffer zu verschaffen, sondern auch die Aura einer magischen Zahl.»[199]

In Parenthese sei hier gesagt, dass die Mitglieds-Nummern der DAP, der Vorläuferin der NSDAP, erst mit der Nummer 501 einsetzten, Hitler also das 55. Mitglied der Partei war, zugleich aber das siebte Mitglied des Arbeitsausschusses der DAP.[200] Der Hitlersche Stilisierungswille setzte sich häufig über die Tatsachen hinweg; es gehörte zu seinem schon früh in mythischen Dimensionen angesiedelten Selbstverständnis, die alte heilige Zahl Sieben auf sich und seine historische Mission zu beziehen.

Der Archetypus vom Dritten Reich vermochte in der ersten Hälfte des 13. Jahrhunderts eine unerhörte Wirksamkeit zu entfalten; und vieles von dem, was sieben Jahrhunderte später geschah, spiegelt – in verzerrter Form – Elemente der späten Stauferzeit wider. Hitler war die Geschichte Friedrichs II. von Hohenstaufen bestens bekannt. Als er den General Scherff einmal «bei der Lektüre der Biographie des Staufers Friedrich II., verfasst von Ernst Kantorowicz, überraschte, äußerte er sich nicht – wie befürchtet – abträglich über den Autor, sondern bemerkte nur kurz, er habe dieses Buch zweimal gelesen». (Percy Ernst Schramm)[201] Noch im September 1944 soll die Staufer-Biographie von Kantorowicz (der immerhin Emigrant und Jude war) auf dem Nachttisch Hitlers gelegen haben.[202] Die beiden letzten Kapitel des bis heute bedeutendsten Werkes über Friedrich II. tragen die Überschriften «Dominus mundi» (Herr der Welt) und «Antichrist».

Kantorowicz stellt Friedrich II. als eine Herrschergestalt singulärer Größe dar, als eine Persönlichkeit, die manche von jenen Zügen trägt, die Nietzsche seinem Übermenschen zuordnet. – In den «Tischgesprächen» (4. Februar 1942) sagt Hitler einmal:

«Eines ist jedenfalls sicher: Wenn wir überhaupt einen Weltanspruch erheben wollen, müssen wir uns auf die deutsche Kaisergeschichte berufen. Alles andere ist etwas so Junges und derart Fragliches und nur bedingt Gelungenes. Die Kaisergeschichte ist das gewaltigste Epos, das – neben dem alten Rom – die Welt je gesehen hat. (...) Die Männer haben ein Format gehabt! Von Sizilien aus haben sie regiert! Wir haben nur ein Unglück: dass wir bisher nicht den Dramatiker gefunden haben, der in die deutsche Kaisergeschichte hineingeht.»[203]

Es kann keinem Zweifel unterliegen, dass Hitler hier vornehmlich den letzten und größten Stauferkaiser, Friedrich II., im Auge hat. Im übrigen dürfte der Wagnerianer Hitler mit Sicherheit auch Wagners Artikel «Die Wibelungen» von 1848 gekannt haben, der eine Vorstufe zur Handlung des «Rings» darstellt. Hierzu schreibt Robert Gutman in seiner Wagner-Biographie:

> «In den ‹Wibelungen› wird die alte Linie, aus der die fränkischen und hohenstaufischen Kaiser entsprossen waren, als das eine ‹bestimmte Geschlecht› herausgehoben, das rechtens Anspruch auf die Weltherrschaft hat. (...) Durch ihre Abstammung von dem Gotthelden Siegfried waren die großen deutschen Kaiser in dem Rechte nachgefolgt, symbolisch nach dem Nibelungengold zu streben und nach seiner Macht, die die Herrschaft über die Welt verleiht. (...) Wagner führt in den ‹Wibelungen› aus, dass der Nibelungen-Schatz im Laufe der Geschichte sich aufsteigend verwandelt und die mystischere Gestalt des Heiligen Grals angenommen habe. (...) In den alten Ritterzeiten hatten Kaiser wie Barbarossa – auch er ein außergewöhnliches Beispiel des wiedergeborenen Siegfried – nach dem verklärten Hort getrachtet, der als Gral bekannt war und damals um nichts weniger das ‹Wahrzeichen der Herrschaft› abgab wie bei seinem ersten Erscheinen als Gold des Zwergs. Der Hort-Gral blieb das ausschließliche Erbe von Siegfrieds Nachfahren, den deutschen Kaisern, die eine Herrenrasse bildeten und vom Schicksal dazu ausersehen waren, sich alle Welt untertan zu machen.»[204]

Richard Wagner, der größte und folgenreichste «Mittler des Mittelalters», hat hier intuitiv einen Zusammenhang wahrgenommen, den die Forschung erst erheblich später in den Blick bekam: den Zusammenhang von Nibelungenhort, Gralssymbolik und der Weltherrschaftsidee der Staufer, insbesondere Friedrichs II. Gral und Nibelungenhort sind nach Wagner Weltherrschaftssymbole, beide gehen auf den gleichen Archetypus zurück. Richard Wagners «Ring des Nibelungen» und «Parsifal» haben auf Hitler einen kaum zu überschätzenden Einfluss ausgeübt. Hitler war manisch besessen von einer Weltherrschaftsidee, in der sich das sakrale Weltkaisertum Friedrichs II. und islamisch-esoterische Vorstellungen mit Motiven aus dem «Ring» und dem «Parsifal» verbinden. Die Mobilisierung mythisch-archetypischer Bilder und Gestalten in den Wagnerschen Musikdramen markiert den Beginn eines seelisch-geistigen Wandlungsprozesses von weltgeschichtlichem Rang. Was hier einbrach in die Geistesgeschichte des Abendlandes, hat Nietzsche eindringlicher beobachtet und beschrieben als jeder andere. Als er den einstigen Freund und Mentor als «Verräter» bezeichnet, greift er damit (wohl unbewusst) auf jene Anklage aus dem «Tannhäuser» zurück, die Landgraf, Ritter und Sänger Heinrich entgegenschleudern, als er es wagt, von den Freuden des Venusbergs zu singen: « ... du schändlicher Verräter!»[205] Der Tannhäuser ist wie Lohengrin der Künstler und Musiker Richard Wagner, und hier schwingt nicht nur stolzer Spott über die Borniertheit der Wartburg-Gesellschaft mit, sondern auch das geheime Wissen um den mit der eigenen Kunst begangenen «Frevel». Wichtig ist hier zunächst, dass des Bayreuther Meisters künstlerische Umsetzung der mächtigen Archetypen einen unverkennbar demagogischen und neurotischen Wesenszug enthält, wie Nietzsche hervorhebt. Nietzsche hat an Wagner gelitten, weil er sich ihm zutiefst verwandt fühlte. In einer Schicht seines Innern ist er stets Wagnerianer geblieben; er wusste dies und hat dagegen angekämpft mit allen Mitteln des Spotts, des Zynismus, der Selbstüberwindung. Nietzsches Obsession von Vernichtung,

Weltenbrand und Welterneuerung durch die Magie des «Künstler-Tyrannen» ist ein Stück Wagner-Erbe. Und die Vermutung Bertrand Russells, dass der Nietzschesche Übermensch aus der Gestalt des Siegfried im «Ring des Nibelungen» abgeleitet sei, enthält sicher eine Teilwahrheit. Richard Wagner bringt die staufischen Kaiser mit dem reinkarnierten Siegfried in Verbindung; Nietzsche schöpft Wesensmerkmale des Übermenschen *auch* aus der von ihm (wie von Hitler) bewunderten Gestalt Friedrichs II. von Hohenstaufen.

Ich habe die eigentümliche Beziehung angedeutet, die zwischen der ersten Hälfte des 13. und derjenigen des 20. Jahrhunderts besteht, ferner die Bedeutung des 700-Jahre-Zyklus in der spirituellen Überlieferung. Auf letztere bezog sich auch der Reichsführer SS, Heinrich Himmler, als er den «Orden unter dem Totenkopf» in Verbindung brachte mit dem Deutschritterorden unter Hermann von Salza, dem Friedrich II. im Jahre 1226, 700 Jahre vor der Gründung der SS, Preußen als Ordensland übertrug. – Die offizielle Haltung des NS-Regimes dem staufischen Kaisertum gegenüber war zwiespältig; die geäußerten Vorbehalte gegenüber dem «Sizilianer» Friedrich II. lassen sich auf die Tradition des deutschen Nationalismus zurückführen. Hitler selbst sah dies anders; auch war er kein Nationalist im herkömmlichen Sinne. Und wenn der Überfall auf die Sowjetunion im Sommer 1941 die Codebezeichnung «Barbarossa» trug, dann wird hierin jene Verbindung angedeutet, die in Hitlers Bewusstsein zwischen ihm selbst und dem staufischen Kaisertum bestand. Hitler betrachtete den Krieg gegen die Sowjetunion als «seinen» Krieg und maß ihm einen zentralen Platz in seiner Globalstrategie zu, die auf ein germanisch beherrschtes Weltreich abzielte.

Der von Hitler verehrte Hanns Hörbiger, der Begründer der Welteislehre, vertrat die Überzeugung, dass der Mensch alle 700 Jahre einen «Feuerstoß» erhalte, welcher ihm dazu verhelfe, sich seiner kosmischen Verantwortung wieder bewusst zu werden. Bergier und Pauwels umschreiben die Hörbigerschen Gedanken wie folgt:

«Er (der Mensch) bereitet sich auf künftige Mutationen vor. Seine Seele weitet sich zu kosmischen Dimensionen. Er findet zum Sinn des großen Heldengedichts der Welt zurück. Er ist von neuem fähig, zwischen dem, was vom Gottmenschen, und dem, was vom Sklavenmenschen kommt zu unterscheiden und alles, was Eigenschaft verworfener Rassen ist, von der Menschheit fernzuhalten. Er wird wieder flammend und unerbittlich. (...) Der letzte Feuerstoß ereignete sich seiner Aussage nach bei der Entstehung des Deutschritterordens. Nun war ein neuer derartiger Moment für die Menschheit gekommen: Er fiel zusammen mit der Gründung der nationalsozialistischen SS.»[206]

Hier haben wir einmal mehr jene schauerliche Pervertierung und Verhunzung des Mythos: des Mythologems von der kosmischen Bedeutsamkeit der Zahl Sieben.

In dem Buch «Kaiser Friedrich II. Leben und Werk in Italien» von 1942 vermerkt der nationalsozialistische Kunsthistoriker Karl Ipser (der Alfred Rosenberg nahestand), Friedrich II. von Hohenstaufen verkörpere «neben Adolf Hitler die größte Führergestalt der Deutschen»! Und bezugnehmend auf die Übertragung Preußens an den Deutschritterorden führt er aus, dass Friedrich II. «damit das Preußenland dem Reiche gewonnen» habe; das sei «sein Anteil an der Gründung des preußischen Staates».

«Er ist der Pate jenes Preußen geworden, das der große und ihm verwandte zweite Friedrich von Hohenzollern durch die Kraft seines deutschen Genies zu einer europäischen Großmacht emporführte, aus dem Bismarck dann sein Deutsches Reich schaffen konnte. Im September 1939 setzte Adolf Hitler, der Vollender der erlauchten Ahnenreihe der deutschen Geschichte, den Schlussstein zu dem Werk, das der Staufer Friedrich II. vor mehr als 700 Jahren begonnen hatte. Das Land, das die deutschen Ordensritter für das Deutschtum eroberten, ist nunmehr endgültig des Reiches eigener Besitz geworden.»

Es gibt nur wenige Äußerungen von Nationalsozialisten, in denen Friedrich II. derart herausgehoben und als Vorläufer Hitlers bezeichnet wird. Eine «Geistesverwandtschaft» zwischen Friedrich II. von Hohenstaufen und Friedrich II. von Hohenzollern (Friedrich dem Großen) wird auch von Nietzsche behauptet, der wie Ipser den Staufer für die bedeutendere Persönlichkeit hält. Im Nachlass von 1885 heißt es:

«Was ich an dem Deutschen gerne wahrnehme, das ist seine Mephistopheles-Natur: Aber die Wahrheit zu sagen, man muss sich einen höheren Begriff des Mephistopheles machen, als Goethe, der nötig hatte, um seinen ‹inwendigen Faust› zu vergrößern, seinen Mephistopheles zu verkleinern. Der wahre deutsche Mephistopheles ist viel gefährlicher, kühner, böser, verschlagener und folglich offenherziger: Man denke sich das Inwendige von Friedrich dem Großen. Oder von jenem viel größeren Friedrich, von jenem Hohenstaufen Friedrich II.»[208]

Vielleicht enthält der Nietzsche-Aphorismus einen versteckten Hinweis auf den «Teufelspakt» des deutschen Geistes, wie er in Thomas Manns Faustus-Roman auf poetisch verschlüsselte Weise dargestellt wird. Die «faustische» Zentralgestalt des Romans, Adrian Leverkühn, ist Nietzsche als Musiker im 20. Jahrhundert. Wenn wir Faust, wie häufig geschehen, als die dichterische Verkörperung des deutschen Geistes schlechthin begreifen, dann war der Nationalsozialismus die letzte Stufe und Konsequenz des «Teufelspaktes», des Paktes zwischen Faust und Mephistopheles, der lange vorher seinen Anfang genommen hatte, also keineswegs einen einmaligen, unwiederholbaren Vorgang darstellte. Nietzsche verwendet die Figur des Mephistopheles im positiven, besser: über-moralischen Sinne. Und gerade deswegen ist seine Zuordnung der deutschen «Mephistopheles-Natur» zu Friedrich dem Großen und Friedrich dem Staufer so bemerkenswert.

Wer das mythische Weiterwirken des letzten Stauferkaisers als «deutscher Messias» seit 1250 bis ins 20. Jahrhundert hinein verfolgt (wie dies etwa in Nonnan Cohns Buch «Das Ringen um das Tausendjährige Reich» geschieht), der findet eine Fülle von Anhaltspunkten dafür, dass Hitler seit 1924 in jene Rolle hineindrängte, zugleich auch von Anhängern und Bewunderern hineingedrückt wurde, die der des «wiedergeborenen Friedrich» entsprach. Houston Stewart Chamberlain gehörte zu den ersten, die den Führer der NSDAP (1923) als deutschen Messias begrüßten. An anderer Stelle schreibt Karl Ipser:

«Des Führers Werk ist ohne Beispiel und Vorbild, das germanische Genie aber rückt diese beiden Erwählten des deutschen Volkes über Raum und Zeit eng zueinander. (…) Der größte Friedrich ist nunmehr erlöst und in die deutsche Wirklichkeit eingegangen. Lange Zeit war er ein Fremder gewesen, heute aber hat ihn sein Volk verstanden, und er ist ganz einer der Unsrigen geworden. Sein Werk ist gesichert und hat in allem strahlende Erfüllung gefunden durch Adolf Hitler.»[209]

Drei Jahre nach dieser Aussage des Nationalsozialisten Ipser brach das Dritte Reich in sich zusammen.

Der messianische Mythos, der mit der Gestalt Friedrichs II. von Hohenstaufen verbunden ist, geht auf den gewaltigen Archetypus des sakralen Weltherrschers zurück, der die unterschiedlichsten Ausprägungen erfahren hat; und doch haben der König von Shambhala und der König der Welt im Agarthi-Mythos, der jüdische Messias und der Buddha-Maitreya, der Weltmonarch in Dantes «De Monarchia» und der «Sol» in Thomas Campanellas Utopie vom «Sonnenstaat» – um nur einige der eindrucksvollsten Manifestationen des Archetypus herauszugreifen – dieses eine gemeinsam: Stets wird der Weltherrscher als Träger höchster Weisheit vorgestellt, häufig als Magier, Philosoph und Sternenkundiger, als höchster Mensch. Bemerkenswert ist in diesem Zusammenhang, dass sowohl Dante als auch Campanella in ihrer Vision vom idealen Herrscher unverkennbar beeinflusst sind vom Herrschertum des großen Staufers in Unteritalien. Campanellas «Sol» ist eine philosophisch-mythologische Reinkarnation Friedrichs II. von Hohenstaufen.

Zarathustra und das Dritte Reich

Alle Weltherrschaftsmythen hängen zusammen mit dem Mythologem vom Dritten Reich, dem Weltreich des Friedens und der Gerechtigkeit. Die Vorstellung vom Dritten Reich lässt sich, was die schriftliche Überlieferung anlangt, bis auf den altiranischen Weisen Zarathustra und die jüdischen Propheten zurückverfolgen. Das Dritte Reich bedingt notwendig die Zeiten- und Weltenwende größten Stils, das, was Nietzsche den Großen Mittag nennt. Der historische Zarathustra sah die Welt als ein Schlachtfeld der ewigen Mächte des Guten und des Bösen, der Kräfte des Lichts und der Finsternis. In dieses Kampf- und Spannungsfeld ist der Mensch hineingestellt; er hat sich für die eine oder andere Seite zu entscheiden, es gibt keine wie immer geartete Neutralität. Wiederholt ist die Frage aufgeworfen worden, was Nietzsches Zarathustra-Gestalt eigentlich zu tun habe mit dem historischen Zarathustra. Nietzsche selbst äußert sich hierzu im «Ecce Homo»:

«Man hat mich nicht gefragt, man hätte mich fragen sollen, was gerade in meinem Munde, im Munde des ersten Immoralisten, der Name *Zarathustra* bedeutet: Denn was die ungeheure Einzigkeit jenes Persers in der Geschichte ausmacht, ist gerade dazu das Gegenteil. Zarathustra hat zuerst im Kampf des Guten und des Bösen das eigentliche Rad im Getriebe der Dinge gesehn – die Übersetzung der Moral ins Metaphysische, als Kraft, Ursache, Zweck an sich, ist *sein* Werk. Aber diese Frage wäre im Grunde bereits die Antwort. Zarathustra *schuf* diesen verhängnisvollsten Irrtum, die Moral: Folglich muss er auch der erste sein, der ihn *erkennt*.»[210]

So wäre Nietzsches Zarathustra der eigentliche «Anti-Zarathustra»? Dies hieße voreilig geurteilt. Für Nietzsche gilt, was er selbst über Wagner sagt: dass man sich hüten müsse, den Selbstmissverständnissen dieses großen Genies zu erliegen. Es lässt sich unschwer nachweisen, dass Nietzsche die eschatologisch-heilsgeschichtliche Komponente der Lehre Zarathustras beibehält bzw. auf eine andere Seins- und Sprachebene verlagert, ohne sie *im Kern* zu zerstören. Nietzsches Großer Mittag ist völlig eindeutig als realgeschichtliches Ereignis konzipiert, als Tag des Gerichts und der Menschheitswandlung. «(...) Aber denen allen kommt nun der Tag, die Wandlung, das Richtschwert, *der große Mittag:* Da soll vieles offenbar werden!»[211] Nietzsche-Zarathustra spricht hier die Sprache der prophetischen Verkündung. Das religiöse Pathos ist unverkennbar.

Auf die Nietzschesche Vorstellung dürften auch antike Mythologeme eingewirkt haben: vornehmlich die griechische Vorstellung vom Mittag des Großen Pan, von der eigentümlichen Zeitentrücktheit im sublimen Fest des Mittags. Der römische Dichter Vergil bringt die Gestalt des Pan in direkte Verbindung zur Wiederherstellung des Goldenen Zeitalters. Bei Vergil, wie auch bei Joachim von Fiore im späten 12. Jahrhundert, wird das archetypische Bild vom triadischen Geschichtsrhythmus erkennbar (vom Dreischritt des Geschichtsablaufs), das sich bis in die Renaissancephilosophie, die Schellingsche und Hegelsche Geschichtskonzeption und den Marxismus hinein nachweisen lässt. Auch Nietzsches geschichtsphilosophische Aphorismen lassen sich dem mythischen Dreischritt des Geschichtsprozesses einfügen. Überhaupt sind fast alle entscheidenden Philosopheme des Nietzscheschen Denkens auf mythisch-archetypische Grundmuster zurückführbar. Giorgio Colli spricht mit

Recht von der «eminent mystischen und mysterienhaften Anlage» Nietzsches, die dieser zu verbergen bemüht gewesen sei, und zwar zugunsten von Versuchen «einer überragenden Kunst der Beweisführung, ausgerechnet das, woran es ihm in paradoxer Weise mangelt».[213]

Hier sei noch einmal betont, dass wir den im Mythos widergespiegelten archetypischen Strukturen und Rollen eine eigenständige seelische Realität zuerkennen müssen. Psychische Energien, dies kann heute als gesichert gelten, sind nicht weniger real als physikalische. Mythen sind keine Fiktionen, wie ein naiver Positivismus annimmt.

Eine der augenfälligsten Gemeinsamkeiten zwischen Nietzsche und Hitler besteht darin, dass ihre Vorstellungswelt, ihr Denken und Handeln von mythologischen Prämissen ausging bzw. in ihnen wurzelte, wobei der Rationalität nur die Bedeutung des Methodischen zukam. Als Machttaktiker war Hitler, jedenfalls in gewissen Phasen seines Lebens, von der Ratio bestimmt, vom nüchternen Kalkül, verbunden mit einem oft bestaunten Instinkt, einer Witterung für Menschen, politische Konstellationen, ja zuweilen für Zukünftiges, für drohende Gefahr. Im *Grunde* war er Visionär, ein von archetypischen Bildern besessener Prophet, dem islamischen Schiitentum nahe verwandt. – Nietzsche, dessen Rationalität an Spannweite und Differenzierungsvermögen die Hitlers turmhoch überragt, war im Kern seines Denkens Mythomane, den Impulsen aus archetypisch-mythischer Sphäre geöffnet. Der Rationalist in ihm hat dies stets gewusst und verspottet, Zynismen jedweder Art dagegen geschleudert ...

«Hier der Hammer, der die Menschen überwindet»

Die vom Mythischen geformte Vorstellungswelt Nietzsches, aller mitunter gewaltsam herausgekehrten Skepsis zum Trotz, zeigt sich besonders eindrucksvoll an seiner Art der philosophischen Umsetzung der archetypischen Rolle des Hammerwerfers Thor. Gerade hier lassen sich bis dato kaum beachtete Zusammenhänge zwischen Nietzsche und Hitler aufweisen, ihrer jeweiligen Eschatologie und Beeinflussung durch die Wagnerschen Musikdramen. Thor, um diesen Namen aus der germanischen Mythologie beizubehalten, ist ein Archetypus partiell eschatologischer Prägung, eine mythische Rolle, die Verbindungen aufweist zu den Archetypen des Weltherrschers, des heroischen Kulturstifters, des gegen das Chaos kämpfenden Helden. Der Religionswissenschaftier Detlef-I. Lauf schreibt hierzu:

«Eine entscheidende Wende in der Evolution der Menschheit wird uns durch die Erscheinung der göttlichen Schmiede als Kulturheroen nahegebracht. Es fällt auf, dass wir in vielen Mythen eine Gestalt antreffen, die als Schmied oder als eine Gottheit zu verstehen ist, die mit dem Eisen in irgendeiner wesentlichen Verbindung steht. Ein Gott, Heros oder Schmied erscheint demnach immer dann, wenn die Menschen in eine neue Stufe der Kultur eingeführt werden. (...) Bemerkenswert ist, dass der Schmied nicht unbedingt als Gott erscheint, sondern mehr als Helfer oder Gesandter der Götter, als der Erschaffer und Organisator der Menschenwelt. (...) In der Genesis hören wir von Thubalkain als dem ersten Meister über das Erz, und in der nordischen Mythologie errichtet Thor mit dem Eisenhammer Mjöllnir die neue Ordnung unter den Menschen.»[214]

Thor gehört zu den eindrucksvollsten Gestalten der Weltmythologie. Er ist Kulturstifter und Gründerheros des Neuen Zeitalters, zugleich der Gott des Gewitters – des Donners, des Blitzes – und der physischen Kraft; sein Hammer Mjöllnir, eine Waffe von furchtbarer Gewalt, welche die stärksten Riesen niederzustrecken vermag, pflegt nach jedem Wurf in seine rechte Hand zurückzukehren. Die Einherier – in der Schlacht gefallene Krieger – und die Walküren werden vom Donnergott am Ende des jetzigen Äons in die letzte Schlacht geführt. Weltuntergang, Weltwende, Götterdämmerung und Neuordnung – dies wird in der nordischen Mythologie vornehmlich mit dem Hammerwerfer-Gott verbunden. Für unser Thema aufschlussreich ist die wenig beachtete mythologische Verbindung zwischen dem Hakenkreuz (der Swastika) und dem Hammer als Attribut Thors. In einer symbolgeschichtlichen Darstellung über das Hakenkreuz von Jörg Lechler (1921) heißt es hierzu:

«Thor war der Gott der Gastfreiheit und sein Wahrzeichen der Thorshammer. Bis in die Neuzeit hielt sich hier (gemeint ist Schweden) der Brauch, dass Bettler mit einem Holzhammer von Haus zu Haus zogen. Er stellte eine Art Freibrief dar, womit sich der von Tür zu Tür ziehende Arme Haus, Herberge und Bewirtung erschloss. In ganz besonderem Maße gehörte Thor als sein Symbol das Hakenkreuz an, so dass hier an dem Bettlerhammer offenbar noch die alte Thor-Überlieferung lebendig geblieben ist. (...) In Island führt das Hakenkreuz noch heutigentags den Namen Thorshammer.»[215]

Die von Lechler beigefügte Abbildung zeigt einen Bettlerhammer aus dem Jahre 1771, in den ein (linksgerichtetes) Hakenkreuz graviert ist. Auch in esoterischen Traditionen wird die Swastika gelegentlich als Thorshammer bezeichnet, so in H. P. Blavatskys «Geheimlehre».[216] Und es ist für die Vorgeschichte des Nationalsozialismus bedeutsam, dass die Gestalt Thors in den Vorstellungen der rassistischen Thule-Gesellschaft, die bei der DAP-Gründung Pate gestanden zu haben scheint, einen wichtigen Platz einnahm.[217] Eine der schlimmsten antisemitischen Hetzschriften, gegründet im Jahre 1902 von Theodor Fritsch, trug den Titel «Der Hammer – Blätter für deutschen Sinn»; und schon 1887 war der «Hammer»-Verlag als ein Forum für antisemitische Publikationen gegründet worden.

Über die Thorgestalt schreibt der Mythenforscher Alexander Eliot (1976):

«Der nordische Donnergott Thor war der stärkste und großzügigste aller nordischen Götter. Zum Wohle der Menschheit versuchte er alles; er rang sogar mit Alter und Tod, obwohl er in diesem Kampf unterlag. Sein Hammer Mjöllnir war der Blitz; mit dem etwas kurzen Schaft wirkte er wie ein schweres Eisenkreuz! Wenn er ihn seinen Feinden entgegenschleuderte, wirbelte er wie ein flammendes Hakenkreuz durch die Luft und kehrte sofort wieder in Thors rechte Hand zurück.»[218]

Damit wird ein weiterer Aspekt der Beziehung zwischen dem Hammer Thors und dem Hakenkreuz angedeutet. Die Nationalsozialisten verwendeten das Hakenkreuz zumeist in angekippter Form, wodurch der Eindruck des Rotierens entsteht, überhaupt der Dynamik, der Bewegung. Ohne es zu wissen, hat Hitler ein Symbol gewählt bzw. für seine Zwecke dienstbar gemacht, das nicht allein eine immense massenpsychologische, fast magische Wirksamkeit zu entfalten vermag, sondern zusätzlich – als Zeichen der Weltherrschaft und des Endzeitkampfes vor Anbruch des Neuen Zeitalters – in enger Beziehung steht zum germanischen Gott Thor bzw. zu jener hier zur Gestalt verdichteten archetypischen Rolle.

Zum Archetypus «Thor» sei ergänzt, dass auch die Siegfried-Gestalt Züge davon in sich vereint. Schon der Name «Siegfried» – ähnlich wie «Friedrich» (Frieden und Reich) – enthält einen Bezug auf das Reich des Friedens und der Gerechtigkeit, das Dritte Reich der Eschatologie, das im Sieg über die Dämonen und Gegengötter zu erringen ist. Ich erinnere an die Interpretation der Siegfried-Sage in dem «Wibelungen»-Aufsatz Richard Wagners, an die dort herausgestellte Beziehung zur Kaiseridee und zum Gral. Nach einigen Sagenüberlieferungen wächst Siegfried bei einem *Schmied* auf und schmiedet sich schließlich selbst das Schwert, mit dem er den Drachen tötet. Dieses Motiv ist von Wagner im «Siegfried» aus dem «Ring des Nibelungen» übernommen worden: Siegfried wächst bei dem Zwerg Mime auf, er schmiedet das Schwert Nothung usw. Noch der Anti-Wagnerianer Nietzsche bekundete seine Bewunderung für die Konzeption der Wagnerschen Siegfried-Gestalt. Der Wagnerianer Hitler teilte diese Bewunderung, und er liebte es, sein eigenes Wirken zu demjenigen Siegfrieds in Parallele zu setzen. Am Schluss des «Rheingold» ruft Thor (Donner) als der Herr des Gewitters Wolken und «dunstig Gedämpf» herbei; als Thors Hammerschlag auf den Felsen fällt, folgen Blitz und Donner nach. Dann verziehen sich die Wolken, und eine Regenbogenbrücke spannt sich «über das Tal hinüber bis zur Burg, die jetzt im Glanze der Abendsonne strahlt».[219] Der Regenbogen gehört zu den tiefsten und großartigsten mythologischen Symbolen; häufig repräsentiert er eine Brücke zwischen der irdischen und der jenseitig-göttlichen Sphäre. Seine eschatologische Bedeutungskomponente wird z. B. in jener bekannten indianischen Prophetie von den «Kriegern des Regenbogens» erkennbar, die als Kämpfer für die Erde deren endgültige Zerstörung in letzter Stunde zu verhindern wissen.

Der Archetypus «Thor» hat auf das Denken Friedrich Nietzsches erheblichen Einfluss ausgeübt. Ob hier Richard Wagners «Rheingold» eine Mittlerfunktion zugesprochen werden kann, sei dahingestellt. Fest steht, dass der Name «Thor» in Nietzsches Werk nicht ein einziges Mal auftaucht. – In jenem so produktiven (und schlimmen) Jahr 1888, an dessen Ende der geistige Zusammenbruch sich abzeichnet, verfasst Nietzsche die «Götzen-Dämmerung», und er gibt dieser kleinen Schrift den Untertitel «Wie man mit dem Hammer philosophiert». Der Hammer, von dem hier und in einer Vielzahl von Nachlass-Fragmenten in den Jahren davor die Rede ist, ist unschwer als derjenige Thors zu identifizieren; nicht im vordergründigen Sinne jener Germanen-Schwärmer und nationalistischen Sektierer des späten 19. Jahrhunderts, die Nietzsche verachtete, sondern im Sinne der halbbewussten (vielleicht auch unbewussten) Impulsaufnahme aus der Region des Mythos und einer der großen archetypischen Rollen. Das geht aus den jeweils von Nietzsche hergestellten Verbindungen mit anderen zentralen Gedanken seiner Philosophie hervor. Schon der Titel «Götzen-Dämmerung» als Persiflage von Wagners «Götterdämmerung» – lässt die eschatologische Bezugsrichtung deutlich werden, die Erwar-

216

tung des Großen Mittags. Wir wissen, dass Nietzsches Obsession vom Weltherrschaftsgedanken bis Jahresende 1888 sich dahingehend steigert, dass er schließlich die Überzeugung gewinnt, er müsse nunmehr selbst, als Antichrist und Gesetzgeber-Philosoph, die Erdregierung übernehmen. Im Vorwort der «Götzen-Dämmerung» wird der Titel der Schrift wie folgt erläutert:

«Es gibt mehr Götzen als Realitäten in der Welt: Das ist *mein* ‹böser Blick› für diese Welt, das ist auch mein ‹böses *Ohr*› ... Hier einmal mit dem *Hammer* Fragen stellen und, vielleicht, als Antwort jenen berühmten hohlen Ton hören, der von geblähten Eingeweiden redet – welches Entzücken für Einen, der Ohren noch hinter den Ohren hat. (...) Diese kleine Schrift ist eine *große Kriegserklärung;* und was das Aushorchen von Götzen anbetrifft, so sind es diesmal keine Zeitgötzen, sondern *ewige* Götzen, an die hier mit dem Hammer wie mit einer Stimmgabel gerührt wird, – es gibt überhaupt keine älteren, keine überzeugteren, keine aufgeblaseneren Götzen ... »[220]

(Der als erster angegangene Götze ist Sokrates bzw. die von ihm aufgestellte Gleichung: Vernunft = Tugend = Glück: «jene bizarrste Gleichsetzung, die es gibt und die in Sonderheit alle Instinkte des älteren Hellenen gegen sich hat».[221]) Eine Zwischenbemerkung zeigt den eindeutig am Großen Mittag orientierten Grundcharakter der Schrift: «Mittag; Augenblick des kürzesten Schattens; Ende des längsten Irrtums; Höhepunkt der Menschheit ... »[222] Wie jeder Prophet und Religionsstifter (und Nietzsche trägt deren Züge, obwohl er es nicht will – jedenfalls in ei-

217

ner Schicht seines Selbstverständnisses) sieht sich Nietzsche als Herold einer Wahrheit – vielleicht gar: *der* Wahrheit –, der es kämpferisch Sieg und Weltherrschaft zu verschaffen gilt. Der Hammer ist die mythologische Waffe, welche die Götzenbilder der Jahrtausende zertrümmert, um aus der Vernichtung derselben (ganz im Sinne Richard Wagners) eine neue Welt zu bauen, eine neue Globalordnung zu errichten, ja die Welt überhaupt zu «erlösen»![223] 1886 heißt es in einem Nachlass-Fragment: «Der *größte* Kampf: Dazu braucht es einer neuen *Waffe*. / Der Hammer: eine furchtbare Entscheidung heraufbeschwören, Europa vor die *Konsequenz* stellen, ob sein Wille zum Untergang ‹will›.»[224]

Der «Götzen-Dämmerung» korrespondiert die «Umwertung aller Werte», die nach dem letzten Plan Nietzsches allein aus der Schrift «Der Antichrist. Fluch auf das Christentum» bestehen sollte. Die Veröffentlichung eines Buches mit dem Titel «Der Wille zur Macht» war nicht mehr vorgesehen; insofern stellt die berühmte Nachlass-Kompilation nicht den letzten Willen Nietzsches dar. – 1884 schreibt Nietzsche: «Letzte Rede: Hier der Hammer, der die Menschen überwindet. / Ist der Mensch missraten? Wohlan, erproben wir's, ob er diesen Hammer aushält! / Dies ist der große Mittag. / Der Untergehende *segnet* sich. / Er wahrsagt vom Untergang zahlloser Einzelner und Rassen.»[225] Immer wieder entwirft Nietzsche in den 80er Jahren Buchtitel und Inhaltsverzeichnisse von zu schreibenden Werken. So trägt das «fünfte Hauptstück» eines geplanten Werkes von 1884 («Die ewige Wiederkunft») die Überschrift: «Der Hammer und der Große Mittag»[226] 1885 notiert er unter dem Stichwort «Mittag und Ewigkeit»: « ... der *Hammer* – eine Gefahr, an der der Mensch zerbrechen kann.»[227]

Schon die zitierten Aussagen sind deutlich genug; sie dokumentieren die eschatologische Ausrichtung des Redens vom «Hammer». In einem anderen Fragment von 1885 heißt es:

« ... die Rangordnung der Menschen: er (Zarathustra) scheidet die Hinzuströmenden nach Gruppen von sich ab, er bezeichnet zuletzt damit die Grade der Erziehung des Menschen (durch Generationen) / Vor der kleinsten Auswahl: die Gesetzgeber der Zukunft, mit den *großen Tugenden* (Verantwortlichkeit), der Hammer. (...) *Die höchsten Gesetzgeber, mit dem Hammer.*»[228]

Die höchsten Gesetzgeber sind nach Nietzsche die Philosophen der Zukunft, die die neuen Werte setzen und die alten vernichten. Ihr Ziel ist die Weltherrschaft. Kein Denker der abendländischen Geistesgeschichte war so manisch besessen von dem Gedanken der Weltherrschaft, so erfüllt und durchdrungen von jenem mächtigen Archetypus. 1884 heißt es in einem Fragment: *«Wer soll der Erde Herr sein?* Das ist der *Refrain* meiner praktischen Philosophie.»[229] Und in einem anderen: «Die Geschichte als die große *Versuchs-Anstalt:* die bewusste Weisheit *vorzubereiten,* welche zur Erd-Regierung nottut. Das Zusammendenken des Erlebten.»[230] 1885: «Vorbereitung dazu, die Herren der Erde zu werden: der Gesetzgeber der Zukunft.»[231] «Der neue Philosoph kann nur in Verbindung mit einer herrschenden Kaste entstehen, als deren höchste Verfestigung. Die Große Politik, Erdregierung in der Nähe.»[232]

Rückblick

Halten wir einen Augenblick inne: Es ist schwer, Nietzsche-Aussagen der vorstehend zitierten Art wirklich gerecht zu werden, sie adäquat zu interpretieren. Welchen Blickwinkel, welchen Standpunkt man einnimmt: Es bleiben Unaufgelöstheiten, Widersprüche, offene Fragen. Dies folgt aus dem Wesen eines Denkens, das zu einem Gutteil Experimentalcharakter hat. Nietzsches einsame Träume von der Weltherrschaft des Künstler-Tyrannen – spiegelt sich in ihnen der Imperialismus des Kaiserreichs (den Nietzsche im Grunde verachtete)? Oder sind sie als Symptom für seine Egomanie zu werten, seinen schrankenlosen Macht- und Unterwerfungswillen, den er nur in monströsen Phantasien ausleben konnte? Sind sie einfach psychologisch-biographisch dem «Menschlich-Allzumenschlichen» Nietzsches zuzuordnen, seinem – syphilitisch verstärkten – Größenwahn? Der Fall Nietzsche – ein Fall für den Psychiater? «Wer Nietzsche ‹eigentlich› nimmt, wer ihm glaubt, ist verloren», warnt Thomas Mann, der «Plumpheit und Geradheit» in der Nietzsche-Lektüre ersetzt wissen will durch «Verschlagenheit, Ironie, Reserve».[233] Verzichten wir aber überhaupt darauf, Nietzsche «eigentlich» zu nehmen, was gleichbedeutend ist mit dem Verzicht auf den *Philosophen* Nietzsche, was bleibt dann außer einem genialen Sprachkünstler und Psychologen?

In diesem Buch betrachte ich Nietzsche primär auf drei Ebenen, die ihren gemeinsamen Bezugspunkt haben in der Zentralthese vom Nationalsozialismus als Perversion einer antinihilistischen Revolte.

Ich frage nach den präfaschistischen Elementen im Werk Nietzsches. Und es gibt diese Elemente; daran kann kein Zweifel bestehen. Sie sind *eine* Facette in der Ganzheit eines irritierend mehrdeutigen denkerischen Werkes. Zugleich frage ich nach der Verantwortung dieses Denkens, nach der möglichen «Schuld des Geistes» an den nazistischen Verbrechen.

Ich frage nach Gestalt und Funktion bestimmter archetypisch-mythischer Bilder bei Nietzsche und bei den Nationalsozialisten. Leitend ist hierbei der Gedanke, dass wir diese Energien und Tiefenkräfte heute brauchen, dass wir sie nicht verleugnen und verdrängen dürfen, wie dies meist geschieht, weil wir ihren Schattenaspekt fürchten.

Zusätzlich frage ich nach dem «Teufelspakt», dem Versagen des deutschen Geistes und der möglichen Rolle Nietzschescher Philosopheme in diesem Geschehen.

Die Kernthese des Buches bestimmt Auswahl, Bewertung und Einordnung der Einzelelemente, und alle (scheinbaren) Abschweifungen sind streng hierauf bezogen.

Die Mythomanie Nietzsches – welche sich zuweilen in präfaschistisch anmutenden Formulierungen äußerte – brachte ihn selbst in einen Zustand höchster Gefährdung, an dem er schließlich zerbrach. Dem von ihm gezielt herbeigeführten psychischen und intellektuellen Steigerungsprozess in Form permanenter Selbstüberwindung war das integrierende Bewusstsein von einem bestimmten Punkt an nicht mehr gewachsen. Das Wagnis des Mythos, zu dem wesensmäßig die Überschreitung des rational-empirischen Bewusstseins gehört, führte ihn in den «Wahnsinn» (wie wir jenen Zustand unzulänglich umschreiben). Nietzsche zerbrach gleichsam am Übermenschen, an dem konzentrierten, ja fanatischen Willen zur eigenen Übermenschlichkeit, zur übermenschlichen, übermoralischen Größe. Er wurde partiell zum Schauspieler seines eigenen Ideals (genau dies hat er selbst wiederholt an anderen kritisiert, ja verspottet, speziell an Richard Wagner). Hier, als Virtuose der Maske, war er korrumpierbar, hier scheint seine so unvergleichliche Wahrhaftigkeit und intellektuelle Redlichkeit ausgesetzt zu haben. Was bei Nietzsche eher eine Facette darstellt, war bei Hitler eine Dominante seiner monströsen Existenz.

Im Mythos liegen Versuchung und Gefährdung beschlossen.

Noch einmal sei auf den Herausforderungscharakter des Mythischen verwiesen, auf die beiden einander entgegengesetzten Formen des Umgangs mit den wesensmäßig übermoralischen archetypischen Energien; die eine Form führt langfristig zur Bewusstseinsregression, ja zur Barbarei, während die andere Form gerade die höchste und sublimste Geistigkeit repräsentiert. Naturgemäß gibt es Mischformen, was die Beurteilung erschwert. Die falsche Gleichsetzung von Vernunft (Ratio) und Intellekt hat zusätzlich erkenntnisblockierend gewirkt und den Blick verstellt für die antinihilistische Kraft des *schöpferischen* Irrationalismus, der mit rüder Geistfeindlichkeit nichts zu tun hat. Zu den schwersten Verbrechen am Mythos gehört dessen gewaltsame Materialisierung, d. h. der aberwitzige Versuch, die bewusstseinssteigernde Revolution des Geistes biologistisch-materialistisch umzumünzen und zur Grundlage politischen Handelns zu machen. Hieraus folgen notwendig Terror, Unterdrückung und physische Vernichtung von Menschenleben, und die metaphysische Würde des Menschen wird geleugnet zugunsten eines kollektivistischen Sektierertums, wobei mythische Formeln dazu herhalten müssen, pure Inhumanität zu drapieren. Wer den Mythos will und *zugleich* eine lückenlose Vernatürlichung des Menschen fordert, die ihrem Wesen nach antimetaphysisch ist, hat den ersten Schritt in die Barbarei vollzogen. Nietzsche, nimmt man einige seiner Aussagen «eigentlich», hat diesem Verbrechen zumindest Vorschub geleistet: der mörderischen Verbindung von Vergötzung der biologischen Naturwissenschaften und mythischem Machtwillen.

Kapitel 6

«Künstler-Wille» und
«ungeheure Aufgabe»

Sendungsbewusstsein und deutscher Größenwahn

Nietzsche und Hitler besaßen ein exzessives Sendungsbewusstsein; sie waren durchdrungen von der Überzeugung, eine weltgeschichtlich einmalige Aufgabe erfüllen zu müssen. In einem Fragment mit der Überschrift «Der Gesetzgeber der Zukunft» (1884) spricht Nietzsche mit eindeutigem Bezug auf sich selbst von den Menschen, «vor denen das Bild einer ungeheuren Aufgabe aufzudämmern beginnt».[234] Im «Ecce homo» (1888) heißt es:

> «Meine Aufgabe, einen Augenblick höchster Selbstbesinnung der Menschheit vorzubereiten, einen *großen Mittag*, wo sie zurückschaut und hinausschaut, wo sie aus der Herrschaft des Zufalls und der Priester heraustritt und die Frage des warum?, des wozu? zum ersten Male *als Ganzes* stellt.»[235]

In immer neuen Wendungen betont Nietzsche, dass es ihm im Innersten um die Zukunft der Menschheit gehe, dass sein Wirken auf den «Kampf um die Erd-Herrschaft» gerichtet sei.[236] Der Philosoph, also im Grunde Nietzsche als selbst-ernannter «Gesetzgeber der Zukunft», sei «der Mensch der umfänglichsten Verantwortlichkeit, der das Gewissen für die Gesamt-Entwicklung des Menschen hat» und sich selbst der Religionen «zu seinem Züchtungs- und Erziehungswerke» bediene. Schon im Juli 1928 spricht Hitler in einem Brief von der «ungeheuren Aufgabe», die er innerhalb der noch zu erwartenden Lebenszeit (er setzt dafür «knapp zwanzig Jahre» an) zu erfüllen habe.[238] Er lebt in der ständigen Angst, nicht mehr genügend Zeit zu haben; so sagt er im Februar 1934: «Die Zeit drängt. Ich habe nicht lange genug zu leben (...) Ich muss das Fundament legen, auf dem die anderen nach mir bauen können. Ich werde es nicht mehr vollendet sehen.»[239] Und im Frühjahr 1932, während der Kampagne zu den Wahlen zum Reichspräsidenten, sagt er zu einem seiner Anhänger: «Ich muss in Kürze an die Macht kommen, um die gigantischen Aufgaben in der mir verbleibenden Zeit lösen zu können. Ich muss! Ich muss!»[240] So spricht nur ein von seiner Mission Besessener, ein Ideenfanatiker hohen Grades.

Das Bewusstsein von der höchsten Bedeutsamkeit der eigenen Sendung verleiht dem Tun und Denken einen planetarischen, von kosmischen Notwendigkeiten diktierten Charakter. Dies ist sowohl bei Nietzsche als auch bei Hitler zu beobachten; bei Hitler völlig eindeutig seit 1924, also seit der Landsberger Festungshaft und der Abfassung des ersten Bandes von «Mein Kampf». Dem geht eine etwa fünfjährige «Vorbereitungsphase» voraus. Schon vor dem gescheiterten Putschversuch vom November 1923 beklagt sich Dietrich Eckart, Hitlers väterlicher Freund, bei Ernst Hanfstaengl über Hitlers hypertrophiertes Selbstbewusstsein:

«Weißt Du, Hanfstaengl, mit Adolf geht irgend etwas total schief. Der Mann entwickelt ja einen hoffnungslosen Fall von Größenwahn. (...) Ich sage Dir, wenn er diesem Messias-Komplex freien Lauf lässt, wird er uns noch alle zugrunde richten ... »[241]

Gerade aus dem Munde von Dietrich Eckart als einem derjenigen, die Hitler mit «aufgebaut» haben, sind derartige Worte besonders aufschlussreich. Im Sommer 1928 versichert Hitler in einem Brief an Arthur Dinter, er nehme als Politiker «Unfehlbarkeit in Anspruch»; er besitze den «blinden Glauben», «einst zu denen zu gehören, die Geschichte machen».[242] Ähnlich äußert er sich im Juni 1930 (also drei Monate vor dem sensationellen Durchbruch der NSDAP)vor Parteijournalisten in München. Er vergleicht die NSDAP mit der hierarchischen Ordnung der katholischen Kirche und äußert dann:

«Darum hoffe ich, dass der Heilige Vater nunmehr auch meinen Anspruch nicht bestreitet. Und somit proklamiere ich jetzt für mich und meine Nachfolger in der Führung der Nationalsozialistischen Deutschen Arbeiterpartei den Anspruch auf politische Unfehlbarkeit. Ich hoffe, dass sich die Welt daran so schnell und widerspruchslos gewöhnt, wie sie sich an den Anspruch des Heiligen Vaters gewöhnt hat.»[243]

Diese Äußerung ist nur mit religiösen Kategorien zu bewerten, und zwar weniger mit denen des Christentums (obwohl Hitler sich 1930 der Öffentlichkeit noch als gläubiger Katholik präsentierte) als mit denen des Islam, speziell des esoterischen Schiitentums. Hitler bewunderte den Islam und stellte ihn in den letzten Lebensjahren turmhoch über das Christentum, wie aus den «Tischgesprächen» hervorgeht. Seit der Neugründung der NSDAP im Jahre 1925 war Hitler bestrebt, die Partei zur fanatisch auf ihn als dem charismatischen Führer eingeschworenen Kampfgemeinschaft zu machen; uneingeschränkt vertrat er das Prinzip der Einheit von Idee und Führer und entwickelte sich zunehmend zum Propheten einer religionsähnlichen Weltanschauung mit Absolutheitsanspruch. «Ich irre mich nie! Jedes meiner Worte ist historisch», soll er 1930 zu Otto Strasser gesagt haben.[244] Auf die an islamisch-esoterische Kampfbünde erinnernde Eigenart der NSDAP hat insbesondere René Alleau verwiesen (sein 1969 erschienenes Werk über «Hitler und die Geheimgesellschaften» ist meines Wissens nicht ins Deutsche übersetzt worden). Alleau deutet primär auf die Idee des spirituellen Führertums in der Sekte der Ismaeliten, die zugleich ein Ritterorden war, auf die Lehre vom Iman, vom «vollkommenen Menschen», dessen Erscheinung als Theophanie gewertet wurde.[245] Bedingungslose, fanatisch-gläubige Gefolgschaft bis in den Tod wurde von jedem Angehörigen des Ismaeliten-Ordens verlangt. Hitler sah sich, daran kann kein Zweifel bestehen, als Sachwalter und Mandatar des göttlichen Wollens, als gottgesandten Propheten im Sinne des schiitischen Führerprinzips. Er lebte und agierte im Banne dieses Archetypus. In «Mein Kampf» heißt es (und diese Formulierung erinnert an die Thule-Gesellschaft):

«Siegt der Jude mit Hilfe seines marxistischen Glaubensbekenntnisses über die Völker dieser Welt, dann wird seine Krone der Totenkranz der Menschheit sein, dann wird dieser Planet wieder wie einst vor Jahrmillionen menschenleer durch den Äther ziehen. / Die ewige Natur rächt unerbittlich die Übertretung ihrer Gebote. / So glaube ich heute im Sinne des allmächtigen Schöpfers zu handeln: Indem ich mich des Juden erwehre, kämpfe ich für das Werk des Herrn.»[246]

Anti-Christentum

Sowohl Hitler als auch Nietzsche glauben an eine im Wesen der Dinge begründete Ungleichheit von Menschen und Rassen. Beide klagen das Judentum an, die Lehre von der Gleichheit der Seelen propagiert und auch, über das Christentum, durchgesetzt zu haben. Beiden gilt die Demokratie als eine «Verfalls-Form» der «politischen Organisation», als die «Vermittelmäßigung und Wert-Erniedrigung» des Menschen, wie Nietzsche schreibt. Beide ziehen eine Linie kausaler Abhängigkeit vom Judentum über das Christentum bis zur Demokratie und dem Parlamentarismus, bis zum Sozialismus (Nietzsche) und Bolschewismus (Hitler). Wie Hitler ist Nietzsche der Überzeugung, dass mit den Juden der «Sklavenaufstand in der Moral» eingesetzt habe[248], dass später die Christen mit Hilfe der «Sklaven-Moral» die aristokratische, auf der «Herren-Moral» basierende römische Welt unterhöhlt und schließlich gestürzt hätten. Zum Verhältnis von Judentum und Christentum schreibt Nietzsche im «Antichrist» (und dies kann als Ergänzung zu der in der Einführung zitierten Aussage aus der «Genealogie der Moral» dienen):

«Das Christentum ist einzig aus dem Boden zu verstehen, aus dem es erwachsen ist – es ist *nicht* eine Gegenbewegung gegen den jüdischen Instinkt, es ist dessen Folgerichtigkeit selbst, ein Schluss weiter in dessen furchteinflößender Logik. In der Formel des Erlösers: ‹das Heil kommt von den Juden›. (...) Die Juden sind das merkwürdigste Volk der Weltgeschichte, weil sie, vor die Frage von Sein und Nichtsein gestellt, mit einer vollkommen unheimlichen Bewusstheit das Sein *um jeden Preis* vorgezogen haben: dieser Preis war die radikale *Fälschung* aller Natur, aller Natürlichkeit, aller Realität, der ganzen inneren Welt so gut als der äußeren. (...) Die Juden sind, eben damit, das *verhängnisvollste* Volk der Weltgeschichte: In ihrer Nachwirkung haben sie die Menschheit dermaßen falsch gemacht, dass heute noch der Christ antijüdisch fühlen kann, ohne sich als die *letzte jüdische Konsequenz* zu verstehen.»[249]

Diesen und analogen Sätzen aus dem «Antichrist» hätte Hitler beigepflichtet, wären sie ihm bekannt gewesen (vielleicht *hat* er sie gekannt; wir wissen darüber nichts). Zwar verachtete und verspottete Nietzsche die Antisemiten seiner Zeit, zwar warf er Wagner gerade dessen Hinwendung zum Antisemitismus vor, aber es lässt sich kaum übersehen, wie schon C. A. Bernoulli hervorhebt, «dass, wo er ehrlich spricht, seine Urteile über die Juden allen Antisemitismus an Schärfe weit hinter sich lassen». «Sein Anti-Christentum ist vornehmlich antisemitisch bestimmt.»[250]

Wie Hitler sieht Nietzsche im Christentum eine Konsequenz des Judentums. Im Nachlass von 1884 heißt es: «Man muss ein Ende machen mit dem Christentum – es ist die größte Lästerung auf Erde und Erdenleben, die es bisher gegeben hat – man muss missratenen Menschen und Völkern das Maul stopfen.»[251] Das sind ungeheuerliche Sätze; man soll da nichts glätten oder relativieren. Nietzsche wird deswegen nicht zum Verbrecher und Wegbereiter menschenverachtender Barbarei, wie Ernst Sandvoss meint. Nur wäre es naiv, im Übrigen auch intellektuell unredlich, die Vielzahl der Parallelen zu übersehen, die sich zwischen Aussagen Hitlers (etwa Hermann Rauschning gegenüber oder in seinen Monologen im Führerhauptquartier) und Nietzsches, insbesondere zum Thema Christentum, aufzeigen lassen. Zuweilen wirkt das, was Hitler sagt, wie vulgarisierter Nietzsche, wie Nietzsche «auf der Stufe der Verhunzung». Dazu einige Beispiele aus den «Tischgesprächen»:

«Wir haben nur das Unglück, eine Religion zu besitzen, welche die Freude am Schönen ertötet. Ein gewisses evangelisches Muckertum ist da noch schlimmer als die katholische Kirche.» (1.12.1941)[252]

«Christus war ein Arier. Aber Paulus hat seine Lehre benutzt, die Unterwelt zu mobilisieren und einen Vor-Bolschewismus zu organisieren. Mit dessen Einbruch geht die schöne Klarheit der antiken Welt verloren.» (13.12.1941)[253]

«Durch das Christentum ist Rom gebrochen worden, nicht durch Germanen und Hunnen. / Was der Bolschewismus auf materialistisch-technischer Grundlage in Szene setzt, hat das Christentum auf theoretisch-metaphysischer Grundlage vollbracht. / Wenn die Krone den Thron wackeln sieht, greift sie nach der Unterstützung des Mobs. Man täte besser, von Konstantin dem ‹Verräter› und Julian dem ‹Treuen› zu sprechen, statt den einen den ‹Großen› und den anderen den ‹Abtrünnigen› zu nennen. Was das Christentum gegen Julian geschrieben hat, ist dasselbe Wortgeblödel, welches das jüdische Schrifttum über uns ergossen hat, während die Schriften des Julian reine Wahrheiten sind.» (27.1.1942)[254] Usw.

«Energie der Größe» und Anti-Humanismus

Eine der erschreckendsten und beklemmendsten Aussagen Nietzsches findet sich in einem Nachlass-Fragment von 1884:

> « ... – jene ungeheure *Energie der Größe* zu gewinnen, um, durch Züchtung und andererseits durch Vernichtung von Millionen Missratener, den zukünftigen Menschen zu gestalten und *nicht zugrunde* zu gehen an dem Leid, das man *schafft* und dessen Gleichen noch nie da war!»[255]

An zumindest *verbaler* Radikalität übertrifft dies alles, was Hitler jemals geäußert hat. Es fällt schwer, hier nicht an die SS, nicht an Auschwitz und Buchenwald, nicht an die berühmten Worte Himmlers zu denken, in denen er die «Anständigkeit» und selbstüberwindende Härte der SS-Männer bei ihren Mordaktionen rühmend hervorhebt. Die zitierte Äußerung Nietzsches ist in Ansehung dessen, was konkret an Unsagbarem geschah, an Terror und Leid und Mord, kaum erträgbar; und doch bleibt die unauslotbare Frage nach der Legitimität, derartige Sätze überhaupt in einen Wirkungszusammenhang zu bringen mit dem, was unter Hitler an Verbrechen begangen wurde, zumal einige der radikalsten Äußerungen gerade im Nachlass auftauchen und von Nietzsche gar nicht zur Veröffentlichung bestimmt waren. Die Dimensionalität vieler Nietzsche-Aussagen ist nur aus dem Mythos heraus zu verstehen, aus den archetypischen Formungsenergien, wobei unverkennbar ist, dass diese bei Nietzsche nicht selten Pervertierungen und Verzerrungen unterliegen, die bereits bei Richard Wagner zu beobachten sind und im Nationalsozialismus schauerlich kulminieren. Die angedeutete Materialisierung des Mythos im Sinne biologistischer Bestrebungen wird schon bei Nietzsche deutlich, wiewohl *noch* in der Balance schöpferischer Genialität stehend. Erst die Verselbständigung der verunreinigten Ströme des Mythischen, ihre Loslösung von dem schöpferischen Kraftfeld eines Wagner oder eines Nietzsche, bricht die letzten Dämme und eröffnet dem barbarischen Vulgär-Mythos ein schlimmes Wirkungsfeld.

Nietzsche war erfüllt von der Frage nach Wesen und Ursprung menschlicher Größe. Im Nachlass von 1885 heißt es: «Mein Augenmerk darauf, an welchen Punkten der Geschichte die großen Menschen her vorspringen.»[256] Und: «Einem, dem daran gelegen ist, unter welchen Bedingungen die Pflanze ‹Mensch› am kräftigsten in die Höhe wächst, einem solchermaßen Beschäftigten ist das Erscheinen einer neuen politischen Macht, falls sie nicht auf einen Gedanken sich stellt, noch kein Ereignis: ER hat kaum Zeit, näher hinzusehn.»[257] Nietzsche und Hitler ging es um Rangordnungen, um die Arterhöhung des Typus Mensch, um eine antidemokratische, aristokratische Gesellschaftsordnung im Sinne der Herrschaft der Stärksten, Verantwortlichsten, Umfassendsten, der «Künstler-Tyrannen», wie Nietzsche, oder «Führergesetzgeber», wie Hitler sagt. Beide waren zukunftsbesessen, fanatisch erfüllt von der Idee, den neuen Menschen zu schaffen, zu erzwingen, zu züchten, selbst wenn dabei unzählige Menschen zugrunde gehen. Nietzsche schreibt:

1884: «Der bisherige Mensch – gleichsam ein Embryo des Menschen der Zukunft – *alle* gestaltenden Kräfte, die auf *diesen* hinzielen, sind in ihm: Und weil sie ungeheuer sind, so entsteht für das jetzige Individuum, *je mehr es zukunftsbestimmend* ist, *Leiden.*»[258]

1885: «Die Rangordnung durchgeführt in einem System der Erdregierung: die Herrn der Erde zuletzt, eine neue herrschende Kaste. Aus ihnen hier und da entspringend, ganz epikurischer Gott, der Übermensch, der Verklärer des Daseins ... »[259]

Und: «(... Führer, Herden und Isolierte. Die Versucher. / Vollständige Menschen und Bruchstücke. / Geratene und Missratene. (...) Die Erde jetzt als Marmor-Werkstätte daliegend: Es ist eine *herrschende Rasse nötig,* mit unbedingter Gewalt.»[260]

In Parenthese sei hier erwähnt, dass Nietzsche das Wort Rasse ähnlich vage und undifferenziert verwendet wie Hitler. Rasse kann bei Nietzsche soviel bedeuten wie: Volk, Typus, Kaste, Menschengruppe, Rasse im biologisch-physiologischen Sinne, Stand, soziale Schicht usw. Bei Hitler sind Rasse und Volk fast austauschbare Begriffe.

Hitler schreibt in «Mein Kampf» (und *diese* Sätze, wären sie in einem Nietzsche-Nachlassband enthalten, würden niemanden verwundern): «Wir alle ahnen, dass in ferner Zukunft Probleme an den Menschen herantreten können, zu deren Bewältigung nur eine höchste Rasse als Herrenvolk, gestützt auf die Mittel und Möglichkeiten eines ganzen Erdballs, berufen sein wird.»[261] Nietzsche und Hitler fühlten sich berufen, eine «Herrenrasse» als planetarische Aristokratie vorzubereiten, zu schaffen. In «Mein Kampf» heißt es:

«Eine Weltanschauung, die sich bestrebt, unter Ablehnung des demokratischen Massengedankens, dem besten Volk, als den höchsten Menschen, diese Erde zu geben, *muss* logischerweise auch innerhalb dieses Volkes wieder dem gleichen aristokratischen Prinzip gehorchen und den besten Köpfen die Führung und den höchsten Einfluss im betreffenden Volke sichern. Damit baut sie nicht auf dem Gedanken der Majorität, sondern auf dem der Persönlichkeit auf.»[262] (Diese Sätze werden von Hitler besonders hervorgehoben, sie erscheinen in Sperrdruck.)

Die folgende Bemerkung aus «Mein Kampf» konnte mit nur geringen Veränderungen – auch von Nietzsche stammen:

«Sein (des Juden) Endziel in diesem Stadium ist der Sieg der Demokratie oder, wie er es versteht: die Herrschaft des Parlamentarismus. Sie entspricht am meisten seinen Bedürfnissen; schaltet sie doch die Persönlichkeit aus – und setzt an ihre Stelle die Majorität der Dummheit, Unfähigkeit und nicht zum Letzten der Feigheit.»[263]

Dem aristokratisch-elitären Grundgefühl korrespondiert die Verächtlichmachung der Humanität und der Menschenrechte. Nietzsche schreibt (1884):

«Die allermeisten Menschen sind ohne Recht zum Dasein, sondern ein Unglück für die höheren: Ich gebe den *Missratenen* noch nicht das Recht. Es gibt auch missratene Völker. / Die alberne ‹Humanität›! Gegen die Tiere gerechnet, mag sich der Mensch als Mensch bei ‹Seines-Gleichen› fühlen. Aber als Mensch vor Menschen.»[264]

Ähnliche Äußerungen finden sich auch bei Hitler, der wiederholt die bürgerliche Humanitätsvorstellung verspottete. Die Ablehnung der Humanität erfolgt bei Nietzsche und Hitler, wie auch bei Hanns Hörbiger, unter Hinweis auf die aristokratische Grundordnung der Natur, des Kosmos. In «Mein Kampf» hebt Hitler hervor, dass die Lehre von der Gleichheit aller Menschen und Rassen «als Grundlage des Universums zum Ende jeder gedanklich für Menschen fasslichen Ordnung führen» würde.

«Und so wie in diesem größten erkennbaren Organismus nur Chaos das Ergebnis der Anwendung eines solches Gesetzes sein könnte, so auf der Erde für die Bewohner dieses Sternes nur ihr eigener Untergang.»[265]

Der Gedankengang ist *in sich* konsequent und widerspruchsfrei, womit über seinen Realitätsbezug nichts ausgesagt ist.

Nach Hitler ist die Idee der Demokratie und der Gleichheit ein Prinzip des Chaos und damit gegen die kosmische Ordnung gerichtet. Auch Nietzsche begründet die von ihm geforderte Vernatürlichung des Menschen mit dem im Kosmos herrschenden Willen zur Macht und den Entwicklungsgesetzen der organischen Welt. In «Jenseits von Gut und Böse» heißt es unmissverständlich:

«Leben selbst ist *wesentlich* Aneignung, Verletzung, Überwältigung des Fremden und Schwächeren, Unterdrückung, Härte, Aufzwingung eigner Formen, Einverleibung und mindestens, mildestens, Ausbeutung – aber wozu sollte man immer gerade solche Worte gebrauchen, denen von alters her eine verleumderische Absicht eingeprägt ist? (...) Man schwärmt jetzt überall, unter wissenschaftlichen Verkleidungen sogar, von kommenden Zuständen der Gesellschaft, denen ‹der ausbeuterische Charakter› abgehen soll: – Das klingt in meinen Ohren, als ob man ein Leben zu erfinden verspräche, welches sich aller organischen Funktionen enthielte. Die ‹Ausbeutung› gehört nicht einer verderbten oder unvollkommnen und primitiven Gesellschaft an: Sie gehört ins *Wesen* des Lebendigen, als organische Grundfunktion, sie ist eine Folge des eigentlichen Willens zur Macht, der eben der Wille des Lebens ist.»[266]

So dachte und empfand auch Hitler, aber nicht nur er, sondern erhebliche Teile der deutschen Intelligenz seiner Generation. In dem Rundfunkdialog «Können Dichter die Welt ändern?» von 1930 beispielsweise äußert sich Gottfried Benn ganz im Nietzscheschen Sinne.

Ich habe an anderer Stelle von dem «Vulgär-Pantheismus» Hitlers gesprochen (und die Bewunderung für den neuplatonischen Pantheismus des Kaiser-Philosophen Julian dürfte damit zusammenhängen), der dem Haeckelschen Monismus nahekommt, auch von der zentralen Bedeutung der esoterisch-magischen Religiosität Hitlers, die mit biologistisch-darwinistischen Elementen vermischt ist. Das lässt sich im einzelnen oft schwer auseinanderhalten. Die Hitlersche Weltanschauung zwingt «ismaelitisches Führerprinzip» und darwinistischen Materialismus zusammen. In «Mein Kampf» heißt es – und hier vermengen sich Darwinismus und Nietzsche-Erbe:

«Der Stärkere hat zu herrschen und sich nicht mit dem Schwächeren zu verschmelzen, um so die eigene Größe zu opfern. Nur der geborene Schwächling kann dies als grausam empfinden, dafür aber ist er auch nur ein schwacher und beschränkter Mensch; denn würde dieses Gesetz nicht herrschen, wäre ja jede vorstellbare Höherentwicklung aller organischer Lebewesen undenkbar.»[267]

«Natur» wird nachgerade zum Zauberwort für ein kosmisch fundiertes Ordnungsprinzip, wie sich aus einer Fülle von nationalsozialistischen Verlautbarungen ablesen lässt. Dagegen wird «die sogenannte Humanität», wie Hitler einmal sagt, zum «Ausdruck von Dummheit, Feigheit und eingebildetem Besserwissen».[268] «Ein Wesen trinkt das Blut des anderen. Indem das eine stirbt, ernährt sich das andere. Man soll nicht faseln von Humanität.»[269] Was hier durchdringt, ist jene Pervertierung eines antinihilistischen Impulses, wovon wiederholt die Rede war, sowie der schon bei Nietzsche partiell «verborgene» Versuch einer kosmischen Rückbindung, einer Überwindung der abendländisch-christlichen Naturentfremdung. Darin lag die Faszination derartiger Gedankengänge. Um das beklemmende Phänomen des Nationalsozialismus wenigstens näherungsweise zu begreifen, muss man sich stets vergegenwärtigen, wogegen Hitler – auf welcher «Verhunzungsstufe» auch immer – anzugehen, was er zu überwinden trachtete. Entfremdung und mathematisch-technokratischer Nihilismus waren keine Chimäre, keine Phantasmagorie; der Wahnsinn des Nationalsozialismus hatte durchaus Methode, hatte innere Folgerichtigkeit. Was er anbot, war die Hoffnung auf Heilung einer heillosen, dem Nihilismus verfallenden Welt. Die Folgen dieses Heilungsversuches waren verheerend; und die Auswirkungen des mathematisch-technokratischen Nihilismus bedrohen heute das Leben auf dem Planeten. Dies haben einige, unter ihnen Ludwig Klages, vorausgesehen. Wer es ausklammert, beraubt sich jeder Möglichkeit, die Geschehnisse von damals wirklich zu verstehen ...

Der «Künstler-Tyrann» –
die Sehnsucht nach der «großen Politik»

Der «Künstler-Philosoph» Nietzsche und der «Künstler-Politiker» Hitler waren im Innersten Verächter jedweder Politik, sofern diese auf rationalem Interessenausgleich und den Belangen der «Herdentier-Moral» beruht. «Große Politik», wie sie Nietzsche ersehnte, ist nichts anderes als die Vorbereitung zur Erdregierung des «Künstler-Tyrannen» als desjenigen, für den die Erde zur «Marmor-Werkstätte» seines gestalterischen, gesetzgeberischen Willens wird. Die «eigentlichen Philosophen» sind nach Nietzsche «Befehlende und Gesetzgeber»:

«Sie sagen ‹So *soll* es sein!›, sie bestimmen erst das Wohin? und Wozu? des Menschen ... sie greifen mit schöpferischer Hand nach der Zukunft, und alles, was ist und war, wird ihnen dabei zum Mittel, zum Werkzeug, zum Hammer. Ihr ‹Erkennen› ist *Schaffen*, ihr Schaffen ist eine Gesetzgebung, ihr Wille zur Wahrheit ist – *Wille zur Macht*.»[270]

Der Philosoph ist der wertesetzende, werteschaffende Mensch schlechthin; er ist eben damit auch zugleich Künstler, ein Form-Gebender. Hochkulturen entstehen nach Nietzsche (und auch nach Hitler) nur durch «eine furchtbare Tyrannei», die den «Rohstoff von Volk und Halbtier» formend bezwingt.[271]
1885 heißt es in einem Nachlass-Fragment:

«Es naht sich, unabweislich, zögernd, furchtbar wie das Schicksal, die große Aufgabe und Frage: Wie soll die Erde als Ganzes verwaltet werden? Und *wozu* soll ‹der Mensch› als Ganzes – und nicht mehr ein Volk, eine Rasse – gezogen und gezüchtet werden? / Die gesetzgeberischen Moralen sind das Hauptmittel, mit denen man aus den Menschen gestalten kann, was einem schöpferischen und tiefen Willen beliebt: Vorausgesetzt, dass ein solcher Künstler-Wille höchsten Ranges die Gewalt in den Händen hat und seinen schaffenden Willen über lange Zeiträume durchsetzen kann, in Gestalt von Gesetzgebungen, Religionen und Sitten.»[272]

Dass solche «Menschen des großen Schaffens» fehlen, führt Nietzsche auf die dominierende christliche Moral und den Demokratismus zurück, auf die von ihm unermüdlich attackierten «modernen Ideen». Die «Pflanze Mensch» vermöge nur «unter den *umgekehrten* Bedingungen» am kräftigsten emporzuwachsen; die Gefährlichkeit der Lage des Menschen müsse «ins Ungeheure wachsen», «seine Erfindungs- und Vorstellungskraft unter langem Druck und Zwang sich emporkämpfen, sein Lebens-Wille bis zu einem unbedingten Willen zur Macht und zur Übermacht gesteigert werden». Gefordert sei eine Moral, «welche den Menschen ins Hohe statt ins Bequeme und Mittlere züchten will, eine Moral mit der Absicht, eine regierende Kaste zu züchten – die zukünftigen *Herren der Erde*».[273]

Nietzsche übersteigert den spätromantischen Traum vom Künstler-Herrscher, wie er beispielsweise in Bettina von Arnims Bemerkung über Beethoven als «Weltherrscher» («in späterer Vollendung») hervor tritt.[274] Richard Wagners Überzeugung von der weltbeherrschenden und -überwindenden Kraft der Kunst gehört gleichfalls in diesen Zusammenhang. Auch Hitler zehrt von diesem Erbe, das er bis zum Äußersten ausbeutet, besudelt und schließlich in die Zerstörung mitzureißen sucht. Und selbst noch in den Exzessen des Hitlerschen Größenwahns, seiner Megalomanie jedweder Art, ist etwas davon spürbar, weht etwas von mythisch-archetypischer und künstlerischer Geprägtheit, wenn auch in schlimmer Verunstaltung.

Hitler hielt sich für ein Jahrhundert-, ja Jahrtausendgenie, für die geschichtlich einmalige Synthese «von Theoretiker, Organisator und Führer in einer Person», wie es in «Mein Kampf» heißt.[275] Bis 1924 war er der Überzeugung, als Prophet oder «Johannes» eines Größeren zu fungieren, des kommenden deutschen Messias; während der Festungshaft erfolgte jene innere Identifikation mit der Rolle des auserwählten Führers und Heilsbringers des deutschen Volkes, ja der Menschheit. Was dazu geführt hat, ist bis heute verborgen geblieben; und es eröffnet sich ein weites Feld der Mutmaßungen. Bei Nietzsche ist ein analoger Vorgang zu beobachten: Fühlt er sich zunächst als Vorläufer der zukünftigen Philosophen und Herren der Erde, so in den Monaten vor seinem geistigen Zusammenbruch als *der* Philosoph und Gesetzgeber der Menschheit, berufen und befugt zur Weltherrschaft. Noch in der «Genealogie der Moral» (1887) schreibt er:

«Aber irgendwann, in einer stärkeren Zeit, als diese morsche, selbstzweiflerische Gegenwart ist, muss er uns doch kommen, der *erlösende* Mensch der großen Liebe und Verachtung. (...) Dieser Mensch der Zukunft, der uns ebenso vom bisherigen Ideal erlösen wird, als von dem, *was aus ihm wachsen müsste*, vom großen Ekel, vom Willen zum Nichts, vom Nihilismus, dieser Glockenschlag des Mittags und der großen Entscheidung, der den Willen wieder frei macht, der der Erde ihr Ziel und dem Menschen seine Hoffnung zurückgibt, dieser Antichrist und Antinihilist, dieser Besieger Gottes und des Nichts – er muss einst kommen ...»[276]

Man spürt die religiös-prophetische Ekstase dieser Aussage, ihre eschatologische, auf den Großen Mittag gerichtete Dimensionalität. Der große Gesetzgeber und Über-Philosoph soll den christlich-moralischen Gott genauso überwinden wie den nachkopernikanischen Nihilismus der kosmischen Verlorenheit des Menschen – welch eine Aufgabe! Ende 1888 verdichtet sich in Nietzsche die Überzeugung, selbst diese Persönlichkeit zu sein, die er prophetisch verkündet hat (mit dem «Antichrist» hatte er sich schon Jahre vorher identifiziert). Mit der am 30. September 1888 abgeschlossenen Schrift «Der Antichrist», die er seit dem 20. November dieses Jahres als seine (vollständige) «Umwertung aller Werte» bezeichnet, glaubt er, «in zwei Jahren die ganze Erde in Konvulsionen» zu bringen. «Ich bin ein Verhängnis.»[277] Am 26. November schreibt er an seinen alten Freund Paul Deussen: «Mein Leben kommt jetzt auf seine Höhe: Noch ein paar Jahre und die Erde zittert von einem ungeheuren Blitzschlage. Ich schwöre Dir zu, dass ich die Kraft habe, die *Zeitrechnung* zu verändern. Es gibt Nichts, das heute steht, was nicht umfällt, ich bin mehr Dynamit als Mensch.»[278] Am 8. Dezember heißt es in einem Brief an August Strindberg, «Ecce homo» rede «die Sprache eines *Weltregierenden*»![279] Am selben Tag notiert er in einem Briefentwurf: «Es hat nie ein Mensch mehr Recht zur Vernichtung gehabt als ich!»[280] Und in einem Brief an Peter Gast (9.12.1888) schreibt er: «Ich bereite ein Ereignis vor, welches höchst wahrscheinlich die Geschichte in zwei Hälften spaltet, bis zu dem Punkte, dass wir eine neue Zeitrechnung haben werden: von 1888 als Jahr Eins an. (...) Wir werden Kriege haben, wie es keine gibt, aber nicht zwischen Nationen, nicht zwischen Ständen: Alles ist auseinandergesprengt ... »[281] Über den «Antichrist» heißt es: « ... Es ist wirklich ein *Weltgericht* ... *Siegen* wir, so haben wir die Erdregierung in den Händen – den Weltfrieden eingerechnet.»[282]

Das ist die Sprache eines apokalyptischen Visionärs, eines von mythisch-archetypischen Impulsen Besessenen. Nietzsches Größenwahn erreicht seinen Höhepunkt; wenige Wochen später bricht er zusammen ... Wie anders war die Situation Hitlers, der gleichfalls vom Mythos zehrte, dessen Kräfte hemmungslos einsetzte und pervertierte. Ab 1936 beschäftigten ihn Pläne, Berlin zur Welthauptstadt zu machen, «nur mit dem alten Ägypten, Babylon und Rom vergleichbar».[283] Er konzipierte überdimensionale Bauten und Avenuen, Monumente weltherrschaftlicher Größe. Wie Albert Speer berichtet, fand Hitler selbst in Phasen stärkster politischer Aktivität genügend Zeit, sich ausschweifenden Architekturplänen hinzugeben, Grundrisse oder Bauskizzen anzufertigen u. a. Ganz im Sinne von Nietzsches Ideal des «Künstler-Tyrannen» sah er sich als Kulturschöpfer größten Stils. Auf dem Reichsparteitag von 1937 spricht er davon, dass die Werke des Dritten Reiches hineinragen sollen «gleich den Domen unserer Vergangenheit in die Jahrtausende der Zukunft».

«Und wenn Gott die Dichter und Sänger heute vielleicht Kämpfer sein lässt, dann hat er aber den Kämpfern jedenfalls die Baumeister gegeben, die dafür sorgen werden, dass der

Erfolg dieses Kampfes seine unvergängliche Erhärtung findet in den Dokumenten einer einmaligen großen Kunst. Dieser Staat soll nicht eine Macht sein ohne Kultur und keine Kraft ohne Schönheit.»[284]

Und mit Recht hebt Joachim Fest hervor, dass Hitler «künstlerische und politische Normen gleichsetzte».[285] Es ist bekannt, wie kläglich das falsche Heroentum der Nazi-Kunst hinter jenen großen und erhabenen Ansprüchen zurückblieb.

Von der Herrschaftszentrale in Berlin oder vom Obersalzberg aus gedachte Hitler der von ihm unterworfenen Welt die zukunftsträchtigen, von genialem Weitblick zeugenden Gesetze aufzuzwingen. Zu Rauschning soll er gesagt haben:

«In meinen Bauten stelle ich dem Volk meinen zum sichtbaren Zeichen gewordenen Ordnungswillen hin. Von den Bauten überträgt sich der Wille auf den Menschen selbst. (...) Wir schaffen die heiligen Bauten und Wahrzeichen einer neuen Hochkultur. Mit ihnen musste ich beginnen. Mit ihnen präge ich meinem Volk und meiner Zeit den unverwischbaren geistigen Stempel auf.»[286]

Der von Hitler seiner Zeit aufgedrückte Stempel war anderer Art, und doch tut man gut daran, diese Aussagen ernstzunehmen: als Willensbekundungen des «Künstler-Politikers», der sich als Kulturschöpfer verstand. In den «Tischgesprächen» (25./26.1.1942) sagt Hitler einmal:

«Gegen meinen Willen bin ich Politiker geworden. Die Politik ist mir nur ein Mittel zum Zweck. (...) Der soll der schönste

Tag meines Lebens werden, wenn ich aus dem politischen Leben ausscheide und alle die Kümmernisse, die Plage und den Ärger hinter mir lasse. Ich will das tun, sobald ich nach Beendigung des Krieges meine politischen Aufgaben erledigt babe. So fünf bis zehn Jahre mochte ich dann meinen Gedanken nachhängen und sie niederlegen. Kriege kommen und vergehen. Was bleibt, sind einzig die Werte der Kultur. / Daher meine Liebe zur Kunst. Musik, Architektur, sind das nicht Kräfte, die der kommenden Menschheit den Weg weisen?»[287]

Immerhin erstaunliche Sätze eines Mannes, dem die Menschheit den größten aller Kriege ihrer bisherigen Geschichte zu verdanken hat!

Kunst hat für Hitler etwas mit Magie und Macht zu tun. Die von ihm konzipierte Monumentalarchitektur diente der Menschenbeherrschung; auch spiegelt sich hier der Traum aller Diktatoren, die eigene Macht in Stein zu verewigen. Hitler hielt sich für einen prononciert musischen Menschen; seine Ablehnung von Menschen, die er als «amusisch» ansah, ist vielfach belegt. Eine recht erhebliche architektonische Begabung kann ihm nicht abgesprochen werden. Versuche, Hitler auf allen Gebieten das Etikett des Stümpers anzuheften und schon in den Wiener Aquarellen Symptome eines totalen künstlerischen Unvermögens sehen zu wollen, sind unhaltbar, ja unredlich, weil hier zumeist weniger ästhetische als moralische Urteile gefällt werden. Hitler war Ästhet *und* Barbar; und nicht zuletzt Thomas Mann hat auf den Zusammenhang hingewiesen, der zwischen bestimmten Ausdrucksformen des Künstlertums und des Verbrechertums besteht.

Sprachmagie

Mit gewissen Einschränkungen kann auch Nietzsche als nicht zum Zuge gekommener Künstler betrachtet werden, als gescheiterter Musiker. Die Abwendung von Richard Wagner aus Neidkomplexen des sich unterlegen fühlenden Auch-Musikers erklären zu wollen, wie dies zuweilen versucht wurde, heißt allerdings die Problematik verkennen, die hier zutage tritt. Ohne Frage war Nietzsche ein begabter Musiker, wie jeder feststellen kann, der seine Liedkompositionen vorurteilsfrei zur Kenntnis nimmt. Allerdings fehlten ihm tiefergehende Kenntnisse auf musiktheoretischem und kompositionstechnischem Gebiet. Nietzsche verlagerte den musikalischen Formungswillen auf die Ebene der Sprache; auf diese Weise schuf er eine singuläre Klangschönheit mit den Mitteln von Wortwahl und Satzbau. Wenn er einmal den Zarathustra unter die Sinfonien rechnet, so ist dies weniger eine geistreiche Metapher als die Umschreibung seines Versuches, der Sprache mantrisch-magische Qualität zu verleihen. Nietzsche glaubte an den Überredungszauber der von ihm eingesetzten sprachlichen Mittel; und er betrachtete sich mit einigem Recht als den Erben Richard Wagners, dessen «Jünger» er zu sich herüberziehen wollte. Wer die Texte der Musikdramen Wagners liest, fühlt die Unabweisbarkeit ihrer musikalischen Füllung und Beseelung; Wagner dichtet als Musiker, mit Blick auf die spätere Komposition. Die Musikalität der Sprache Nietzsches gibt das Äußerste dessen, was ohne Musik möglich ist; darin liegt ihr unvergleichlicher Reiz. Nietzsche-Texte bedürfen des lauten Lesens, um ihre volle Wirksamkeit zu entfalten.

Auch Hitler glaubte an die magischen Möglichkeiten der Sprache, vor allem des gesprochenen Wortes, der Rede. Hitler wusste, dass Wörter und Sätze Mantras sein können, wenn sie zu einem bestimmten Zeitpunkt, in einer bestimmten psychologischen Situation gesprochen werden, deren exakter Vorbereitung er eingehende Überlegungen widmete. Hitlers letztlich im Magischen wurzelnde Religiosität bestimmt auch seine Sprache, die häufig exaltierte, rauschhaft übersteigerte Sprache des prophetisch Besessenen, der Reden als Massenritual zelebriert, als religiöse oder pseudoreligiöse «Kommunion» zwischen Redner und Zuhörer mit stark sexuellen Komponenten. Hitler war alles andere als ein raffinierter Stilist (wie Nietzsche), aber er besaß die Gabe der suggestiven Vereinfachung, der schlagwortartigen Konzentration auf die einprägsame, massenwirksame Formel. Hitler brutalisiert die Sprache, er raubt ihr jedwede Musikalität. Und doch gibt es gewisse Zusammenhänge zwischen der Sprache des späten Nietzsche und derjenigen Hitlers.

Was bei Nietzsche, insbesondere im Jahre 1888, angelegt ist: eine aggressive, auf Überraschungseffekte abzielende und der zauberischen Suggestion dienende Sprache, ist auch bei Hitler zu beobachten, wenngleich auf erheblich niedrigerem Niveau. Nietzsches «Antichrist» wirkt über weite Strecken hinweg wie ein mit leidenschaftlichem Pathos vorzutragender Redetext. Wenn Nietzsche etwa, um ein Beispiel zu geben, die frühen Christen als «Gewürm» bezeichnet, als «feige, femininische und zuckersüße Bande», oder von ihrer «Mucker-Schleicherei» spricht[288], dann sind dies Töne, denen wir auch bei Hitler begegnen – abzüglich der Geschmeidigkeit und Brillanz des Ausdrucks. Auch Nietzsche – dies lässt sich konstatieren, ohne seine sprachschöpferische Genialität schmälern zu wollen – trägt einen Teil dazu bei, die Sprache zu brutalisieren; er macht dies glanzvoll und mit überwältigender rhetorischer Kraft, aber mit

«Humanität» hat das Ganze schlechterdings nichts mehr zu tun. Im «Gesetz wider das Christentum» vom 30. September 1888 heißt es: «Gegen den Priester hat man nicht Gründe, man hat das Zuchthaus.» Und: «Mit einem Priester an einem Tisch essen stößt aus: Man exkommuniziert sich damit aus der rechtschaffnen Gesellschaft. Der Priester ist *unser* Tschandala – man soll ihn verfemen, aushungern, in jede Art Wüste treiben.»[289] In Hitlers «Tischgesprächen» finden sich ähnliche Formulierungen, reduziert auf den brutalen Aussagekern. Auch an Taten, die diesen Maximen entsprechen, hat es nicht gefehlt.

Von Nietzsche zu Hitler?

Stellen wir noch einmal die Frage: War Nietzsche ein Vorläufer Hitlers? Bevor ein Resümee versucht werden soll, sei der zurückgelegte Argumentationsgang seit dem 3. Kapitel zusammenfassend skizziert: Nach Grundsatzbemerkungen über die Verantwortung des Denkens und die mögliche «Schuld des Geistes» ist das Verhältnis Nietzsche-Hitler in einen bewusstseinsgeschichtlichen Zusammenhang gestellt worden, innerhalb dessen auch die von Nietzsche ausgehenden Impulse als Beeinflussungsfaktoren der Bewusstseinslage der deutschen Intelligenz seit der Jahrhundertwende herausgehoben wurden. (Nicht von ungefähr gehörte Hitler der Generation der Expressionisten an, für die Nietzsche, wie es Gottfried Benn einmal formuliert, «das Erdbeben der Epoche» war.[290]) Wichtige Stationen der Auseinandersetzung mit dem Problem Nietzsche-Nationalsozialismus nach 1945 wurden umrissen, wobei der Arbeit von Ernst Sandvoss, wegen der hierin vorgetragenen eindeutigen Schuldzuweisung, ein besonderer Platz eingeräumt wurde. Im 4. Kapitel habe ich den Versuch unternommen, Thesen zum Rätsel des Bösen zu formulieren und den Zusammenhang mit der Nihilismusproblematik hervorzuheben. Das Böse wurde als Bewusstseinsregression und (mit Schelling) als Verkehrung von Bestimmungsgrößen unserer Existenz definiert. Von dorther ergab sich die Möglichkeit, Eigenarten der Verhunzung und Pervertierung des Mythos durch den Nationalsozialismus verständlich zu machen. Im 5. Kapitel wurde die Mythomanie Nietzsches und Hitlers an zwei zentralen Beispielen verdeutlicht: dem Weltherrscher-Archetypus und dem Mythologem vom Großen Mittag, vom «Dritten Reich», der Zeitenwende eschatologischer Prägung.

Nietzsches und Hitlers Bewunderung für Friedrich II. von Hohenstaufen konnte in dieses Bezugsfeld eingeordnet werden, und mythologisch nachweisbare Verbindungen zwischen dem germanischen Gott Thor und dem Hakenkreuz eröffneten die Möglichkeit, Nietzsches Bemühungen, «mit dem Hammer zu philosophieren», eine neuartige Deutung zu geben. Schließlich wurden zentrale Merkmale des «Künstler-Philosophen» Nietzsche und des «Künstler-Politikers» Hitler zusammengestellt. Dabei ergaben sich vielfältige Parallelen: die mythische, eschatologisch-heilsgeschichtliche Geprägtheit der Vorstellungswelt, der Aristokratismus, die Verachtung der Masse, der Demokratie, der bürgerlich-liberalen Welt, die Übersteigerung des spätromantischen Traums vom weltbeherrschenden Künstler-Tyrannen (der auf Bettina von Arnim zurückgeht), Sendungsbewusstsein, Größenwahn, Erlösungsvisionen ...

War Nietzsche ein Vorläufer Hitlers? Müssen wir ihn nicht, bis zu einem gewissen Grade, «eigentlich» nehmen? Oder ist die

Anwendung moralischer Kriterien auf das Nietzschesche Werk unsinnig, wie uns Thomas Mann glauben machen will?

Dieses Werk, eine der rätselhaftesten, faszinierendsten Erscheinungen der Geistesgeschichte, ist auf verwirrende Weise mehrdeutig, multidimensional; es hat über weite Strecken hinweg Experimentalcharakter; es reißt permanent alle Grenzpfähle des Denkens ein, alle Absicherungen und Einfriedungen. Nietzsche hat viel von dem vorweggenommen, was zu den prägenden geistigen Strömungen und Denkansätzen des 20. Jahrhunderts gehört: Expressionismus, Positivismus, Psychoanalyse, Lebensphilosophie, Fundamentalkritik der Sprache, Nihilismus (als Zerfall aller metaphysischen, moralischen Werte), Anti-Nihilismus (als ekstatische Lebens- und Kosmosbejahung), die energetische Materiekonzeption der modernen Physik ... und eben *auch:* Nationalsozialismus! Die Vielfältigkeit und Breite des Nietzscheschen Werkes birgt naturgemäß die Gefahr der Verselbständigung, der Vergröberung und Vereinfachung einzelner Denkelemente. Nietzsche hat zugleich der deutschen Sprache Ausdrucksmöglichkeiten und -nuancierungen hinzugewonnen, ohne die kein bedeutender Autor des 20. Jahrhunderts denkbar ist. Diesem Zugewinn jedoch korrespondiert die suggestive Formelhaftigkeit, die Nietzsche in die Philosophie eingeführt hat und die bei vielen seiner Bewunderer eher erkenntnisverhindernde Folgen zeitigte. Die Wirkung der Nietzsche-Sprache seit dem Zarathustra ließe sich, mit Einschränkungen, jener Wirkung an die Seite stellen, die durch die Musikdramen Richard Wagners in der Musikgeschichte ausgelöst wurde. Die durch Nietzsche geleistete Mischung von Rauschhaft-Elementarem und intellektueller Brillanz, von expressiver Aufladung und ironischer Verfremdung hat weitergewirkt, ohne dass das Niveau der Nietzscheschen Sprache jemals wieder erreicht worden wäre.

Zweifellos ist die Wirkungsgeschichte Nietzsches nicht zuletzt die Geschichte des Weiterwirkens verselbständigter und vergröberter Gedanken oder Philosopheme. Das Werk Nietzsches enthält unverkennbar präfaschistische Einzelelemente, wobei zu fragen ist, welchen Stellenwert diese im Gefüge des Ganzen einnehmen. Nun sind es keineswegs *nur* willkürlich aus dem Kontext herausgenommene Äußerungen, die Nietzsche als einen pointiert antihumanistischen Denker zeigen, als einen Bewunderer aristokratischen Wesens und kraftstrotzenden Heroentums. Man denke an seine kritiklose Bewunderung Alexanders des Großen, Cesare Borgias oder Napoleons. Dies mag, wie Thomas Mann sagt, der Anti-Idealismus eines extremen Idealisten gewesen sein; aber trägt dies zur «Entlastung» bei (gesetzt, es bedürfe überhaupt einer solchen)? Nietzsche war «nur» Denker, kein Mann der Tat, der konkreten politischen Aktion, nach der er sich gleichwohl sehnt, wie insbesondere das Jahr 1888 zeigt.

Das Element «Hitler» in Nietzsche tritt deutlich genug zutage. Seine Verselbständigung und Herauslösung war angelegt, wenn auch keineswegs zwingend. Und das Element «Hitler» *im deutschen Geist:* Wenige Große haben es unverhüllter offenbart als Nietzsche (und Richard Wagner). *Zugleich* gehört Nietzsche zu den scharfsinnigsten Kritikern der Deutschen und ihrer «Schlagseiten»; seine radikale Deutschenkritik ist stets ein Stück Selbstkritik.

In welchem Grade hier Schuld, schuldhaftes Versagen und moralisch anrechenbare Irrtümer ins Spiel kommen, vermag ich nicht zu entscheiden. Nietzsche vor den Richterstuhl zu zerren und sich anklagend zu empören, erscheint mir wenig sinnvoll, ja illegitim. Er war beileibe kein Präfaschist in dem Sinne, dass seine Philosophie in kausal fassbarer Konsequenz in die Barbarei der Hitler-Diktatur geführt hätte. Nur: Herausgelöst aus dem Gesamtzusammenhang seines Denkens, eindimensional verzerrt und vulgarisiert (und damit eben nicht mehr eigentlich «Nietzschesch»), lassen sich einzelne Aussagen in Beziehung setzen zum Hitlerismus. Sicher gibt es eine Verantwortung und auch eine Schuld des Geistes. Und vielleicht gibt es Gedanken, die gleichsam nie gedacht werden dürfen, wenn man Geist überhaupt nach seiner gesellschaftlichen Funktion und humanen Wertigkeit befragt.

Nietzsche war ein genialer Experimentator des Denkens, zugleich ein Befürworter gesellschaftlich-kultureller Großversuche, bei denen der mögliche Tod von Millionen von Menschen «mitgedacht» ist. In diesem Sinne ist der Nationalsozialismus einmal als ein «Nietzschesches Experiment» bezeichnet worden.[291] Nietzsche war nicht zurückhaltend in seinen Formulierungen, wenn es um jenes übermoralische Heroentum geht, dessen Durchsetzung auch das Geopfertwerden von Unzähligen einschließt. Exaltierte Träume eines Einsamen, der unfähig gewesen wäre, einem anderen Menschen wissentlich und willentlich schweres Leid zuzufügen? Der Aufstand des Geistes gegen sich selbst? «Denker Nietzsche – Täter Hitler»? Nicht im Sinne einer historisch kausal eindeutig verifizierbaren und fassbaren Vorläuferschaft. Wohl aber im Sinne eines geistesgeschichtlichen und psychologischen Wirkungszusammenhangs, dessen Grundlinien hier aufgezeigt wurden und der uns heute, stärker als je zuvor, angeht. Nietzsches Bedeutung sinkt nicht, sondern sie wächst ständig; und das gilt nicht nur für Nietzsches Vision der

Erdregierung ...

Kapitel 7

Von Monsalvat zum Obersalzberg?

Bayreuth, Nietzsche
und das Dritte Reich

«*Aus Parsifal baue ich mir meine Religion.*»

Hitler, 1936 [292]

«*Der Parsifal wird in der Kunst der Verführung ewig seinen Rang behalten, als der **Geniestreich** der Verführung.*»

Nietzsche, 1888 [293]

Wagnerianer Hitler

Im «Ecce homo» schreibt Nietzsche: « ... und damit ich kein Wort zu wenig sage, sage ich, dass Richard Wagner der mir bei weitem verwandteste Mann war.»[294] Fraglos ist dies eine staunenswerte Aussage, wenn man Nietzsches Fundamental-Abrechnung mit Richard Wagner kurz vor seinem geistigen Zusammenbruch bedenkt («Nietzsche contra Wagner» und «Der Fall Wagner»). Zugleich ist dies einer der Schlüsselsätze zum Verständnis von Nietzsche selbst, der eine Nahtstelle im Verhältnis Nietzsche-Hitler berührt.

Für beide, Nietzsche und Hitler, war Richard Wagner *das* künstlerische Initiationserlebnis schlechthin, die herausfordernde Begegnung mit dem Phänomen Genie (in seiner spätromantischen Ausprägung). Beide haben der Wagnerschen Kunst richtungsweisende Impulse zu verdanken und nicht nur ihre Verehrung für den Bayreuther Meister bekundet, sondern sich ihm zugleich zutiefst verwandt gefühlt. Hitler hat sich phasenweise geradezu mit Wagner identifiziert. Und im Letzten kann man weder Nietzsche noch Hitler begreifen, ohne sich jener prägenden und initiierenden Impulse bewusst zu werden, die beide durch Richard Wagner empfangen haben. Das viel kritisierte Thomas Mann-Wort vom «Bruder Hitler», von der peinlich empfundenen Verwandtschaft des Künstlers mit dem Auch-Künstler, dem verhunzten Genie Hitler, findet gerade hier sei ne Bestätigung – eine Bestätigung, die gleichwohl schmerzlich berührt, die betroffen macht und, einmal als solche erkannt, ein quälendes Problem bleibt, ein spezifisch deutsches überdies.

Hitler war Wagnerianer – daran kann kein Zweifel bestehen. Wagner gehört nicht nur zu den «ideologischen Schlüsselfiguren seiner Formationsjahre» in Wien[295], sondern er hat die Hitlersche Denk- und Vorstellungswelt auch in späteren Jahren maßgeblich mitbestimmt. Man kennt die zentrale Bedeutung der Bayreuther Festspiele für das Kulturleben des Dritten Reiches, Hitlers freundschaftliche Beziehungen zum Hause Wahnfried, insbesondere zu Winifried Wagner, sowie die starken Impulse, die der Veranstaltungsstil des NS-Regimes durch die Wagnerschen Musikdramen empfangen hat. Hitlers inszenatorischen Fähigkeiten, seine virtuose Beherrschung der Massenpsychologie sowie seine Neigung zu pathetischem Ritual sind ohne Wagner genauso wenig vorstellbar wie seine «eigentlich unpolitische, theatralische Beziehung zur Welt»[296]. Schon als Jugendlicher hat sich Hitler, wie August Kubizek berichtet, «in jene mythische Welt emportragen» lassen, «die für ihn viel wirklicher war als die reale Welt»[297]. Das ist gute deutsche Tradition, und fraglos liegen gerade hier Größe und Tragik des deutschen Geistes verborgen.

Hitler übernahm von Richard Wagner die hybride Übersteigerung des romantischen Geniebegriffs, die Vorstellung von der welterlösenden Kraft der Kunst, insbesondere der Musik, die für ihn mit Schopenhauer das Innerste der Welt zum Ausdruck brachte. Richard Wagner schreibt im Jahre 1851:

« ... ich widerstehe nicht da, wo ich selbst als Künstler zur schaffenden Vernichtung der modernen Welt mittätig bin. Fragt ihr daher, unter welcher Benennung ihr das fassen wollt, was ich bin, so sage ich: Ich bin weder Republikaner, noch Demokrat, noch Sozialist, noch Kommunist, sondern – künstlerischer Mensch, und als solcher überall, wohin mein Blick, mein Wunsch und mein Wille sich erstreckt, durch und durch Revolutionär, Zerstörer des Alten im Schaffen des Neuen!»[298]

In *diesem* Sinne sah sich auch Adolf Hitler als Revolutionär und Künstler, mit gewissen Einschränkungen auch Friedrich Nietzsche. An der «schaffenden Vernichtung der modernen Welt mittätig» zu sein – das gehörte zum zentralen Anliegen dieser drei Persönlichkeiten. Und was Peter Wapnewski über Wagner schreibt, könnte einschränkungslos auch auf Nietzsche und Hitler übertragen werden: «Es ist in Wagner eine herostratische, eine neronische Energie aufs Gewaltigste wirksam, Zerstörung und Selbstzerstörung erstrebend und auf magisch-religiöse Weise eben diesen Auflösungsprozess als Garantie für eine Neugeburt begreifend: Götterdämmerung.»[299] Dies hat mit Humanität im abendländisch-christlichen Sinne wahrlich nichts mehr zu tun, und man kann Wagner und Nietzsche auch bei bestem Bemühen nicht zu Humanisten umfälschen. Das Wagnersche Revolutionsideal hat mit demjenigen bürgerlicher oder sozialistischer Provenienz nichts gemein. Was Wagner wollte, war die dichterisch-musikalische Formung des Mythos; nur der Mythos schien ihm geeignet, die moderne Welt zu vernichten und schöpferisch zu überwinden. Hitlers Bemühungen, Politik umfassend zu ästhetisieren, d. h. als grandioses Schauspiel, ja als Ritus vorzuführen, gehen auf die Wagnersche Kunstphilosophie zurück.

Hat Hitler Wagner missverstanden? Hat er ihn überhaupt verstanden? War er befähigt (und eine ähnliche Frage habe ich schon einmal mit Blick auf Nietzsche gestellt), eine so komplexe und rätselhafte Künstlerpersönlichkeit angemessen zu würdigen? Die Beantwortung dieser Fragen ist schwieriger, als es auf den ersten Blick erscheint. Sicher kann man sagen, und man *hat* dies auch nach 1945 häufig gesagt, dass der Wagner in der Vorstellungswelt Hitlers mit dem eigentlichen Wagner nichts zu tun hat, dass Hitler einem Phantom, einem Zerrgebilde seiner pathologischen Phantasie angehangen habe. Schon Nietzsche schreibt im «Fall Wagner» von 1888:

> «Dass man sich in Deutschland über Wagner betrügt, be-fremdet mich nicht. Das Gegenteil würde mich befremden. Die Deutschen haben sich einen Wagner zurecht gemacht, den sie verehren können: Sie waren noch nie Psychologen, sie sind damit dankbar, dass sie missverstehn.»[300]

Und im «Ecce homo» heißt es im Rückblick auf die ersten Bayreuther Festspiele von 1876:

> «Man hatte Wagner ins Deutsche übersetzt! Der Wagnerianer war Herr über Wagner geworden! – Die *deutsche* Kunst! der *deutsche* Meister! das *deutsche* Bier! ... Wir andern, die wir nur zu gut wissen, zu was für raffinierten Artisten, zu welchem Kosmopolitismus des Geschmacks Wagners Kunst allein redet, waren außer uns, Wagnern mit deutschen ‹Tugenden› behängt wiederzufinden.»[301]

Steht Hitler in der Tradition dieses hier von Nietzsche angesprochenen «deutschen» Missverständnisses? Es ist schwer, hier mit einem eindeutigen Ja oder Nein zu antworten. Gerade den antihumanistischen Revolutionär Wagner hat Hitler vielleicht «tiefer» verstanden als viele andere. Sicher haben die Nationalsozialisten Wagner «mit deutschen ‹Tugenden› behängt», und Hitler hat hieran erheblichen Anteil, nur dachte Hitler in anderen Dimensionen als denen des herkömmlichen Nationalismus, und er begriff, dass der Wagnersche Antisemitismus aufs Engste verknüpft war mit der von Wagner verkündeten Kunstreligion. Schon 1850 (in: «Das Judentum in der Musik») hatte Wagner den Juden zugerufen: «Nehmt rückhaltslos an diesem selbstvernichtenden blutigen Kampfe teil, so sind wir einig und untrennbar! Aber bedenkt, dass nur Eines Eure Erlösung von dem auf Euch lastenden Fluche sein kann, die Erlösung Ahasvers: Der Untergang.» (Fassung des Erstdrucks)[302]

Erlösung und Vernichtung sind bei Wagner eng zusammengehörige Begriffe: Nur über die Vernichtung des Bestehenden bzw. dessen Untergang kann eine Neuordnung, eine «Neuschöpfung» der Welt stattfinden. Wagners manische Fixiertheit auf den so verstandenen Erlösungsgedanken ist archetypischen Ursprungs; hier gilt Analoges für Nietzsche und Hitler. Der schroffen Polemik gegen den christlichen Erlösungsbegriff ungeachtet, erwartete Nietzsche selbst eine Art «Erlöser» (den «erlösenden Menschen der Zukunft») und glaubte schließlich – wie Hitler – dieser selbst zu sein. Wagner, Nietzsche und Hitler hielten die Juden für «das verhängnisvollste Volk der Weltgeschichte»; und ihre jeweilige Erlösungsvorstellung ist eng gebunden an die Umwertung bzw. Zerschlagung der durch das Judentum in die Weltgeschichte eingebrachten Werte. Wagner weist schon gelegentlich auf die physische Vernichtung von Juden hin, während sich Nietzsches Äußerungen zur physischen Vernichtung zumeist allgemein auf «absterbende und verfallende Rassen» beziehen.[303]

Machen wir uns zunächst klar, was Hitler (über den Antisemitismus hinaus) an Wagner zu verstehen, was er als wesensverwandt zu erkennen glaubte. Dies ist nicht darstellbar ohne die Skizzierung einiger Merkmale der Wagnerschen Kunst. Es gilt zu begreifen, in welchem Grade auch Nietzsche, trotz seiner schroffen Abwendung von dem einstigen Freund seit 1876, in einer Schicht seines Bewusstseins und seines schöpferischen Wirkens als Wagnerianer, inwieweit er als Wagner-Erbe anzusehen ist. Von dorther wird sich eine neue Verständnisebene für das Verhältnis Nietzsche-Hitler eröffnen.

Der «größte Schauspieler Europas»?

Hitler bezeichnete sich selbst einmal als «den größten Schauspieler Europas»[304], und sicher witterte er in Richard Wagner einen ihm hierin Nächstverwandten, dessen künstlerisches Schauspielertum Nietzsche genial analysiert und beschrieben hat. Der Schauspieler weiß um die Bedeutung des Scheins, der Wirkung, der Maske; und aus einer Vielzahl von Äußerungen und Verhaltensweisen Hitlers ist abzulesen, wie peinlich er darauf bedacht war, jedwede menschliche «Normalität» in der Öffentlichkeit abzustreifen, wie sehr er, konzentriert und verkrampft, an die seit 1924 als Erwähltsein begriffene Führer-Rolle gebunden war. Hitler hatte ein sicheres Gespür dafür, wie etwas *wirkt* (ungeachtet dessen, wie es *ist)*, wie er selbst wirkte und wirken musste, um erfolgreich zu sein. In der Öffentlichkeit war er stets «auf der Bühne»; er fühlte sich unter dem Zwang, erfolgreich zu sein, mitzureißen, zu begeistern, umzuwerfen, zu fanatisieren. Dennoch wäre es verfehlt, das Individuum Hitler gänzlich im Rollenspiel aufgehen zu lassen, ihm gänzlich die Substanz abzusprechen, wie dies häufig geschehen ist. Zwar lässt sich nicht mit Bestimmtheit sagen, bis in welche Schichten der Seele hinab die «Theaterexistenz» reichte, an welchem Punkt Hitler selbst – als individuelles Ich – begann. Jeder Psychologe weiß um die komplizierten und subtilen Formen des Selbstbetruges, der Selbstbelügung. Es gibt Menschen, die zeit ihres Lebens vor sich selbst Theater spielen, die allenfalls in existentiellen Grenzsituationen «aus der Rolle» zu fallen vermögen. Man macht es sich zu einfach, wenn man Hitler für einen Scharlatan und Betrüger hält. Auf dem Grunde seines Innern, gleichsam an der Schwelle zu den Archetypen, war er erfüllt von einem Berufungsglauben esoterisch-islamischer Prägung, von einem nicht erschütterbaren Missionsbewusstsein. Hier spielt er keine Rolle, hier war er «er selbst».

Zum künstlerischen Schauspielertum Richard Wagners schreibt Nietzsche:

«Ich habe erklärt, wohin Wagner gehört – *nicht* in die Geschichte der Musik. Was bedeutet er trotzdem in deren Geschichte? *Die Heraufkunft des Schauspielers in der Musik:* Ein kapitales Ereignis, das zu denken, das vielleicht auch zu fürchten gibt. (...) Der große Erfolg, der Massen-Erfolg ist nicht mehr auf Seite der Echten, man muss Schauspieler sein, ihn zu haben! (...) Nur der Schauspieler weckt noch die *große* Begeisterung.»[305]

Wagner wirft um, er zwingt in die Knie, er lässt dem Zuschauer/Zuhörer keine Atempause, keine Freiheit; er will ihm seinen Willen aufzwingen, ihn zum Wagnerianer machen. «Man kann nicht zween Herren dienen, wenn der Eine Wagner heißt.» (Nietzsche)[306] Wagners Kunst ist zu einem Gutteil Überwältigungs-, Überredungs- und Suggestionskunst. Sein psychologisches Raffinement – Ausdruck seiner künstlerischen Klugheit und seiner Modernität – kennt kaum seinesgleichen. Wagner, sagt Nietzsche, sei «der *moderne Künstler* par excellence, der Cagliostro der Modernität». «In seiner Kunst ist auf die verführerischste Art gemischt, was heute alle Welt am nötigsten hat, die drei großen Stimulantia der Erschöpften, das *Brutale*, das *Künstliche* und das *Unschuldige* (Idiotische).»[307] Auch Hitler hat es in einem beklemmenden Grade vermocht, diese drei «Stimulantia» als Mittel seiner Propaganda einzusetzen, wobei der Mischung aus Brutalität und Ästhetik ein besonderer Stellenwert zukam. Der wohl größte und erfolgreichste Praktiker der Massenpsychologie des 20. Jahrhunderts war wie sein Idol Richard Wagner ein «Meister der hypnotischen Griffe»[308], ein Meister darin, sein Gegenüber – sowohl den Einzelnen als auch die Masse – zur Kapitulation zu zwingen, es psychisch zu zermürben.

«Rhythmen der Vorwelt»

In den «Tischgesprächen» sagt Hitler einmal über Richard Wagner den bezeichnenden Satz: «Wenn ich Wagner höre, ist mir, als seien das Rhythmen der Vorwelt.»[309] Die Äußerung ist nur aus ihrem Kontext heraus zu verstehen; sie fällt im Zusammenhang mit Überlegungen zur Hörbigerschen Welteislehre. «Vorwelt» bezieht sich hier auf die atlantische Kultur vor dem Einfall des letzten Mondes, meint also keineswegs eine frühgeschichtlich-archaische Zeit im Sinne heutiger Geschichtsauffassung. Als Hörbiger-Anhänger war Hitler gerade von der kulturellen Höherwertigkeit der Weltkultur vor der letzten Mondkatastrophe überzeugt. Die Musik Richard Wagners bereitet nach Hitler die bevorstehende Weltwende und Menschheitsmutation vor, die Wiedergeburt des «Gottmenschen». Dies muss man wissen, um Hitlers Glaube an die revolutionäre, ja kosmische Kraft der Wagnerschen Musik zu begreifen.

Hitler gehörte nicht zur Gruppe der bloß rezeptiven Wagnerianer, vielmehr verband er Bewunderung und Hingabe an den Meister mit einem schlauen Gespür für die spezifische Machart der großen Theaterszene, für ihre politisch-massenpsychologische Auswertung. Man hat zuweilen darüber gespottet, dass Hitler z. B. «Tristan und Isolde» über hundertmal gehört hat. Ist dies ein Zeichen besonderer Unreife? Dann müsste man diese auch Thomas Mann attestieren, was aber – aus naheliegenden Gründen – nicht geschieht. Hitler war einer der größten Verbrecher der Menschheitsgeschichte; war er *deswegen* außerstande, die Kunst Wagners wirklich in sich aufzunehmen, sie in ihrer Größe und Spannweite zu verstehen? Hier ist allergrößte Vorsicht angebracht. Bekanntlich sind Kunst und Moral alles andere als deckungsgleiche Größen. Thomas Mann schreibt in den «Betrachtungen eines Unpolitischen»:

«Nie wird Kunst im politischen Sinn moralisch, nie tugendhaft sein; nie wird der Fortschritt sich auf sie verlassen können. Sie hat einen unzuverlässigen, verräterischen Grundhang; ihr Entzücken an skandalöser Anti-Vernunft, ihre Neigung zu Schönheit schaffender ‹Barbarei› ist unaustilgbar, ja, man möge diese Neigung hysterisch, widergeistig, unmoralisch bis zur Weltgefährlichkeit nennen: sie ist eine unsterbliche Tatsache ... »[310]

Im Übrigen sei in diesem Zusammenhang auf die Äußerungen Winifried Wagners in dem Syberberg-Film von 1977 verwiesen, welche viele entsetzt und abgestoßen haben, denen aber Ehrlichkeit und Authentizität nicht abgesprochen werden können. Hitler war einer der besten Kenner des Wagnerschen Werkes einschließlich der theoretischen Schriften; dies kann nicht ernsthaft angezweifelt werden. Auch der Hitlersche Antisemitismus hat seine stärksten Impulse durch Richard Wagner empfangen. Joachim Fest schreibt, Hitler habe sich «irrtümlicherweise ... für einen Liebhaber der Musik» gehalten, die ihm «in Wahrheit» wenig bedeutet hätte. «Denn, strenggenommen, bedeutete ihm die Musik nicht viel mehr als ein überaus wirkungsvolles akustisches Mittel zur Steigerung theatralischer Effekte.»[311] Diese Behauptung lässt sich *so* in keiner Weise verifizieren; sie umschreibt bestenfalls eine Teilwahrheit. Eine andere Frage – und hier gerade die entscheidende – ist, welcher ästhetisch-kompositorische Wert der Wagner-Musik *als Musik*, also losgelöst vom musikdramatischen Rahmen, beigemessen werden kann. Nun widerspricht diese Loslösung dem Wesen der Wagnerschen Kunst; sie ist unredlich, ja unsinnig, da sie die dichterisch-musikalische *Einheit* des «Gesamtkunstwerks» zerstört. Und schon aus diesem Grunde kann Wagner nicht einfach als ein Opernkomponist betrachtet werden, der, gleichsam als Beigabe, auch seine eigenen Libretti geschrieben hat. Die zitierte Bemerkung J. Fests läuft auf eine Trennung von Musik und Theater hinaus und enthält eine versteckte Wertung, die weniger Hitler im besonderen als den Wagnerianer überhaupt betrifft. Und sicher ist es kein Zufall, dass viele Wagnerianer kein differenziertes Sensorium für die sogenannte absolute Musik haben.

Der «Fall Wagner» als «Fall Nietzsche»

Bevor ich fortfahre, sei das zu Beginn dieses Kapitels Angedeutete noch einmal ins Bewusstsein gerückt und ergänzt. Der «Fall Wagner», den Nietzsche nicht erst 1888 zu diagnostizieren versuchte, war zugleich (und nicht zuletzt) der «Fall Nietzsche». Nietzsche wusste sehr genau, warum er Wagner als den ihm «bei Weitem verwandtesten Mann» bezeichnete. Von Hitler kennen wir ähnliche Aussagen. Wesentliche Aspekte der Persönlichkeit Nietzsches, aber auch Hitlers, bleiben ohne die prägenden, die im eigentlichen Sinne initiierenden Impulse jenes großen Theatralikers der Musik unverständlich. Hier soll versucht werden, über die Herausarbeitung von psychologischen und geistigen Zusammenhängen hinaus, die Wagner-Kritik Nietzsches nicht nur als Selbstkritik zu begreifen, sondern gleichermaßen als Kritik der gefährlichen «Schlagseite» des deutschen Geistes, aus der heraus der Nationalsozialismus erwachsen konnte: Der Fall Wagner – eine Fallstudie deutscher Neurosen, zudem ein Produkt der unvergleichlichen Fähigkeit Nietzsches zur Selbstanalyse und Selbstüberwindung. Die schonungslose Aufdeckung des Elements «Wagner» in Nietzsche ist zugleich, auf seltsam prophetische Weise, eine Entlarvung spezifisch Hitlerscher Neurosen, die denen Nietzsches und Wagners korrespondieren. Der Fall Wagner als – vorweggenommener – Fall des Wagnerianers Hitler ... So haben wir der psychologischen Vivisektion Nietzsches gleichsam die präziseste Analyse des Hitler-Syndroms im deutschen Geist zu verdanken.

Über Richard Wagner ist mehr geschrieben worden als über jede andere Figur der Musik- und Literaturgeschichte; die Auseinandersetzung mit Wesen und Wirkung seiner Kunst ist von ungebrochener Aktualität. Seine Musikdramen haben einen Siegeszug über die Erde angetreten, dem nur derjenige der Mozartschen und Beethovenschen Musik an die Seite zu stellen ist. Die tonalen und harmonischen Neuerungen, etwa im «Tristan» oder im «Parsifal», sind zum Gegenstand eingehender musikwissenschaftlicher Untersuchungen geworden; der Einfluss Wagners auf die moderne Musik ist vielfaltig belegbar. Heftig umstritten ist nach wie vor die Frage der Vorläuferschaft Wagners hinsichtlich des Hitlerismus. Thomas Mann, der sich wie kein anderer Künstler mit dem «Element Hitler» im deutschen Geist und speziell in dem von ihm verehrten Richard Wagner auseinandergesetzt hat, schreibt im Jahre 1940:

«Nationalsozialismus, in all seiner unsäglichen empirischen Gemeinheit, ist die tragische Konsequenz der mythischen Politikfremdheit des deutschen Geistes. (...) Ich finde das nazistische Element nicht nur in Wagners fragwürdiger ‹Literatur›, ich finde es auch in seiner ‹Musik›, in seinem ebenso, wenn auch in einem erhabeneren Sinne, fragwürdigen *Werk* ... Die Begeisterung, die es erzeugt, ... darf nicht vergessen machen, dass dieses Werk ... aus der bürgerlich-humanistischen Epoche auf dieselbe Art und Weise heraustritt wie der Hitlerismus.»[313]

Bestimmte Wirkungen der Wagnerschen Kunst hat Nietzsche als Erster erkannt und präzise beschrieben: dass sie opiatische Effekte hervorzubringen vermag, im eigentlichen Wortsinn bezaubert, ja konkrete physiologische Wirkungen zeitigt, die bis in den Unterleib hineingehen – Wagner als Droge, die einerseits das Individuum zur Selbstaufgabe verführt, was neurotisch-sek-

267

tiererhafte Züge annehmen kann, und die andererseits zu theatralischer Steigerung des Ego einlädt, zu mythischer Weltentfremdung (wie im Falle Hitlers geschehen). Hitler lebte und agierte im Bezugssystem der Wagnerschen Bühnenwelt, zumindest was die Grundimpulse und Prämissen seines Tuns anlangt.

Eine der erstaunlichsten und zugleich «entlarvendsten» Aussagen Wagners zur Wirkungsintention seiner Kunst findet sich in einem Brief an Mathilde Wesendonk:

«(...) Nun denken Sie meine Musik, die mit ihren feinen, feinen, geheimnisvoll-flüssigen Säften durch die subtilsten Poren der Empfindung bis auf das Mark des Lebens eindringt, um dort alles zu überwältigen, was irgendwie Klugheit und selbstbesorgte Erhaltungskraft sich ausnimmt, alles hinwegschwemmt, was zum Wahn der Persönlichkeit gehört, und nur den wunderbar erhabenen Seufzer des Ohnmachtsbekenntnisses übriglässt ... »[314]

Die Auflösung des Individualitatsprinzips, des «Wahns der Persönlichkeit», ist hier nicht nur schopenhauerisch und metaphysisch gedacht, sondern bezeichnet zugleich in erschreckender Präzision die – im Wortsinn – «überwältigende», persönlichkeitszersetzende und drogenähnliche Wirkung, welche die Musik auslösen *soll*. Sie hat dieses Ziel auch bei einer Vielzahl von Menschen erreicht. Der Wagner-Biograph Robert Gutman nennt Wagner einen «Prospero mit Buch und Zauberstab, der zu herrschen suchte über eine Welt niederer Geister»; er habe die Musik dazu benutzt, «um die Sinne zu unterwerfen, um ein Publikum, dem er alle Fragen abgenommen hatte, zu fesseln, zu knebeln, zu belehren … »[315] In einem in der Kunstgeschichte einmaligen Ausmaße hat hier ein Künstler die Wirkungen seines Werkes zu planen vermocht. Wagner setzt die ihm zur Verfügung stehenden Ausdrucks- und Klangmittel souverän und durchaus rational ein, ihrer essentiellen Irrationalität ungeachtet. Wohl deshalb spricht Thomas Mann von der «intellektuellen Magie» der Wagnerschen Klangwelt.[316]

Kalkulierte Ekstase

Adolf Hitler, auch hierin Wagner-Schüler und Wagner-Erbe, war ein ausgepichter Regisseur der rituellen Massenmagie; die psychologischen Bedingungen seiner Redewirkung hat er präzise studiert und planvoll eingesetzt. Gleich Wagner war er darauf bedacht, die «selbst besorgte Erhaltungskraft» der zuhörenden Individuen hinwegzuschwemmen, sie zur Kollektivseele, zur «Masse» zu verschmelzen. Neben das Wagner-Erbe und vielfältig mit ihm verzahnt trat die starke Beeinflussung durch die marxistische Arbeiterbewegung, aus der Hitler nie ein Hehl gemacht hat, und die massenwirksamen Rituale der katholischen Kirche. Hitlers Massenversammlungen brachten Elemente des Marxismus, des Katholizismus und der Wagnerschen Musikdramen zu einer fatalen Synthese. In «Mein Kampf» finden wir aufschlussreiche Grundsatzüberlegungen darüber, wie es dem Redner gelingen kann, ein seinen Worten zunächst widerstrebendes Publikum für sich zu gewinnen: Reden in dieser Situation war für Hitler ein «Ringkampf zweier entgegengesetzer Kräfte»[317], wobei sowohl der Tageszeit als auch den jeweiligen Räumlichkeiten eine große Bedeutung beigemessen wurde. Das Reden am Abend erheblich wirkungsvoller sind als morgens oder mittags, hat Hitler nach einigen Misserfolgen in der Frühzeit der Partei bald begriffen. Er schreibt:

«Morgens und selbst tagsüber scheinen die willensmäßigen Kräfte des Menschen sich noch in höchster Energie gegen den Versuch der Aufzwingung eines fremden Willens und einer fremden Meinung zu sträuben. Abends dagegen unterliegen sie leichter der beherrschenden Kraft eines stärkeren Wollens. (...) Der überragenden Redekunst einer beherrschenden Apostelnatur wird es leichter gelingen, Menschen dem neuen Wollen zu gewinnen, die selbst bereits eine Schwächung ihrer Widerstandskraft in natürlichster Weise erfahren haben, als solche, die noch im Vollbesitz ihrer geistigen und willensmäßigen Spannkraft sind. / Dem gleichen Zwecke dient ja auch der künstlich gemachte und doch geheimnisvolle Dämmerschein katholischer Kirchen, die brennenden Lichter, Weihrauch, Räucherpfannen usw. / In diesem Ringkampf des Redners mit den zu bekehrenden Gegnern wird dieser allmählich jene wundervolle Feinfühligkeit für die psychologischen Bedingungen der Propaganda bekommen, die dem Schreibenden fast stets fehlen.»[318]

Hitler, der die Masse für fast beliebig manipulierbar hielt, sofern nur ihre Grundbedürfnisse befriedigt werden, war von der gleichsam naturgesetzlichen Gültigkeit seiner massenpsychologischen Maximen überzeugt. Hier war er «schlau», obwohl häufig genug selbst Opfer seines inszenatorischen Kalküls: Er *brauchte* das Massenritual als Stimulans, brauchte die gigantische Szene, um in ihrem Mittelpunkt als eine Mischung aus Hohepriester, Opernheld und Cäsarenstandbild das eigene begrenzte Ego zu überschreiten. Was hier geschah, war ein merkwürdig kalkulierter Rauschzustand, bei dem schwer zu entscheiden ist, in wieweit Hitler selbst die von ihm heraufbeschworene Ekstase von einem bestimmten Punkt an noch zu kontrollieren vermochte und was da an psychischen *Realitiäten* freigesetzt wurde.

Über die Bedeutung des Raums für die Entfaltung rednerischer Wirksamkeit heißt es in «Mein Kampf»:

«Es gibt Räume, die auch kaltlassen aus Gründen, die man nur schwer erkennt, die jeder Erzeugung von Stimmung irgendwie heftigsten Widerstand entgegensetzen. Auch traditionelle Erinnerungen und Vorstellungen, die im Menschen vorhanden sind, vermögen einen Eindruck maßgebend zu bestimmen. So wird eine ‹Parsifal›-Aufführung in Bayreuth anders wirken als an irgendeiner anderen Stelle der Welt. (...) In allen diesen Fällen handelt es sich um Beeinträchtigungen der Willensfreiheit des Menschen.»[319]

Dass Hitler ausgerechnet den «Parsifal» als Beispiel heranzieht, ist kein Zufall – nirgendwo sonst in der Wagnerschen Kunst wird die «Willensfreiheit des Menschen» derart eingeschränkt, der Wille paralysiert wie beim Aufnehmen dieses «Geniestreichs der Verführung» (wie Nietzsche sagt). Hitler «erriet» an Wagner etwas, was seinem eigenen innersten Streben entgegenkam. Rauschning gegenüber bezeichnete er Wagner als «die größte Prophetengestalt» des deutschen Volkes. «Er, Hitler, sei durch Zufall oder Schickung früh auf Wagner gestoßen. Er hatte mit einer geradezu hysterischen Erregung gefunden, dass alles, was er von diesem großen Geist las, seiner innersten, unbewussten, schlummernden Anschauung entsprochen habe.»[320] Das gilt allem Anschein nach in ganzer Umfänglichkeit; und wir haben keinen Grund, Hitlers «hysterische Erregung» nicht ernst zunehmen. Was «erriet» Hitler an Wagner? Was ließ ihn zum furchtbarsten alter Wagnerianer werden? Lassen wir die theoretischen Schriften Wagners außer acht, lassen wir auch seinen prononcierten Antisemitismus beiseite; betrachten wir den Künstler, den Musiker und Dichter. Zum nicht endenwollenden Streit der Meinungen über das Wagnersche Kunstschaffen hat mit beigetragen, dass Wagner als Musiker im Grunde Dichter und als Dichter Musiker war. Seine Dramentexte bedürfen der Verlebendigung durch die Musik; seine Musik bedarf des Textes, der dramatischen Geschehnisse – bedarf des Theaters, der Bühne. Cosima gegenüber äußert er im August 1869: «Bei mir ist der Akzent auf die Vereinigung des Dichters und des Musikers zu legen, als bloßer Musiker hätte ich nicht viel zu bedeuten.»[321] Wagners Größe wirkt eigentümlich erzwungen, abgetrotzt einem tief wurzelnden Ungenügen, und partiell werden Züge einer verkrampften Überkompensation erkennbar. Gleichwohl standen ihm einzigartige Fähigkeiten zu Gebote, die ihn mit den großen griechischen Tragikern verbinden. Wagner will im Letzten nur den Mythos, und er gestaltet den Mythos, weil es ihm um das Ganze zu tun ist: Weltenwerden, Weltgeschichte und Götterdämmerung mit anschließender Neugeburt und der Schaffung eines neuen Menschen. Peter Wapnewski schreibt, Wagner «als der geborene Tragiker» habe «den neuen Menschen» gesucht, habe ihn entwerfen wollen «durch Darstellung der Selbstzerstörung des alten», habe sich daran gemacht, «den Mythos zu erneuern, das heißt aber nichts anderes als das Menschengeschlecht erneuern: aus gewissem Endzeitbewusstsein und spröder Zukunftshoffnung heraus».[322] Und gerade hierin war Richard Wagner der große Lehrmeister und Mystagoge sowohl Nietzsches als auch Hitlers. Wagner will den Mythos, aber als ein zutiefst moderner Mensch, fern jedweder Naivität einer ungebrochenen Mythenbezogenheit, ist er zugleich kompliziert neurotisch und klug berechnend, ein raffinierter Psychologe. Und es gehört nicht zu den geringsten Reizen seiner Kunst, dass in ihr das Archaische und Urzeitliche des Mythos verbunden ist mit dem Morbiden, dem Intellektuell-Gebrochenen und dem Monomanischen des modernen Künstlers. Hinzu kommt die ausgeklügelte Wechselbeziehung von dramatischer Monumentalität und feinsinniger Detailgestaltung. Mit einiger Berechtigung nennt Nietzsche Wagner «unsern größten *Miniaturisten* der Musik, der in den kleinsten Raum eine Unendlichkeit von Sinn und Süße drängt».[323] Diesen vor allem hat der späte Nietzsche bewundert, nicht dagegen den großen Epiker und Dramatiker, den er als bloßen Schauspieler verurteilte. «Der Schauspieler Wagner ist ein Tyrann, sein Pathos wirft jeden Geschmack, jeden Widerstand über den Haufen.»[324]

Hitler bewunderte weniger den Miniaturisten als den Schauspieler der großen, imperialen Gebärde; *ihn* sah er als seinen Lehrer und Meister an. Nirgendwo zeigt sich das Wagner-Erbe deutlicher als in den pompösen Feiern des Todes, die das NS-Regime zu zelebrieren wusste. «Hitlers Regietalent», schreibt Joachim Fest, habe erst «angesichts der Feier des Todes ... seine eigentlich überredende Gewalt» ausgeübt.

«Das Leben schien seine Einbildungskraft zu paralysieren, und alle Versuche, es zu feiern, kamen nie über eine öde Kleinbauernfolklore hinaus ... Dagegen gewann sein pessimistisches

Temperament der Zeremonie des Todes unermüdlich neue Blendwirkungen ab.»[325] In alten Wochenschauen ist etwas von der Dämonie der rituellen Massenmagie enthalten, die Hitler etwa auf dem Königsplatz in München oder auf dem Nürnberger Parteitagsgelände zu entfalten vermochte, wenn er «bei düsterer Hintergrundmusik die breite Gasse zwischen Hunderttausenden zur Totenehrung schritt». «In solchen Szenarien eines politisierten Karfreitagszaubers ... kam Hitlers Vorstellung ästhetisierter Politik zur Deckung mit dem Begriff.» (Joachim Fest)[326] Zu fragen wäre, ob hier nicht in gleichem Maße – oder gar ausschliesslich? – «Klingsors Zaubergarten» politisiert wurde ...

Das Werk Richard Wagners dürfte das Äußerste an künstlerischer Tyrannei darstellen, was die Geistesgeschichte des Abendlandes kennt. Wagner war *der* Künstler-Diktator schlechthin. Und wenn Hitler in einer seiner Reden «die Diktatur des Genies» verkündete[327], dann dürfte er jenen Typus von künstlerischem Genie im Auge gehabt haben, den Richard Wagner in reinster Form darstellt. Wer Nietzsches aus tiefem Wissen und echter «Kongenialität» erwachsene Äußerungen über den décadent Wagner studiert, wird kaum umhin können, die Parallelität zu dem décadent Hitler wahrzunehmen, wenn auch auf anderer Bewusstseinsebene. Was bei Richard Wagner an neurotisch-hysterischen Zügen erkennbar wird, erscheint bei Hitler in brutalster Steigerung. So konnte sich Hitler bis zu einem gewissen Grade mit seinem Idol identifizieren. Folgende Sätze beispielsweise aus Nietzsches «Der Fall Wagner» konnten ohne Gewalt auch auf Adolf Hitler übertragen werden:

«Ist Wagner überhaupt ein Mensch? Ist er nicht eher eine Krankheit? Er macht alles krank, woran er rührt, – *er hat die Musik krank gemacht* – ein typischer décadent, der sich notwendig in seinem verderbten Geschmack fühlt, der mit ihm einen höheren Geschmack in Anspruch nimmt, der seine Verderbnis als Gesetz, als Fortschritt, als Erfüllung in Geltung zu bringen weiß. / Und man wehrt sich nicht. Seine Verführungskraft steigt ins Ungeheure, es qualmt um ihn von Weihrauch ...»[328]

Dies sagt jemand, der Wagner mehr geliebt und vielleicht tiefer verstanden hat als jeder andere, der aus eigener innerer Erfahrung urteilt, wohl wissend, dass ein Teil von ihm selbst auch décadent ist. Im «Ecce homo» heißt es beziehungsreich: «Abgerechnet nämlich, dass ich décadent bin, bin ich auch dessen Gegensatz. (...) Als summa summarum war ich gesund, als Winkel, als Spezialität décadent.»[329] Auch Nietzsche besaß alles andere als jene «große Gesundheit», die er als Ideal des Menschen aufstellte. Er wusste vieles virtuos zu beschwören, was er selbst nicht war, nicht sein konnte. Der «Fall Wagner» – ich sage es noch einmal – war auch und nicht zuletzt der «Fall Nietzsche».

«Klingsor aller Klingsore»

Was die psychologischen oder psychopathologischen Gemeinsamkeiten zwischen Hitler und Wagner vielleicht am nachdrücklichsten unterstreicht, ist ihre jeweilige Beziehung zur Sphäre des Geschlechtlichen. Wobei ich hier davon ausgehe, dass Wagner zunächst einmal *sich* in Musik und große Szene umgesetzt hat, sein Werk demnach Rückschlüsse erlaubt auf die Eigenart seiner psychischen Struktur. Bei Wagnerianerinnen und Hitler-Anhängerinnen (im Dritten Reich nicht selten eine Einheit) lassen sich vielfältige Parallelen aufzeigen, die tief hinabreichen in die Geschichte der weiblichen Sexualität, der Sexualität überhaupt, im Abendland. Nietzsche hat auf die verquere Sexualität hingewiesen, die eine Schicht der Wagnerschen Kunst bestimmt und einen Teil ihrer Wirkung ausmacht. Richard Wagner hat orgiastische Zustände in Musik umgesetzt, so etwa im Vorspiel zur «Walküre» oder in der zweiten Szene des zweiten Aktes von «Tristan und Isolde» – das Entzücken aller Wagnerianer. Und ein Gutteil des Klangzaubers des «Parsifal» dürfte zurückgehen auf jene unsagbare Symbiose von zuhöchst gesteigerter Sinnlichkeit und eben diese Sinnlichkeit *scheinbar* überwindender Entsagung. Das alte, unauslotbare Vexierspiel von Sinnlichkeit und Über-Sinnlichkeit hat nur Wagner zur höchsten künstlerischen Steigerung gebracht. Wagner weiß die unteren Chakras (Bewusstseinszentren) zu aktivieren.

Auf die sexuell-orgiastischen Züge in Hitlerschen Massenversammlungen ist schon während der Nazizeit selbst wiederholt hingewiesen worden, so etwa von Wilhelm Reich, aber auch von Hermann Rauschning. Auch weiß man, dass Hitler gerade Frauen einen erheblichen Teil seines Aufstiegs verdankte: Neben die männerbündlerische und latent homoerotische Komponente der NSDAP, die Männerphantasien entgegenkam, trat die unverwechselbare Energie jener Frauen, bei denen Hitler sexuelle Hingabebereitschaft und hysterisch-orgiastische Zustände hervorrief, die auch zum Erscheinungsbild mancher Sekten gehören. Rauschning schreibt:

«In einem Kreise gebildeter Frauen wurde aus dem bezahlten Propagandisten der politische Prophet. Wieviel sie an der Entwicklung seiner Gedankenwelt Anteil haben, mag dahingestellt bleiben. Aber sie waren es, die ihn verwöhnt, die sein Selbstgefühl durch unmäßige Vorschusslorbeeren übersteigert haben. Die bis zur pseudo-religiösen Ekstase gesteigerte begeisterte Hingabe der Frauen war das für ihn unentbehrliche Stimulans, um seine Lethargie zu überwinden. (...) Man muss von oben, von der Rednertribüne aus diese vor Entzückung gebrochenen, feuchten und verschleierten Augen der Hörerinnen gesehen haben, um über den Charakter dieser Begeisterung nicht mehr im Zweifel zu sein.»[330]

Nietzsche schreibt im «Fall Wagner»:

«Wagner hat das Weib erlöst; das Weib hat ihm dafür Bayreuth gebaut. Ganz Opfer, ganz Hingebung: Man hat nichts, was man ihm nicht geben würde. Das Weib verarmt sich zu Gunsten des Meisters, es wird rührend, es steht nackt vor ihm. Die Wagnerianerin – die anmutigste Zweideutigkeit, die es heute gibt: Sie *verkörpert* die Sache Wagners – , in ihrem Zeichen *siegt* seine Sache.»[331]

Gerade in der «Erlösung des Weibes», von der Nietzsche mit Blick auf Wagner spricht, haben wir einen Schlüssel in der Hand zur Enträtselung der «Parsifal»-Problematik. «Über das Weibliche im Menschlichen»: So lautet der Titel der letzten, unvollendet gebliebenen Abhandlung Wagners.

«Wagner starb über dem Manuskript dieser Abhandlung. Man wird die letzten Worte seiner schreibenden Hand nicht ohne Betroffenheit zur Kenntnis nehmen: ‹Gleichwohl geht der Prozess der Emanzipation des Weibes nur unter ekstatischen Zuckungen vor sich. Liebe – Tragik.›» [332]

Spielte hier der Gedanke an Kundry hinein? An die abgründige Tragik dieser Unerlösten, dem Banne Klingsors Verfallenen, die zugleich Gralsbotin ist? Zu Beginn des zweiten Aktes von «Parsifal» beschwört Klingsor Kundry herauf: «Dein Meister ruft dich Namenlose, / Urteufelin, Höllenrose! / (...) Erwachst du? Ha! / Meinem Banne wieder / verfielst du zur rechten Zeit.» «Kundry lässt ein Klagegeheul, von größter Heftigkeit bis zu bangem Wimmern sich abstufend, vernehmen.» [333] Zweifellos ist Kundry die rätselhafteste Gestalt des Wagnerschen Werkes, eine der merkwürdigsten Schöpfungen der Weltliteratur. Kundry ist nur zu begreifen aus ihrer Beziehung zu Klingsor, dem entmannten Schwarzmagier und Herr des Zaubergartens, in dem verführerisch schöne Mädchen als Blumen aus dem Boden wachsen. Nietzsche bezeichnet einmal Wagner selbst als Klingsor: «Ah dieser alte Zauberer! Dieser Klingsor aller Klingsore! Wie er *uns* damit den Krieg macht! Uns, den freien Geistern! Wie er jeder Feigheit der modernen Seele mit Zaubermädchen-Tönen zu Willen redet!» [334] «Klingsor aller Klingsore» – dem wohnt ein aufschlussreicher Doppelsinn inne; nämlich: *der* Klingsor schlechthin oder: der Klingsor aller anderen, nach ihm kommenden Klingsore ...

Ich habe an anderer Stelle hervorgehoben, dass zur Gralslegende – neben der Idee der Naturerlösung – der Weltherrscher-Archetyp gehört. Auch Wolfram von Eschenbach und Ri-

278

chard Wagner, in jeweils anderer Gewichtung, bringen das Gralskönigtum in Verbindung mit der Idee eines sakralen Weltherrschertums. Bei Wagner geht dies u. a. aus seiner Abhandlung «Die Wibelungen» hervor, und in Wolframs «Parzifal» finden sich zwei Stellen, in denen «in unmissverständlichen Versen der Hüter des Grals als Weltkaiser bezeichnet» wird.[335] Klingsor, der Herr des «Anti-Grals» und des Zauberschlosses (bei Wolfram und Wagner), ist dann notwendig der Gegenspieler oder Widersacher des sakralen Weltkaisers. Auch Klingsor strebt nach dem Gral, nach der Weltherrschaft. Er ist eine Art Luzifer-Gestalt, ein gefallener Gralsritter, der zum Empörer wurde.

Ursprung und Wesen der archetypischen Energien entziehen sich offenkundig dem wissenschaftlichen Zugriff, und über eine phänomenologische Betrachtungsweise kommen wir nicht hinaus. Doch schon aus der Manifestation der Archetypen im Mythos, die stets einen Doppelaspekt hat, lassen sich bemerkenswerte Schlussfolgerungen ableiten und für die Betrachtung individual- und sozialpsychologischer Phänomene fruchtbar machen. Jede mythische Rolle hat ihre Gegen-Rolle; der Archetypus spiegelt sich in einem schöpferischen und einem destruktiven Aspekt. Die Sphäre des Grals steht der Sphäre Klingsors antipodisch gegenüber; dennoch haben beide einen gemeinsamen Ursprung und bedingen einander.

Wie Alberich (im «Rheingold») um der Weltherrschaft willen auf die Liebe verzichtet, verzichten muss, so gewinnt Klingsor seine schwarzmagische Macht über die Menschen aus seiner zerstörten Geschlechtlichkeit. Sowohl bei Wolfram als auch bei Richard Wagner, in jeweils anderer Ausgestaltung, wird Klingsors Macht über die Frauen betont, die er als Werkzeug seiner

Herrschaft und seines Verführungs- und Zerstörungswillens missbraucht. Er kann ihrer nicht entbehren; er, der gewaltsam um seine Männlichkeit Gebrachte (in der Wagnerschen Version wird auf seine Selbstkastration verwiesen), braucht die Energien des Weiblichen, um herrschen zu können. Er pervertiert das Weibliche zum bloßen Herrschaftsinstrument und raubt derart den Frauen das ihnen Wesenseigene, das Weibliche in seiner produktiven Fülle, zu der auch das Mütterliche gehört. Klingsors Zaubergarten ist der unerlöste Schatten der Gralssphäre, und erst die Erlösung dieses Schattens vermag die quälende Wunde des siechen Amfortas zu heilen.

Unverkennbar trägt Hitler Züge der Gestalt Klingsors (wie auch derjenigen Hagens). Die Pervertierung des Großen Weiblichen in der «mütterlichen Volksgemeinschaft» oder der Vorstellung von der «Blut- und Rassenseele» tritt deutlich zutage. Wenn zum Mütterlichen die Rückbindung an die Ganzheit des Lebendigen gehört, dann mutet das individualitätsfeindliche Volkskollektiv wie ein Zerrbild, wie eine schlimme Travestie des mütterlichen Prinzips an. Zwar ist die Revolte der unteren Chakras gegen den Intellekt in den Nationalsozialismus eingeflossen, aber dieser hat die schöpferischen Möglichkeiten der Revolte der eigenen Illusion dienstbar gemacht, sie verraten und missbraucht. Die unterdrückten unteren Bewusstseinszentren sind nicht befreit, d. h. im Hinblick auf den *ganzen* Menschen harmonisiert worden, sondern sie wurden lediglich einer Art Pseudosublimierung zugeführt, teilweise auch, in Hitlerschen Massenversammlungen, zur hysterischen Entladung gebracht. Zumindest eine Schicht der häufig beschriebenen Suggestions-Elemente in derartigen Massenversammlungen dürfte auf die neurotische Projektion verdrängter oder unterdrückter Sexualität der «Geführten» auf den «Führer» zurückgehen (und umgekehrt); beide «Partner» brauchten einander, waren suchtähnlich voneinander abhängig. Hier traten rauschhafte Initiationsvorgänge in Erscheinung: religiöse Kommunion (bis in die Sprache Hitlers hinein, die häufig biblischen Charakter hatte) – als pompöses Schauspiel inszeniert. Diese neurotische Struktur hat Richard Wagner in die Musik eingeführt. Noch einmal Nietzsche über Wagner: «Dieser Klingsor aller Klingsore! Wie er *uns* damit den Krieg macht! Uns, den freien Geistern!» ... War Wagner gleichsam der Klingsor Hitlers?

Uns heute ist es aufgetragen, den Schatten zu erlösen, den das Klingsor-Prinzip *in uns* darstellt. Nur derart werden wir in der Lage sein, das Wüste Land wieder fruchtbar zu machen ...

«Parsifal» und das Dritte Reich

Hermann Rauschning gegenüber äußert sich Hitler (1934) über die einzigartige Größe Richard Wagners, dieser «größten Prophetengestalt» der Deutschen; über den «Parsifal» soll Hitler gesagt haben:

«Sie müssen übrigens den Parsifal ganz anders verstehen, als er gemeinhin interpretiert wird, wie etwa von dem Flachkopf Wolzogen. Hinter der abgeschmackten, christlich aufgeputzten äußeren Fabel mit ihrem Karfreitagszauber erscheint etwas ganz anderes als der eigentliche Gegenstand dieses tiefsinnigen Dramas. Nicht die christlich-Schopenhauersche Mitleidsreligion wird verherrlicht, sondern das reine, adlige Blut, das in seiner Reinheit zu hüten und zu verherrlichen sich die Brüderschaft der Wissenden zusammengefunden hat. Da leidet der König an dem unheilbaren Siechtum, dem verdorbenen Blut. Da wird der unwissende, aber reine Mensch in die Versuchung gestellt, sich in dem Zaubergarten Klingsors der Lust und dem Rausch der verdorbenen Zivilisation hinzugeben oder sich zu der Auslese von Rittern zu gesellen, die das Geheimnis des Lebens hüten, das reine Blut. Wir alle leiden an dem Siechtum des gemischten, verdorbenen Blutes. Wie können wir uns reinigen und sühnen? Merken Sie, dass das Mitleid, durch das man wissend wird, nur dem innerlich Verdorbenen, dem Zwiespältigen gilt. Und dass dieses Mitleid nur eine Handlung kennt, den Kranken sterben zu lassen. Das ewige Leben, das der Gral verleiht, gilt nur dem wirklich Reinen, Adligen! / Mir sind die Gedankengange Wagners aufs Innigste vertraut. (...) Ich kehre auf jeder Stufe meines Lebens zu ihm zurück. Nur ein neuer Adel kann uns die neue Kultur heraufführen. (...) In unserem weltrevolutionären Wendepunkt ist die Masse die Summe der absinkenden Kultur und ihrer sterbenden Vertreter. Man soll sie sterben lassen mitsamt ihren Königen wie Amfortas.»[336]

Die hier zutage tretende «Parsifal»-Auslegung führt ins Zentrum der Hitlerschen Vorstellungswelt; unverkennbar ist die Beeinflussung durch Nietzsche. Hitler interpretiert gleichsam die Wagnersche Mitleidslehre mit Nietzscheschen Kategorien, indem er die «Welthellsichtigkeit» Parsifals, die diesem durch den Kuss Kundrys zuteil wird, auf die Einsicht reduziert, dass die Erlösung des siechen Amfortas dessen Tod ist. Die quälende Wunde des Amfortas ist nach Hitler die Folge der Rassenmischung, der Verderbnis des Blutes. «Parsifal» wird zum Blutreinigungsmysterium. Auch die sogenannten Regenerationsschriften Wagners zur «Parsifal»-Zeit werden in diesen Zusammenhang eingeordnet. Der Gral symbolisiert nach Hitler das zur Weltherrschaft befähigende «reine Blut»! Hitler spottet über Hans von Wolzogen, der in der Antithese von Christentum und Heidentum, von Keuschheit und Sinnlichkeit die Kernidee des «Parsifal» gesehen hatte. Nun berührt die Deutung Wolzogens zumindest *eine* Schicht des Werkes, die Wapnewski mit einigem Recht als die Rücknahme des «Tristan» bezeichnet. Fraglos ist im «Parsifal» – wie auch im «Tannhäuser» – «ein Stück Natur des Mittelalters»[337], wodurch sich Nietzsche zu der Frage veranlasst sah, ob der «Parsifal» überhaupt ernst gemeint sei. Nietzsche sah in der Wagnerschen Verherrlichung des Asketismus «einen Fluch auf Sinne und Geist in Einem Hass und Atem», «eine Apostasie und Umkehr zu christlich-krankhaften und obskurantistischen Idealen».[338] Nun ist der «Parsifal» keineswegs ausschließlich eine «Huldigung an die Keuschheit», sondern erheblich mehr. Nietzsche hat nicht zu sehen vermocht, auf welche hintergründige Weise auch der «Parsifal» – wie der «Ring» – mit seiner eigenen «Umwertung aller Werte» verknüpft ist. Wagners Kerngedanke der «schaffenden Vernichtung der modernen Welt» durch die erlösende Magie der Kunst steht Nietzsche erheblich näher, als dieser wahrhaben will. Nietzsches «Künstler-Tyrann» (in der «Genealogie der Moral») ist ein Stück Wagner Erbe. Die Formulierung Hitlers über die kulturschaffende Funktion eines «neuen Adels» in dieser Zeit der weltrevolutionären Wende entstammt sowohl dem Nietzsche- als auch dem Wagner-Erbe. Hitlers furchtbare «Leistung» bestand darin, dieses Erbe pervertiert und besudelt und schließlich die Perversion in die Realität umgesetzt, zum menschenverachtenden Alptraum gemacht zu haben.

Prüfen wir die Berechtigung der «Parsifal»-Auslegung Hitlers, indem wir die Gestalt der Kundry einer näheren Betrachtung unterziehen. Im ersten Prosa-Entwurf zum «Parsifal» schreibt Wagner:

«Kundry lebt ein unermessliches Leben unter stets wechselnden Wiedergeburten, in Folge einer uralten Verwünschung, die sie, ähnlich dem ‹ewigen Juden›, dazu verdammt, in neuen Gestalten das Leiden der Liebesverführung über die Männer zu bringen; Erlösung, Auflösung, gänzliches Erlöschen ist ihr nur verheißen, wenn einst ein reinster, blühendster Mann ihrer machtvollsten Verführung widerstehen würde.»[339]

Diese Grundkonzeption der Kundry-Gestalt hat Wagner auch im «Bühnenweihfestspiel» beibehalten. Gurnemanz nennt sie «eine Verwünschte»: «Hier lebt sie heut, / vielleicht erneut, / zu büßen Schuld aus früh'rem Leben, / die dorten ihr noch nicht vergeben.»[340] In Klingsors Zaubergarten erfährt Parsifal ihren Fluch, der sie «endlos durch das Dasein quält»; sie habe einst in einer früheren Inkarnation über Jesus von Nazareth gelacht: «Ich sah – Ihn – Ihn – / und ... lachte: / Da traf mich ... sein Blick!»[341] Wenn es *einen* zentralen Gedanken im Werke Wagners gibt, der auf den verschiedensten Ebenen und in den vielfältigsten Formen gestaltet wird, dann ist es derjenige der Erlösung. Erlösung, im umfassendsten Sinne, war Wagners zentrales und eigentliches Anliegen, und zwar schon vor seiner Bekanntwerdung mit dem Erlösungsgedanken Schopenhauers (1854).

In seiner «Mitteilung an meine Freunde» von 1851 stellt Wagner eine Verbindung her zwischen der Gestalt des Fliegenden Holländers und derjenigen Ahasvers, des Ewigen Juden. Auch Kundry repräsentiert (in *einer* wesentlichen Bedeutungsschicht) diesen Grundtypus in eindrucksvoller Ausformung – den «Archetypus des schuldigen, verfluchten, zu ruheloser Irrfahrt verdammten und erlösungsbedürftigen Menschen».[342] Der Wagnerschen Gralsgemeinschaft, in der die Frauen fehlen, haften jene männerbündlerischen und frauenfeindlichen Züge an, von denen sich Hitler angezogen fühlte. In der Geringschätzung der Frau waren sich Schopenhauer, Nietzsche und Hitler einig. «Ein Hauch von Homosexualität hängt schwer über Monsalvat.» (Gutman)[343] Hans Redlich schreibt über die Wagnersche Konzeption der Kundry-Gestalt:

> «Es ist möglich, dass Wagner in Kundrys Gestalt ein dramatisches Symbol für das Judentum darstellen wollte, für dessen zwiespältige Stellung zur Opferung des Erlösers am Kreuz es keine andere Rettung geben kann, als die schließliche Selbstvernichtung (vgl. Kundrys Tod zu Füßen des Grals ganz am Schluss des dritten Aufzuges). Es ist aber wahrscheinlicher, dass diese ‹sphinxgleiche› Gestalt das ‹Weib an sich›, das ‹Ewig-Weibliche› verkörpern soll, das in seiner dämonischen Zwiespältigkeit in *einer* Figur die beiden gegensätzlichen Hälften der Frauengestalten aus dem ‹Tannhäuser› vereinigt, ‹Venus› und ‹Elisabeth›.»[344]

Die von Hans Redlich aufgewiesene Alternative existiert *so* nicht; Wagner gestaltet sowohl das eine als auch das andere. Die Gegensätze werden in einer dialektischen Einheit aufgehoben.

Die unerhörte Komplexität des «Parsifal» ist bis heute nicht vollständig ausgelotet worden. Wie jedes große Kunstwerk, so ist auch der «Parsifal» eine multidimensionale Schöpfung, der mit eindimensionalen Betrachtungsweisen nicht beizukommen ist. Auch ist das Werk auf eine schwer definierbare Art zugleich christlich und antichristlich, buddhistisch-schopenhauerisch und rassistisch, echtes Gralsmysterium und «schwarze Messe», «Bühnenweihfestspiel» und «Verbrechen» (wie Nietzsche sagt). Aus dem «Parsifal» konnte sich Hitler in der Tat «seine Religion» bauen, wie er im März 1936 sagte, und Gutman bezeichnet das Werk mit einigem Recht als die «Bibel des Nationalsozialismus».[345] Zugleich aber leistet es «im Erkunden und zum-Reden-Bringen entlegener schauerlicher und heiliger Welten etwas Äußerstes», wie Thomas Mann sagt, «voll von Lauten, denen man mit immer neuer Beunruhigung, Neugier und Verzauberung nachhängt».[346]

Es erscheint mir unsinnig, wie dies Hartmut Zelinsky tut, die einseitig ideologische Geprägtheit des Wagnerschen Werkes seit der Jahrhundertmitte anzunehmen, ihn ausschließlich zum Begründer einer antisemitischen Kunstreligion zu machen, wobei dann die Musik zum bloßen Werkzeug der Erlösungs- und Vernichtungsideologie verkümmert. Zwar ist Zelinskys Hinweis auf den fanatischen Antisemitismus Wagners berechtigt, auch seine (schon bei Gutman, ja bei Hitler) anzutreffende These, dass die sogenannten Regenerationsschriften Wagners, vor allem «Heldentum und Christentum» von 1881, den weltanschaulichen Hintergrund des «Parsifal»-Textes bilden, obwohl dieser bereits 1877 fertiggestellt wurde. Nur bleibt in dieser Sichtweise unklar, was hier die Musik psychologisch leistet, wie es Wagner gelingt, jene bekannten hypnotisch-opiatischen Effekte seiner Musikdramen zu erreichen, insbesondere diejenigen des «Parsifal». Schon Hitler, in seinen zitierten Äußerungen von 1934, deutet den «Parsifal» in sich schlüssig als arischen Blutreinigungsmythos. Klingsor, Kundry und die Blumenmädchen repräsentieren in dieser Deutung die verderbte, entartete Welt des Judentums. Parsifal wird zum «reinen Arier, der die Blutschande verschmäht und den teuflischen Spuk des Juden Klingsor mit dem wiedergewonnenen Speer in den Orkus schickt, indem er das Kreuzeszeichen schlägt (angebrachter wäre das Schlagen des Hakenkreuz-Zeichens). Kundry – der Ewige Jude – darf erlöst sterben; Erlösung und Vernichtung fallen hier zusammen.

Hitler war der größte und entsetzlichste Erbe der Wagnerschen Blutreinigungs- und Erlösungs-Vernichtungs-Vision. Trug er, mythologisch gesprochen, die Züge der Klingsor-Gestalt, so sah er sich doch selbst seit 1924 als Anwärter auf den Gral und damit auf die Weltherrschaft. Dazu schreibt Joachim Fest:

«Es war dies sein innerster und feierlichster Gedanke, die Vorstellung, die sämtliche Ängste und Verneinungen kompensierte, seine positive Idee: das in allen Klingsor-Gärten dieser Welt vergeudete arische Blut wieder zu sammeln und die kostbare Schale für alle Zeit zu hüten, um unverwundbar und zum Herrn der Welt zu werden. Vor dieser Vision endeten alles machttaktische Kalkül und aller Zynismus: der neue Mensch.»[347]

Dies war gleichsam die Zentralillusion der Hitlerschen Existenz. («Und bald – so wähn ich – / hüt ich mir selbst den Gral», singt Klingsor.[348]) Und gerade die Obsession von dem wirkungsmächtigen Weltherrscher-Archetypus verband ihn, mehr als alles andere, mit Nietzsche, mit der Nietzeschen Vision einer neuen Weltordnung, der Schaffung eines neuen Menschen und der «Vernichtung der verfallenden Rassen».

Hitler war von dem monströsen Wahn besessen, gerade der Anti-Klingsor, also der oberste Gralshüter selbst zu sein, dem es beschieden sei, das verderbte Blut der arischen Rasse zu reinigen und ihm die alte Visions- und Schöpferkraft zurückzugeben, um derart die Menschheit zu befreien von der tödlichen Bedrohung durch das jüdische Weltherrschaftsstreben.

Es ist behauptet worden, dass Wagner die Schlussworte des «Parsifal» – «Erlösung dem Erlöser» – als die Befreiung des arischen Jesus vom Judentum verstanden wissen wollte. Cosima gegenüber bezeichnet er (1882) einmal diese Worte als den «Gehalt» des Werkes.[349] Man weiß, dass Wagner, wohl seit den späten 40er Jahren, Jesus «entjudaisieren» wollte; er vertrat die Auffassung (wie der von ihm verehrte Schopenhauer), dass der Kerngedanke des Christentums, die Lehre von der Verneinung des Willens zum Leben und der Erlösung, durch die Verbindung mit dem Judentum verfälscht und verunstaltet worden sei. In einem Brief an August Rockel (1855) heißt es, der eigentlich aus Indien herrührende Gedanke der christlichen Lehre sei «auf den fruchtlosen Stamm des Judentums» aufgepfropft worden; dies habe «einzig alle Widersprüche verursacht, die bis heute das Christentum so traurig entstellt und fast unkenntlich gemacht haben».[350] In einem Brief an Hans von Wolzogen (Herausgeber der «Bayreuther Blätter» bis 1938) aus dem Jahre 1880 wird Jesus von Wagner beschrieben als der «für alle Zukunft wahrhaft erkannte, von aller alexandrinisch-judaisch-römisch-despotischen Verunstaltung gereinigte und erlöste, unvergleichbar erhaben einfache Erlöser in der historisch erfassbaren Gestalt des Jesus von Nazareth».[351] Diese Briefstelle ist deutlich genug. Damit sind andere Bedeutungsschichten der «Parsifal»-Schlussworte keineswegs ausgeschlossen: etwa diejenige, dass Wagner hiermit sich selbst gemeint hat, auf sich als den zu erlösenden Künstler-Erlöser deuten wollte und/oder auf Parsifal.

Nietzsche nennt den «Parsifal» «ein Werk der Tücke, der Rachsucht, der heimlichen Giftmischerei gegen die Voraussetzungen des Lebens, ein *schlechtes* Werk». «Die Predigt der Keuschheit bleibt eine Aufreizung zur Widernatur: Ich verachte jedermann, der den Parsifal nicht als Attentat auf die Sittlichkeit empfindet.»[352] Diese oft zitierten Satze beziehen sich ausschliesslich auf den *Text;* die Musik des Vorspiels hat Nietzsche bewundert. Ansonsten kannte er nur die Partitur und/oder den Klavierauszug des «Parsifal». Auch R. Gutman, der das Werk in direkten Zusammenhang bringt mit dem nationalsozialistischen Rassenwahn, stuft den Rang der Musik hoch ein.

Gesetzt nun, der «Parsifal»-Text enthalte tatsächlich jene erwähnte blut- und rassenideologische Zentralkomponente, wäre dies für sich genommen geeignet, die *Musik* zum Vehikel dieser Ideologie zu machen? Wagner habe, so sagt Hartmut Zelinsky in einem «Spiegel»-Gespräch, «die Musik ganz bewusst als eine Art Droge, als Rauschmittel und Weltanschauungsträger verstanden und eingesetzt». «Diese Fähigkeit und dieses Bewusstsein hat es bis dahin in der Musik- und Kulturgeschichte nicht gegeben, und die Folgen waren fatal.»[353] Denn: «Gerade vom Parsifal lassen sich konkrete Spuren verfolgen bis ins Dritte Reich, natürlich über Vasallen, Propheten und Heilslehrer.»[354] Zelinsky hat, wenn diese Formulierung gestattet ist, recht und unrecht zugleich. Sicher hat Wagner seine Musik ganz bewusst als Droge eingesetzt – ich erinnere etwa an die zitierte Stelle aus einem Brief an Mathilde Wesendonk – , aber das macht die Musik selbst noch nicht zum Ausdrucksmedium der Blutideologie als solcher. Auch scheint mir Zelinsky ein Gesetz außer acht zu lassen, das für jedes echte Künstlertum gilt: das Gesetz der Identität des Geschaffenen mit den ästhetischen Prinzipien des Schöpfers, ja mit diesem selbst. Thomas Mann: «... als ob nicht jeder Künstler genau das machte, was er *ist,* was ihn selber gut und schön dünkt.» Wagner, ein Künstler von hoher Intellektualität, war auch zugleich und immer «Opfer» der von ihm heraufbeschworenen Magie und des künstlich stimulierten Rauschzustandes. Diese Feststellung beschreibt im Grunde eine Selbstverständlichkeit, die aber häufig unbeachtet bleibt.

Richard Wagner wusste um seine Unzulänglichkeit als «reiner» Musiker; in der absoluten Musik war er ein Fremdling, und ohne literarischen Vorwand bewegte er sich hilflos und unsicher. Man weiß auch, welche Mühe er zuweilen mit dem Komponieren hatte, wie er selbst (Liszt gegenüber) eingestand. Wagner wollte etwas prinzipiell Anderes als die anderen großen Musiker. Dies macht seine Einmaligkeit und seine Frag-Würdigkeit in der Kulturgeschichte aus. Wagner macht Theater, ist besessen vom Theater, aber: um des Ritus, um des Kultus willen! Er erfüllt sich und dem Zuhörer/Zuschauer den alten Künstler-Traum vom Bühnengeschehen als Mysterium, als Weihehandlung; er will den Künstler, aller tonalen Modernität und psychologischen Kompliziertheit ungeachtet, gleichsam zurückübersetzen in den Magier, in den Hohepriester eines rituell-magischen Geschehens. *Deswegen* hat Wagner die katholische Messe (1865) einem so eingehenden Studium unterworfen, sich mit allen Details derselben vertraut gemacht. Im «Parsifal» dokumentiert er, was er vom Katholizismus aufzunehmen und umzusetzen vermochte. Auch darin gehört er zu den Vorläufern der massenpsychologischen Praktiken Hitlers, wie aus einem Vergleich der liturgischen Elemente beim späten Wagner mit denen der Hitlerschen Massenversammlungen ersichtlich wird.

Nietzsche schreibt im «Fall Wagner»:

«Er (Wagner) gehört wo andershin als in die Geschichte der Musik: Mit deren großen Echten soll man ihn nicht verwechseln. (...) Er war auch als Musiker nur Das, was er überhaupt war: er *wurde* Musiker, er *wurde* Dichter, weil der Tyrann in ihm, sein Schauspieler-Genie ihn dazu zwang. Man errät nichts von Wagner, so lange man nicht seinen dominierenden Instinkt erriet.»[356]

Sicher ist der Schauspieler in Wagner ein ihn selbst und andere knechtender Tyrann, und sicher ist Wagner, wie Nietzsche hervorhebt, der erste große, skrupellose Expressionist, der erste Großmeister der Tiefenpsychologie, der Massensuggestion in der Musikgeschichte. Auch kann er mit Fug und Recht als der erste und zugleich konsequenteste moderne Künstler bezeichnet werden, der alles nur als Mittel zur Verwirklichung des eigenen, ihm allein wichtigen Werk betrachtete, es ausbeutete und verbraucht zurückließ. Wagner wusste oder ahnte zu mindest, dass *diese* Art von Kunst, die er zu machen sich gezwungen sah, «vielleicht ein großer Frevel»[357] war, wie er einmal (1865) selbst formulierte. «Insofern,» kommentiert Wapnewski, «als sie von gewalttätigem Alleinanspruch besessen, von einer tödlichen Konsequenz ihrer selbst ist.»[358] Wagner war Egozentriker, ja Egomane – wie Nietzsche, wie Hitler.

Musikmagie und der Wille zur Neuordnung der Welt

Und doch greift es entschieden zu kurz, Wagner *nur* als egozentrisch monomanischen Künstler und Ausdrucksbesessenen zu interpretieren. Nietzsche sieht nicht das Wozu? dieser expressionistischen Manie. Die Religionsstifter-Attitüde Wagners ist genauso wenig *bloße* Maskerade wie diejenige Nietzsches – von Hitler zu schweigen. Wagners künstlerische Mythomanie hatte einen tiefen geschichtlichen Sinn. Er spürte, und hat dies auch partiell Nietzsche übermittelt, dass eine Zeit des Umbruchs großen Stils bevorstehe, dass das «Alte» dem Untergang und der Selbstvernichtung entgegentreibe. Ganz bewusst setzte er der nihilistischen Entzauberung der modernen Welt sein «magisches Theater» entgegen. Einer Entzauberung immerhin, die in letzter Konsequenz, wie wir seit 1945 wissen, zum atomaren Holocaust führen kann. Es sei hier noch einmal betont, dass in dieser Studie die Globalbedrohung unserer Tage durch die Gefahr eines Atomkrieges und der ökologischen Katastrophe den Ausgangspunkt der Betrachtung und *Wertung* der Vorgeschichte des Nationalsozialismus darstellt. Nicht Auschwitz, sondern Hiroshima ist die tödliche Gefahr, der wir heute alle ausgesetzt sind.

In der Kunst Richard Wagners wirkt ein starker Macht- und Unterwerfungswille nicht «um seiner selbst willen», also *nur* zur Steigerung des Künstler-Egos, sondern um der «schaffenden Vernichtung» der modernen Welt, um der Welterlösung durch die Kunst willen, die bei Wagner auch zugleich eine Erlösung der Natur darstellt, wie aus dem dritten Akt des «Parsifal» ersichtlich wird. Die Formel von der «Erlösung der Natur» geht auf Novalis, Franz von Baader und Schelling zurück (Novalis spricht einmal von dem kommenden «Messias der Natur») und findet sich, obschon in anderer Wertung, auch bei Nietzsche. Wagner will *wirken,* aber nicht ausschließlich als Fanatiker des Ausdrucks um jeden Preis, wie Nietzsche meint, sondern um dem europäisch-abendländischen Sog zum Nihilismus hin die heilende Kraft der Kunst entgegen zustellen, die Erlösungs- und Überwindungsmagie der Musik. Zu gleich beinhaltet dies im Verständnis Wagners, und das ist verblüffend «modern», die Erlösung der pflanzlichen und tierischen Welt, die Erlösung des geschundenen und geknechteten Erdorganismus.

In Wagner, wie in Nietzsche und Hitler, dominierte ein fanati- scher Wille zur Neuordnung, Neugestaltung der Welt. *Dieser* machte ihn zum großen Ritualmagier der Musikdramatik; er glaubte an die Magie des von ihm entwickelten musikdramati- schen Instrumentariums. Seine viel bewunderte und kritisierte Leitmotivtechnik wurzelt hierin. Wenn Wagner von einem anti- nihilistischen, gegen die tödliche Entzauberung der modernen Welt gerichteten Impuls erfüllt war, wenn er Musikmagie um der «Welterlösung» willen betrieb, war dies *per se* sektiererhaf- ter Wahn und Größenwahn? Mir scheint die pathologische Kom- ponente der Wagnerschen Kunst, von der Nietzsche, und der «Frevel», von dem Wagner selbst sprach, eher darin zu liegen, dass Wagner sein staunenswertes Genie als Mittel hemmungslo- ser Selbstdarstellung und eines egomanischen Unterwerfungs- willens einsetzte, was ihn künstlerisch-moralisch korrumpierte. Mit Blick auf die antihumanistischen Komponenten im Denken Wagners schreibt Robert Gutman: «Er hatte eine der größten Begabungen des Jahrhunderts niedrigen Zwecken dienstbar ge- macht. Trotz der Schönheit seiner Mittel nannte Nietzsche ihn in einem Brief an Malwida von Meysenbug ein ‹Genie der

Lüge»»[359] Das zitierte Nietzsche Wort, dies muss gegen Gutman gesagt werden, bezog sich zugleich auf die «Mittel» Wagners und keineswegs ausschließlich auf die sprachlich artikulierten Inhalte. Und wenn Gutman die «ethischen Prinzipien» der Nietzscheschen Philosophie gegen die Wagnersche Ideologie ausspielt[360], dann ist dies *so* nur aus einem Missverständnis heraus zu erklären.

Es kann keinem Zweifel unterliegen, dass die Musik Richard Wagners, wie schon Nietzsche festgestellt hat, tief in den Unterleib hinein zu wirken vermag. Wagner hat die sinnlichste Musik gemacht, die die Musikgeschichte kennt. Er erreicht dies u. a. durch eine suggestive Elementarisierung oder Archaisierung der musikalischen Sprache. Nietzsche:

> «Wagner hat beinahe entdeckt, welche Magie selbst noch mit einer aufgelösten und gleichsam *elementarisch* gemachten Musik ausgeübt werden kann. Sein Bewusstsein geht bis ins Unheimliche, wie sein Instinkt, die höhere Gesetzlichkeit, den *Stil* gar nicht nötig zu haben. Das Elementarische *genügt* – Klang, Bewegung, Farbe, kurz die Sinnlichkeit der Musik.»[361]

Dies wird von Wagner zuweilen so weit geführt und perfektioniert, dass die derart entstehende Welt der Klänge nicht mehr als Musik im «alten» und eigentlichen Sinne des Wortes gelten kann, wie der Wagnerianer Thomas Mann hervorhebt.

> «Wagners Musik ist so ganz und so gar nicht Musik, wie die dramatische Unterlage, die sie zur Dichtung vervollständigt, Literatur ist. Sie ist Psychologie, Symbol, Mythik, Emphatik ...

Sie, die wie ein Geysir aus vorkulturellen Tiefen des Mythos hervorzuschießen scheint (und nicht nur scheint: Sie tut es wirklich), ist in Wahrheit und außerdem – gedacht, berechnet, hochintelligent, von ausgepichter Klugheit, so literarisch konzipiert, wie ihre Texte musikalisch konzipiert sind.»[362]

Das Intellektuelle und das Archaische liegen bei Wagner dicht beieinander. Wagner ist auf eine schwer zu entwirrende Weise zugleich Ritualmagier und Intellektueller, Schamane und kluger Musik-Konstrukteur. Thomas Mann attestiert ihm «die selbstherrlich dilettantische Nutzbarmachung der Musik zur Darstellung einer mythischen Idee» (bezogen auf das «Rheingold»-Vorspiel, den berühmten Es-Dur-Dreiklang).[363]

Das Klingsor-Prinzip des deutschen Geistes

Wagner macht aus der Musik ein Mittel der Demagogie, der Überredungskunst. Das «erriet» Hitler, das kopierte er – er, der selbst ein Wagner-Besessener war, der selbst abhängig war von der Droge Wagner. Wagner ist auch ein großer «Didaktiker» der Musik: Er erreicht ein Maximum an Wirkung mit einem Minimum an musikalischer Substanz. Im «Parsifal» bringt Wagner den Katholizismus bzw. den in der katholischen Messe verborgenen rituellen Kern «auf den Punkt» es gelingt ihm, jene vorchristlich-magischen Elemente in der katholischen Liturgie zu neuem Leben zu erwecken. Insofern ist die im «Parsifal» zutage tretende Ritualmagie christlich und nicht-christlich (bzw. vorchristlich) zugleich. Der Streit der Meinungen hält an, ob der «Parsifal» ein christliches Mysterium zur Darstellung bringe oder eher einer «schwarzen Messe» gleiche (wie Robert Gutman meint). Gutman spricht mit Blick auf den «Parsifal» von der «Berauschung am Destruktiven, am Verbrecherischen und Entarteten» in Kundry, «der dämonischen Prostituierten», und «im selbstkastrierten Klingsor und der feindseligen Sturmabteilung der Gralsritter», von der «Freude am Satanischen, Okkulten und schwarzer Magie».[364] Der stellenweise mediumartige Trancezustand Kundrys soll auch im Zuhörer/Zuschauer erregt werden, wobei Wagner selbst als Klingsor fungiert. Die Nürnberger Reichsparteitage der NSDAP offenbaren analoge Züge von «schwarzer Magie» und «Satanismus» wie der «Parsifal»! Wagner kann beim besten Willen nicht als Christ bezeichnet werden; seine Mythomanie will weit zurück, will «hinter das Christentum, zu den Ursprüngen religiöser Kulte überhaupt, zur «Urzeit». Sie speist sich aus den «vor-kulturellen Tiefen des Mythos». Wagner gestaltet das Mythische zugleich mit einem Höchstmaß an intellektuell-handwerklicher Wachheit und Bewusstheit. Er betreibt «intellektuelle Magie» (Thomas Mann) – und vielleicht liegt gerade hierin ein Stück «Teufelspakt» des deutschen Geistes im Sinne Thomas Manns: in der Mischung aus intellektuellem Hochmut und seelischem Archaismus. Auch Wagner trägt die Züge Adrian Leverkühns ...

Wir dürfen als sicher annehmen, dass Hitler durch Wagner initiiert wurde, «eingeweiht» in einem mehr als metaphorischen Sinne. Die Hitlersche Vorstellungswelt hat ihre machtvollsten Prägeimpulse von den mythischen Figuren und Motiven der Wagnerschen Musikdramen erhalten, von der archaisch-intellektuellen Magie der hier kompositorisch gestalteten «Rhythmen der Vorwelt» (eine Kennzeichnung der Wagner-Musik im Übrigen, die an Thomas Mann gemahnt). Hitler scheint das Element «Tibet» im Werk Wagners, speziell im «Parsifal», geahnt zu haben, wobei Tibet hier als Symbolbegriff stehen möge für jene auch von Wagner erstrebte kultische Ästhetisierung und Verwandlung der Gesellschaft. (Zu Richard Wagners Kulturutopie und zu der «tibetischen» Komponente seines Werkes sei auf die entsprechenden Passagen in meinem Buch «Klang und Verwandlung. Klassische Musik als Weg der Bewusstseinsentwicklung» verwiesen; S. 111ff und S. 174/75.) Die Verehrung Wagners in Esoterikerkreisen und Okkultgruppen vom späten 19. Jahrhundert bis in unsere Tage dürfte mit diesem rituell-magischen Element der Wagnerschen Kunst zusammenhängen. – Was bei Wagner noch im Kraftfeld eines genialen Künstlertums «gebannt» wird, jene urtümliche Wucht der ritualmagischen Entfaltung der unteren Bewusstseinszentren, tritt bei Hitler in nackter Dämonie hervor: der Mythos auf der Stufe der Regression, des Rückfalls in die kollektiven Schichten vor-individuellen Seins. Hinsichtlich der «Schuldfrage» gilt Ähnliches für Nietzsche: Die Wirkungsgeschichte Wagners im Nationalsozialismus ist ermöglicht worden durch die bedrohliche Ambivalenz seines Werkes, durch dessen Eigenarten, die Nietzsche so unvergleichlich herausgearbeitet hat (er *konnte* dies, weil er diese partiell in sich trug).

Wagner verkörpert gleichsam das Klingsor-Prinzip des deutschen Geistes, aus dem der «Teufelspakt» erwachsen konnte. Auch Nietzsche tragt die Züge Klingsors in einer Schicht seines Wesens, und die Zahl seiner Gemeinsamkeiten mit Wagner ist Legion. Die monströseste Ausformung des Klingsor-Prinzips im deutschen Geist war Hitler bzw. die im Hitlerismus begründete Umsetzung dieses Prinzips in die politische Realität.
War auch Nietzsche – wie Hitler – ein durch Wagner Initiierter?

Kommen wir abschließend noch einmal auf die von Richard Wagner konzipierte Siegfried-Gestalt zurück, die Nietzsche bewunderte. In der «Mitteilung an meine Freunde» (1851) schreibt Wagner, er wolle in Siegfried «den Menschen in der natürlichsten, heitersten Fülle» gestalten:

«Mich hatte ‹Elsa› diesen Mann finden gelehrt: Er war mir der männlich verkörperte Geist der ewig und einzig zeugenden Unwillkür, des Wirkens wirklicher Taten, *des Menschen* in der Fülle höchster, unmittelbarster Kraft und zweifellosester Liebenswürdigkeit. Hier, in der Bewegung dieses Menschen, war kein gedankenhaftes Wollen der Liebe mehr, sondern leibhaftig lebte sie da, schwellte jede Ader und regte jeden Muskel des heitren Menschen zur entzückenden Beteiligung ihres Wesens auf.[365]

In «Jenseits von Gut und Böse» bezeichnet Nietzsche «die Gestalt des Siegfried, jenes *sehr freien* Menschen, der in der Tat bei Weitem zu frei, zu hart, zu wohlgemut, zu gesund, zu *antikatholisch* für den Geschmack alter und mürber Kulturvölker sein mag», als «das Merkwürdigste, was Richard Wagner geschaffen hat».[366] Diese Worte hinterlassen den Eindruck, als setze Nietzsche den Wagnerschen Siegfried mit jenem Typus Mensch gleich, den er selbst als Vision heraufbeschworen hat. Vielleicht hat die Siegfried-Gestalt tatsächlich, wie Bertrand Russell vermutet, auf die Konzeption des Übermenschen Einfluss gehabt.

Siegfried ist Wagners Traum vom moralüberlegenen, freien Menschen, vom «deutschen Herrenmenschen». Der «Parsifal» kann als eine Art Fortsetzung der «Götterdämmerung» interpretiert werden: Hagen wirkt wie eine Vorform Klingsors, Siegfried

wie eine solche Parsifals. Siegfried scheitert, er wird vom Albe-
rich-Sohn Hagen getötet; Parsifal triumphiert über Klingsor. Aus
dem Weltenbrand der Götterdämmerung erwächst das Mysterium des Grals, nach Wagner ein Symbol des reinen, göttlichen
Blutes und der Ordensritterschaft einer neuen Kaste, die zur
Weltherrschaft berufen ist. In der Vision von der «Vernichtung
der verfallenden Rassen», von der «Herrschaft über die Erde, als
Mittel zur Erzeugung eines höheren Typus»[367], berühren sich
Wagner und Nietzsche. Dass «eine herrschende Rasse» nötig sei
«mit unbedingter Gewalt», wie Nietzsche schreibt[368], davon
war auch Wagner überzeugt. «Entartende und absterbende
Rassen» zu zerbrechen, «um für eine neue Ordnung des Lebens
Bahn zu machen oder um dem, was entartet und absterben will,
das Verlangen zum Ende einzugeben» (Nietzsche, 1885)[369], entsprach auch der Wagnerschen «Weltheilungsvision».

Fassen wir zusammen: Dass der Nationalsozialismus die
Perversion einer antinihilistische Revolte darstellt, ist die Zentralthese der vorliegenden Studie. Die prinzipielle Berechtigung
einer derartigen Revolte, die Notwendigkeit einer Überwindung
des kausal-mechanistischen Denkens in seinem globalen Macht-
anspruch zugunsten einer ganzheitlichen Sicht ist heute unbestreitbar. Die Entartung des antinihilistischen Impulses dürfte
bereits in Teilen der Romantik eingesetzt haben, erfährt aber
erst in den Musikdramen Richard Wagners ihre geschichts-
mächtige Ausformung. Wagner will «als Künstler zur schaffenden Vernichtung der modernen Welt» beitragen, wie er selbst
sagt, er will das Alte zerstören, um eine neue Kultur, ja eine
«neue Erde» zu schaffen. Dies macht ihn zum antihumanistischen Kulturrevolutionär, der den Mythos musikalisch-dichte-
risch erneuert um der schöpferischen Überwindung eines dem

Untergang geweihten Weltzustandes willen. Der «Parsifal» ist der Gipfel jenes Weltheilungs-Welterlösungs-Theaters und – Wahns. Wagners Missionsbewusstsein sprengt jedes Maß, alle christlich-demokratischen Wertsysteme. Er inszeniert seinen Weltrettungsversuch mittels der Kunst als gewaltiges Schauspiel und Ritual und übermittelt derart seinem schlimmen «Schüler» und Bewunderer Hitler den richtungsweisenden ideologischen Impuls.

Nietzsche fühlt sich Wagner zutiefst verwandt; noch in der Abkehr von dem Bewunderten bleibt er ihm verhaftet. Seine schonungslose Abrechnung mit dem Künstler Wagner als einem neurotischen Schauspieler ist ein Stück Selbstabrechnung, ein Stück Selbstanalyse. Gerade deshalb ist sie nahezu unverzichtbar für das Verständnis der Wagnerschen Psyche, aber auch derjenigen Nietzsches und – Hitlers! In Hitler treten jene Elemente grell und brutal vulgarisiert hervor, die bei Wagner und Nietzsche eingebunden sind in die überzeugende Größe echter Genialität. Der «Künstler-Politiker» Hitler wird zum peinlich empfundenen «Bruder» der Mythomanen Nietzsche und Wagner, zum Zerrbild, zur abgeschmackten Karikatur mit teuflischen Zügen. Hitler als der große Besudeler des Mythos – und auch auf eine beklemmende Weise «deutsch», den Ambivalenzen des deutschen Geistes zugeordnet, zu ihrer neurotischen Übersteigerung beitragend. Er und die vielen, die ihm gefolgt sind, ließen die Revolution des Geistes, die künstlerisch-philosophische Erneuerungsvision Nietzsches und Wagners zur barbarischen politischen Farce werden, zur Perversion des Neuen Zeitalters.

Schlussbemerkungen

Wie war Hitler in Deutschland möglich? Sich dieser alten und quälenden Frage zu stellen, und zwar *als Deutscher* zu stellen, geht nicht ab ohne das, was die Psychologen Trauerarbeit nennen. Was geschah, jener Ausbruch eines kollektiven Wahns ohnegleichen, kann nicht vergessen werden. Angesichts von Auschwitz ist es schwer, nicht zum Schwätzer zu werden. Die «Ohnmacht der Vernunft» hinsichtlich des radikal Bösen ist häufig hervorgehoben worden. Wir müssen, um zu Urteilen zu gelangen, «tiefere und verfänglichere Schichten» aufsuchen (wie Gottfried Benn sagt), die im rationalen Denken vielfach tabuisiert werden.

Um der Zukunft willen, wenn wir noch eine Zukunft haben, müssen wir zu begreifen versuchen, was geschehen konnte. Hitler wird sich nicht wiederholen (jedenfalls nach «menschlichem Ermessen»), auch Auschwitz wird sich nicht wiederholen; was uns Heutigen droht, ist das Hiroshima-Schicksal oder die ökologische Katastrophe. Die äußerste Bedrohung erst befähigt uns, die Dimensionen jener antinihilistischen Revolte vor 1933 zu verstehen und zu würdigen. Die moralische Empörung über den Völkermord der Nationalsozialisten wird fragwürdig und verlogen, wenn z. B. die *Androhung* des Völkermords, die in der atomaren «Abschreckungsstrategie» steckt, dabei totgeschwiegen wird. Jonathan Schell schreibt in seinem Buch «Das Schicksal der Erde»:

«Der Genozid, allem voran Hitlers Versuch der Liquidierung des jüdischen Volkes, ist das geschichtliche Ereignis, das der

Ausrottung unserer Art am nächsten kommt. (...) Die Verwandtschaft zwischen Genozid und Vernichtung unserer Spezies zeigt sich ferner darin, dass die Supermächte im Ernstfall den gegenseitigen Völkermord *beabsichtigen* (die ungewollten ‹Nebenwirkungen› einmal beiseite gelassen) – um die andere Seite als Kultur und Volk von der Erdoberfläche zu tilgen.»[370]

Allenthalben wird fortwährend das Undenkbare vorbereitet, und die Normen der Geschichte *vor* 1933 sind uns längst verloren gegangen. Die ökologische Globalkatastrophe, die sich auf vielfaltige Weise allenthalben ankündigt, wird – wenn sie denn eintritt, wir also nicht die Kraft aufbringen, hier *radikal* entgegenzusteuern – eine Art Über-Auschwitz sein, vor dem jede Vorstellung versagt. Weltweit wird der Ausrottungs- und Selbstmordkurs fortgesetzt; das Wüste Land wächst – buchstäblich – von Tag zu Tag. Die versteinerten Ablagerungen unserer Bewusstseinsverfassung, die jedes Maß sprengen, werden nicht auf dem sanften Wege aufzulösen sein. Extreme Situationen erfordern extreme, also radikale Maßnahmen. Allen geschichtlichen Erfahrungen nach wird dies die Stunde der Fanatiker und selbsternannten Heilsbringer sein. Es bleibt zu hoffen, dass sich alle diejenigen, die sich heute und morgen erneut auf Visionssuche begeben – nicht *nur* in Deutschland, aber eben *auch* in Deutschland, dem Lande des unerlösten Schattens – , wirklich begreifen, was damals passiert ist. Nur ein Höchstmaß an Wachheit, integralem Bewusstsein und Mitgefühl wird uns davor bewahren, eine neue politische Farce zu inszenieren. Vereinzelte Bestrebungen auf einen ökologisch und naturmagisch orientierten Neofaschismus hin zeigen hier eine mögliche

Richtung an.[371] In der sogenannten New-Age-Bewegung und ihrem geistigen Umfeld gibt es fanatische und regressive Tendenzen zuhauf.

Die Angst vor dem geistfeindlich-Rabiaten, vor Großmannssucht und moralischem Rigorismus – um nur drei Aspekte der deutschen Seelenverfassung zu nennen, die wir mit Grund zu fürchten gelernt haben – sollte uns nicht daran hindern, auch hier in Deutschland jene archetypischen Energien zu «rufen», die wir brauchen, um eine Tiefenverwandlung unseres Bewusstseins herbeizuführen. Kein denkender Mensch kann heute ernsthaft bezweifeln, dass nur eine die Tiefen unseres Bewusstseins ergreifende Verwandlung die Rettung der Spezies Mensch verbürgt. Wenn alles, von kosmetischen Korrekturen abgesehen, weiterläuft wie bisher, gehen wir zugrunde, auch wenn die Wahrscheinlichkeit des atomaren Holocaust sich in den letzten Jahren verringert haben mag; der ökologische Holocaust liegt in der Konsequenz der herrschenden Bewusstseinsverfassung. Um diese zu verwandeln, reicht die Ratio beileibe nicht aus. Wir müssen die machtvollen Tiefenkräfte unserer Existenz – archetypische, spirituelle, emotionale Energien – fruchtbar machen für die Bewältigung der globalen Krise, der ungeheuren sozialen, politischen und ideologischen Konflikte und Verwerfungen, die in den nächsten Jahren anstehen. Wir kommen nicht aus ohne den Archetypus des Neuen Zeitalters, des «Reiches», ohne die anderen großen Archetypen, von denen ich einige genannt habe. In diesem Sinne also ist der Mythos *notwendig*, um unseren Bewusstseinsbeton aufzubrechen. Jede Visionssuche heute muss den *ganzen* Menschen umfassen, ohne ihn totalitär zu erfassen und zu vereinnahmen, obwohl zweifelhaft ist, ob und inwieweit der bürgerliche Liberalismus mit allen Folgeerscheinungen noch in der Lage ist, die Ausrottungstendenz der Großen Maschine zu stoppen. Das muss nicht gleich zum Öko-Faschismus führen ...

Hitler hat die Deutschen als Werkzeug seines Wahns eingesetzt; sie selber haben es ihm ermöglicht, sowohl die Massen als auch ein Großteil der bürgerlichen und aristokratischen Eliten. Am Ende wollte er die totale Vernichtung des deutschen Volkes (wie im «Nero-Befehl» vom 19. März 1945 erkennbar wird). Das NS-Regime ist zerschlagen worden; anders als mit massiver Gegengewalt wäre ihm nicht beizukommen gewesen. *Nicht* zerschlagen wurde der deutsche Geist (wenn auch vielen Deutschen das geistige und seelische Rückgrat gebrochen wurde und der aufrechte Gang seitdem schwerfällt). Diesen Sieg wollen wir Hitler nicht lassen.

Und ohne die *innere* Erlösung des Schattens, den Hitler verkörpert, ohne eine Kultur der Gewaltlosigkeit und des ökologischen Bewusstseins wird jede Visionssuche, wenn sie von Deutschen ausgeht, nur an den alten Mustern und Verkrampfungen scheitern bzw. im politischen Fiasko enden.

Literaturverzeichnis

Ach, Manfred/*Pentrop,* Clemens: Hitlers ‹Religion›. Pseudoreligiöse
Elemente im nationalsozialistischen Sprachgebrauch,
München lW7

Alteau, René: Hitler et les societes secretes, Paris 1969

Augstein, Rudolf: Wiederkehr eines Philosophen. Täter Hitler – Denker
Nietzsche, Titelgeschichte des «Spiegel» vom 8. Juni 1981, S. 156ff

Bahro, Rudolf: Logik der Rettung. Wer kann die Apokalypse aufhalten?
– Ein Versuch über die Grundlagen ökologischer Politik,
Stuttgart/Wien 1987

Benn, Gottfried: Gesammelte Werke in vier Bänden,
Wiesbaden 1959-1961

Bertram, Ernst: Nietzsche. Versuch einer Mythologie, Berlin 1918

Binion, Rudolf: Hitler among the Germans, New York 1976
Dt. : «... daß ihr mich gefunden habt». Hitler und die Deutschen:
eine Psychohistorie, Stuttgart 1978

Capra, Fritjof: Wendezeit. Bausteine für ein neues Weltbild,
München 1983

Cassirer, Ernst: Der Mythus des Staates. Philosophische
Grundlagen politischen Verhaltens, Zürich/München 1949

Chamberlain, Houston Stewart: Die Grundlagen des neunzehnten
Jahrhunderts, München 1906

Clark, Ronald W.: Albert Einstein. Leben und Werk, Esslingen 1974

Cohn, Norman: Das Ringen um das Tausendjährige Reich,
München 1961

Colti, Giorgi: Nach Nietzsche, Frankfurt 1980

Daqué, Edgar: Natur und Seele. Ein Beitrag zur magischen
Weltlehre, München/Berlin 1926

Deschner, Karlheinz: Abermals krähte der Hahn.
Eine Demaskierung des Christentums von den Evangelien
bis zu den Faschisten, Reinbek 1972

Diederichs, Eugen: Leben und Werk. Ausgewählte Briefe
und Aufzeichnungen, Jena 1936

Domarus, Max (Hrsg.): Hitler. Reden und Proklamationen 1932-1945,
2 Bde., Neustadt a.d. Aisch 1962

Doucet, Friedrich W.: Im Banne des Mythos. Die Psychologie des
Dritten Reiches, Esslingen 1979

Eitner, Hans-Jürgen: 'Der Führer'. Hitlers Persönlichkeit und
Charakter, München 1981

Eliot, Alexander: Mythen der Welt, Luzern/Frankfurt 1976

Evola, Julius: Das Mysterium des Grals, Schwarzenburg 1978

Fabry, Philipp W.: Mutmaßungen über Hitler. Urteile der
Zeitgenossen, Düsseldorf 1979

Fest, Joachim C.: Hitler. Eine Biographie, Berlin 1976

Fischer, Kurt Rudolf: Nazism as a Nietzschean ‹Experiment›.
In: Nietzsche-Studien 6, Berlin/New York 1977, S. 116ff

Freud, Sigmund: Der Mann Moses und die monotheistische
Religion, Frankfurt/M. 1970

Gerson, Werner: Le nazisme, société secrète, Paris 1976

Giordano, Ralph: Die zweite Schuld oder Von der Last Deutscher
zu sein, Hamburg 1987

Glowka, Hans-Jürgen: Deutsche Okkultgruppen 1875-1937,
München 1981

Goldmann, Nahum: Mein Leben als deutscher Jude,
Berlin/Frankfurt 1983

Govinda, Lama Anagarika: Schöpferische Meditation und
multidimensionales Bewusstsein, Freiburg 1982

Gregor-Dellin, Martin: Richard Wagner. Sein Leben, sein Werk,
sein Jahrhundert, München 1980

Guenon, Rene: Le Roi du Monde, Paris 1958

Gugenberger, Eduard/*Schweidlenka,* Roman: Mutter Erde, Magie und
Politik. Zwischen Faschismus und neuer Gesellschaft, Wien 1987

Gutman, Robert: Richard Wagner. Der Mensch, sein Werk, seine Zeit,
München 1970

Haack, Friedrich Wilhelm: Wotans Wiederkehr. Blut-, Boden- und
Rassereligion, München 1981

Haffner, Sebastian: Anmerkungen zu Hitler, München 1978

Heer, Friedrich: Der Glaube des Adolf Hitler. Anatomie einer
politischen Religiosität, München/Esslingen 1968

Heidegger, Martin: Die Selbstbehauptung der deutschen Universität.
Das Rektorat 1933/34, Frankfurt/M. 1983

Heisenberg, Werner: Der Teil und das Ganze. Gespräche im
   Umkreis der Atomphysik, München 1969
Herbig, Jost: Kettenreaktion . Das Drama der Atomphysiker,
   München 1976
Hitler, Adolf: Mein Kampf, München 1936 (213./217. Auflage)
Hofer, Walter: Der Nationalsozialismus. Dokumente 1933-1945,
   Frankfurt/M. 1957
Höhne, Heinz: Der Orden unter dem Totenkopf. Die Geschichte der *SS,*
   München 1979
ders.: Machtergreifung. Deutschlands Weg in die Hiller-Diktatur,
   Reinbek 1983
Ipser, Karl: Kaiser Friedrich II. Leben und Werk in Italien, Leipzig 1942
Jäckel. Eberhard: Hitlers Weltanschauung, Stuttgart 1981
Jaspers. Karl: Nietzsche und das Christentum, München 1952
Jlinger, Ernst: Zahlen und Götter. Philemon und Baueis.
   Zwei Essays, Stuttgart 1974
Jung, Carl Gustav: Psychologie und Alchemie, Olten 1975
ders.: Wotan - Sein Wiedererwachen im Dritten Reich.
   In: Jung-Lesebuch, S. 205-220, Olten 1984
Kantorowicz, Ernst: Kaiser Friedrich II. Düsseldorf/München 1964
Katz. Jacob: Richard Wagner. Vorbote des Antisemitismus,
   Königstein 1985
Kirchhoff. Jochen: Zum Probem der Erkenntnis bei Nietzsche.
   In: Nietzsche-Studien 6, S. 16-44, Berlin/New York 1977
ders.: Giordano Bruno, Reinbek 1980 (rowohlts monographien 285)
ders.: Schelling, Reinbek 1982 (rowohlts monographien 308)
ders.: Kopernikus, Reinbek 1985 (rowohlts monographien 347)
ders.: Klang und Verwandlung. Klassische Musik als Weg
   der Bewusstseinsentwicklung, München 1989
ders.: Die Erlösung der Natur – Impulse für eine kosmisches
   Menschenbild, Klein Jasedow 2004
Klages, Ludwig: Mensch und Erde, Jena 1937
ders.: Der Geist als Widersacher der Seele, Bonn 1960
Krause, Helmut Friedrich: Vom Regenbogen und vom Gesetz
   der Schöpfung. Das kosmische Schicksal der Menschheit,
   Berlin 1989

Krockow, Christian Graf von: Scheiterhaufen. Größe und Elend des deutschen Geistes, Berlin 1983

Kühnl, Reinhard: Der deutsche Faschismus in Quellen und Dokumenten, Köln 1975

Lauf, Detlfef-I.: Geheimlehren tibetischer Totenbücher. Jenseitswelten und Wandlung nach dem Tode, Freiburg 1979

ders.: Das Erbe Tibets. Wesen und Deutung der buddhistischen Kunst in Tibet, Bern 1975

Lechter, Jörg: Vom Hakenkreuz. Die Geschichte eines Symbols, Leipzig 1921 (erweiterte Auflage: Leipzig 1934)

Leinemann, Jürgen: Die Angst der Deutschen. Beobachtungen zur Bewusstseinslage der Nation, Reinbek 1982

Lessing, Doris: Shikasta, London 1980

Liebmann, Kurt (Hrsg.): Vom Ursprung zur Vollendung. Ein Lebensbuch kosmisch-religiöser Bindung, Jena 1929

Loewy, Ernst: Literatur unterm Hakenkreuz. Das Dritte Reich und seine Dichtung. Eine Dokumentation. Frankfurt/M. 1969

Löwith, Karl: Nietzsches Philosophie der Ewigen Wiederkehr des Gleichen, Stuttgart 1956

Mann, Thomas: Das essayistische Werk. Taschenbuchausgabe in acht Bänden, Frankfurt/M. 1968

ders.: Doktor Faustus. Das Leben des deutschen Tonsetzers Adrian Leverkühn erzählt von einem Freunde, Frankfurt/M. 1967

Manthey, Jürgen (Hrsg.): Literaturmagazin 12. Nietzsche, Reinbek 1980

Martin, Bernd: Martin Heidegger und das 'Dritte Reich', Darmstadt 1989

Maser, Werner: Hitlers Briefe und Notizen. Sein Weltbild in handschriftlichen Dokumenten, Düsseldorf 1973

ders.: Adolf Hitler, Mein Kampf, Esslingen 1981

ders.: Der Sturm auf die Republik . Frühgeschichte der NSDAP, Berlin 1981

Metzger, Heinz-Klaus/*Riehn*, Rainer (Hrsg.): Musik-Konzepte 5. Richard Wagner. Wie antisemitisch darf ein Künstler sein?, München 1981

ders.: Musik-Konzepte 25. Richard Wagner. Parsifal, München 1982

Masse, George L.: Ein Volk, ein Reich, ein Führer. Die völkischen
  Ursprünge des Nationalsozialismus, Königstein/Taunus 1979
Müller-Lauter, Wolfgang: Nietzsche. Seine Philosophie der Gegensätze
  und die Gegensätze seiner Philosophie, Berlin/New York 1971
Nette, Herbert: Friedrich II. von Hohenstaufen, Reinbek 1975
Neumann, Erich: Die große Mutter. Eine Phänomenologie
  der weiblichen Gestaltungen des Unbewußten, Olten 1974
Nietzsche, Friedrich: Sämtliche Werke. Kritische Studienausgabe
  in 15 Bänden. (Abkürzung: KSA) , München 1980
Nietzsche-Studien. Internationales Jahrbuch für die
  Nietzsche-Forschung, Berlin/New York 1972 ff
Nolte, Ernst: Der Nationalsozialismus, Berlin 1970
Orzechowski, Peter: Schwarze Magie – Braune Macht,
  Ravensburg 1988
Ossendowski, Ferdinand: Tiere, Menschen und Götter,
  Frankfurt/M. 1924
Otto, Walter F.: Theophania. Der Geist der altgriechischen Religion,
  Hamburg 1959
Pauwels, Louis/*Bergier,* Jacques: Aufbruch ins dritte Jahrtausend .
  Von der Zukunft der phantastischen Vernunft, München 1962
  (Originalausgabe: Le Matin des Magiciens, Paris 1961)
Peters, H. F.: Zarathustras Schwester. Fritz und Lieschen Nietzsche
  – ein deutsches Trauerspiel, München 1983
Picker, Henry: Hitlers Tischgespräche im Führerhauptquartier,
  München 1981
Rauschning, Hermann: Gespräche mit Hitler, Wien 1973
Ravenscroft, Trevor: Der Speer des Schicksals, Zug (Schweiz) 1974
  (Originalausgabe: The Spear of Destiny, London 1972)
ders.: The Cup of Destiny, London 1981
Reich, Wilhelm: Massenpsychologie des Faschismus, KölnlBerlin 1971
Rosenberg, Alfred: Mythus des 20. Jahrhunderts, München 1932
Sandvoss, Ernst: Hitler und Nietzsche, Göttingen 1969
Schell, Jonathan: Das Schicksal der Erde. Gefahr und Folgen
  eines Atomkriegs, München 1982
Schelling, Fr. W. J. : Philosophische Untersuchungen über
  das Wesen der menschlichen Freiheit (hrsg. von Walter Schulz),
  Frankfurt/M. 1975

ders.: Die Weltalter. Reprint, Darmstadt 1976
ders.: Philosophie der Mythologie. Reprint, Darmstadt 1976
Schramm, Percy Ernst: Adolf Hitler. Anatomie eines Diktators.
    Titelgeschichte des «Spiegel» vom 29. Januar 1964, S. 40ff
    (Beginn der Serie)
Sebottendorf, Rudolf von: Bevor Hitler kam. Urkundliches aus der
    Frühzeit der nationalsozialistischen Bewegung, München 1933
Speer, Albert: Erinnerungen, Berlin 1969
Stern, I. P.: Hitler. Der Führer und das Volk, München 1981
ders.: Nietzsche. Die Moralität der äußersten Anstrengung,
    Köln 1982
Syberberg, Hans Jürgen: Hitler, ein Film aus Deutschland,
    Reinbek 1978
Taureck, Bernhard H. F. : Nietzsche und der Faschismus,
    Hamburg 1989
Tautz, Johannes: Der Eingriff des Widersachers. Fragen zum
    okkulten Aspekt des Nationalsozialismus, Freiburg 1976
Theweleit, Klaus: Männerphantasien. Bd. 2: Männerkörper:
    Zur Psychoanalyse des weißen Terrors, Reinbek 1980
Uhlig, Helmut: Tibet. Ein verbotenes Land öffnet seine Tore,
    Bergisch Gladbach 1986
Wagner, Cosima: Die Tagebücher 1869-1883, 4 Bände, München 1982
ders.: Das zweite Leben. Briefe und Aufzeichnungen 1883-1930,
    München 1980
Wagner, Richard: Die Musikdramen, München 1981
ders.: Ausgewählte Schriften, Frankfurt 1974
ders.: Briefe (hrsg. von Hanjo Kesting) , München 1983
Wapnewski, Peter: Richard Wagner. Die Szene und ihr Meister,
    München 1978
ders.: Tristan, der Held Richard Wagners, Berlin 1981
ders.: Richard-Wagner-Handbuch (hrsg. mit Ulrich Müller) ,
    Stuttgart 1986 (Hier vor allem wichtig die Arbeiten von
    Wapnewski, Carl Dahlhaus, Dieter Borchmeyer,
    Werner Breig, Jürgen Kühnel und Ernst Hanisch)
Wessling, Berndt W. (Hrsg.): Bayreuth im Dritten Reich.
    Richard Wagners politische Erben. Eine Dokumentation,
    Weinheim/Basel 1983

Wolf, Günther (Hrsg.): Stupor mundi. Zur Geschichte Friedrichs II.
von Hohenstaufen. Wege der Forschung, Band CI, Darmstadt 1966
Wolfram von Eschenbach: Parzival, Stuttgart 1981.
Mittelhochdeutsch/Neuhochdeutsch.
Übersetzt von Wolfgang Spiewok. 2 Bände
Weizsäcker, Carl Friedrich von: Der Garten des Menschlichen.
Beiträge zur geschichtlichen Anthropologie, München 1977
ders.: Zur Beurteilung des deutschen Geistes (Aufzeichnung von
1945). In: Wahrnehmung der Neuzeit, *S.238-m,* München 1986
ders.: Ein Brief über den Nationalsozialismus (von 1952).
In: Wahrnehmung der Neuzeit, S. 274-309
Zelinsky, Hartmut: Die ‹feuerkur› des Richard Wagner.
In: Musik-Konzepte 5, a.a.o. , S. 79ff
ders.: Rettung ins Ungenaue. Zu Martin Gregor-Dellins
Wagner-Biographie. In: Musik-Konzepte 25, a.a.O., S. 74 ff

Anmerkungen

Genauere Angaben zu den Titeln finden sich im Literaturverzeichnis.
Die Abkürzung «KSA» bezieht sich auf die kritische Studienausgabe
sämtlicher Werke Nietzsches (München 1980).
a) Thomas Mann, Politische Schriften und Reden, Bd. 2, S. 263
b) Weizsäcker, Wahrnehmung der Neuzeit, S. 297
c) Zitiert bei Weizsäcker, a.a.O., S. 378. Weizsäcker nennt nicht den
Namen; er schreibt: «Ein kluger jüngerer Beobachter, der aus der
Neuen Linken der späten Sechzigerjahre hervorgegangen ist und dann
die Erfahrung asiatischer Meditation gemacht hat, drückte es unlängst
mir gegenüber im Gespräch mit vollendeter Einfachheit aus: ‹Der
Faschismus war ein missglückter Versuch, das Reich Gottes auf Erden
zu errichten.›»

1. Zitiert in der «taz» vom 13. 2. 1988, S. 18
2. Bahro, Logik, S. 461 u. 346, 347
3. Syberberg, Hitler, S. 33
4. Benn, Werke 4, S. 76, 77
5. «Spiegel» 1981/24, S. 156
6. «Spiegel», a.a.O.
7. Weizsäcker, Garten, S. 93
8. Jünger, Zahlen, S. 104
9. Jünger, a.a.O., S. 94
10. Jünger, a.a.O.
11. KSA 5, S. 412
12. Klages, Mensch, S. 25
13. Freud, Mann Moses, S. 120
14. KSA 5, S. 267, 68
15. Mann, Zu Wagners Verteidigung. In: Musik-Konzepte 5, S. 33
16. Zit. bei Doucet, Mythos, S. 217
17. Neumann, Mutter, S. 19
18. Govinda, Meditation, S. 109, S. 302
19. Mann, Schriften zur Literatur 2, S. 225
20. Karl Kerenyi - Thomas Mann: Gespräch in Briefen, Zürich 1960, S. 39
21. Mann, Pol. Schriften 3, S. 53, 54
22. Mann, a.a.O., S. 55
23. Otto, Theophania, S. 12

24. Otto, a.a.O., S. 13
25. Fest, Hitler, S. 525
26. Fest, a.a.O., S. 713
27. Mann, Schriften zur Lit. 2, S. 225
28. Mann, a.a.O., S. 226
29. Mann, Zu Wagners Verteidigung. In: Musik-Konzepte 5, S. 32, 33
30. KSA 5, S. 185
31. Fest, Hitler, S. 1040
32. Haffner, Anmerkungen, S. 204
33. Mann, Pol. Schriften 3, S. 164
34. KSA 5, S. 180
35. Mann, Pol. Schriften 3, S. 164
36. Wapnewski, Tristan, S. 33
37. Friedrich Hölderlin, Sämtliche Werke, Frankfurt 1961, S. 636
38. KSA 6, 362
39. KSA 6, 359
40. Zit. bei Fest, Hitler, S. 1096
41. Rauschning, Gespräche, S. 227
42. Rauschning, a.a.O., S. 223
43. Zit. bei: Graf von Westfalen, Geschichte des Antisemitismus in Deutschland, Stuttgart 1971, S. 40
44. Zit. bei Stern, Hitler, S. 196
45. Haffner, Anmerkungen, S. 129
46. Clark, Einstein, S. 433 ff
47. KSA 5, S. 184
48. KSA 5, S. 186
49. Fest, Hitler, S. 518
50. Picker, Einführung der Tischgespräche, S. 53
51. Peter Hoffmann, zit. bei Eitner, Führer, S. 262
52. Zit. bei Krockow, Scheiterhaufen, S. 48
53. «Spiegel» 1983/19, S. 205
54. Stern, Hitler, S. 34
55. Zit. bei Stern, a.a.O., S. 33
56. KSA 6, S. 106
57. Zit. bei Fest, Hitler, S. 522
58. ebd.
59. Mann, Pol. Schriften 2, S. 268
60. Mann, Pol. Schriften 3, S. 165
61. ebd.
62. Arthur Schopenhauer, Sämtliche Werke in 12 Bänden, Stuttgart 1894, Bd. 3, S. 115

63. Mann, Pol. Schriften 3, S. 269
64. KSA 5, S. 141
65. KSA ll, S. *572*
66. Mann, Pol. Schriften 3, S. 269
67. Fest, Hitler, S. 459
68. Fest, a.a.O., S. 147
69. Benn, Werke 4, S. 247
70. Heer, Glaube, S. 567
71. Haffner, Anmerkungen, S. 203
72. Höhne, Machtergreifung, S. 263, 264
73. Fest, Hitler, S. 583
74. ebd.
75. Peters, Zarathustras Schwester, S. 291 ff
76. Benn, Werke 4, S. 89, 90
77. Mann, Pol. Schriften 2, S. 256
78. ebd.
79. Weizsäcker, Garten, S. 567
80. Weizsäcker, a.a.O., S. 565
81. Benn, Werke 4, S. 240
82. Bertram, Nietzsche, S. 120
83. Mosse, Volk, S. 296
84. Zit. bei Fest, Hitler, S. 578, 579
85. Stern, Hitler, S. 68
86. Stern, a.a.O., S. 71
87. Heidegger, Selbstbehauptung, S. 18, 19
88. Zit. bei Loewy, Literatur, S. 69f
89. Heidegger, a.a.O., S. 39
90. Klages, Mensch, S. 38, 39
91. Loewy. Literatur, S. 69
92. Rauschning, Gespräche, S. 224
93. Benn, Werke 4, S. 243
94. KSA 11, S. 69
95. KSA 11, S. 73
96. KSA 11, S. 534
97. Benn, Werke 4, S. 247
98. Zit. bei Stern, Hitler, S. 95
99. Benn, Werke I, S. 215, 216
100. Immanuel Kant, Prolegomena, Leipzig 1933, S. 50
101. Ernst Haeckel, Die Welträtsel, Stuttgart 1921, S. 161
102. KSA 5, S. 169
103. Rauschning, Gespräche, S. 220-222

104. Hitler, Kampf, S. 421, 422
105. Hitler, a.a.O., S. 424
106. KSA 4, S. 240
107. Picker, Tischgespräche, S. 93
108. ebd.
109. Picker, a.a.O., S. 94
110. Zit. bei Fest, Hitler, S. 738, 739
111. Hitlers Geheimrede vom 30.5.42, zit. bei Picker, Tischgespr., S. 491
112. Fest, Hitler, S. 297
113. Mann, Schriften zur Lit. 2, S. 135
114. Daqué, Natur, S. 3
115. Daqué, a.a.O., S. 15
116. Daqué, a.a.O., S. 18, 19
117. Daqué, a.a.O., S. 21, 22
118. ebd.
119. Daqué, a.a.O., S. 25
120. Daqué, a.a.O., S. 21, 22
121. Daqué, a.a.O., S.41
122. Daqué, a.a.O., S. 141
123. Rauschning, Gespräche, S. 229, 230
124. Rauschning, a.a.O., S. 231
125. ebd.
126. Rauschning, a.a.O., S. 127
127. Rauschning, a.A.O., S. 231, 232
128. Rauschning, a.a.O., S. 233, 237
129. Hohne, Orden, S. 149
130. KSA 5, S. Z75
131. Rauschning, Gespräche, S. 209
132. ebd.
133. Rauschning, a.a.O., S. 210-212
134. KSA 11, S. 80
135. KSA II,
136. Rauschning, Gespräche, S. 258
137. Rauschning, a.a.O., S. 208, 9
138. KSA 4, S. 14
139. KSA 4, S. 17
140. Liebmann, Ursprung, S. I, 2
141. D. H. Lawrence, Apocalypse, Harmondsworth/Middlesex 1974, S. 30
142. Arthur Bonus, in: Liebmann, Ursprung, S. 125
143. Bonus, a.a.O., S. 125
144. KSA 5, S. 404

145. Mann, Schriften zur Lit. 3, S. 45, 46
146. KSA 11, S. 595
147. KSA 11, S. 639
148. Zit. Bei Ravenscroft, Speer, S. 101
149. Mann, Schriften zur Lit. 2, S. 237
150. Speer, Erinnerungen, S. 110
151. Peters, Zarathustras Schwester, S. 302, 303
152. Hitler, Kampf, S. 37, 38
153. Mann, Schriften zur Lit. 3, S. 47
154. ebd.
155. Mann, a.a.O., S. 40
156. Mann, a.a.O., S. 49
157. Mann, a.a.O., S. 36, 37
158. Mann, a.a.O., S. 37
159. Benn, Werke I, S. 489
160. Fest, Hitler, S. 1034, 1035
161. Jaspers, Nietzsche, S. 7
162. Jaspers, a.a.O., S. 65
163. Bertram, Nietzsche, S. 125
164. Bertram, a.a.O., S. 126
165. Sandvoss, Hitler, S. 7
166. Sandvoss, a.a.O., S. 95
167. Sandvoss, a.a.O., S. 96
168. ebd.
169. Sandvoss, a.a.O., S. 123
170. Sandvoss, a.a.O., S. 191
171. Sandvoss, a.a.O., S. 202
172. Augstein, Wiederkehr, S. 164
173. Mann, Pol.Schriften 2, S. 262, 263
174. Sandvoss, Hitler, S. 13
175. Sandvoss, a.a.O., S. 14
176. Zit. bei Sandvoss, a.a.O., S. 13
177. Sandvoss, a.a.O., S. 13, 15
178. Zit. bei Manthey, Nietzsche, S. 379
179. KSA 11, S. 175
180. KSA 5, S. 404
181. KSA 9, S. 442
182. Weizsäcker, Garten, S. 93
183. Zit. bei Kirchhoff, Schelling, S. 126
184. Zit. Bei Kirchhoff, a.a.O., S. 127
185. Fest, Hitler, S. 732, 733

186. s. Anm. 49
187. s. Anm. 20
188. Rauschning, Gespriiche, S. 274-276
189. Neumann, Mutter, S. 20
190. Evola, Gral, S. 82
191. Ossendowski, Tiere, S. 346
192. Ossendowski, a.a.O., S. 348
193. Ossendowski, a.a.O., S. 349
194. Speer, Erinnerungen, S. 99, 100
195. Evola, Gral, S. 271
196. Stupor mundi, S. 131, 132
197. Stupor mundi, S. 614
198. ebd.
199. Fest, Hitler, S. 227
200. Maser, Sturm, S. 167
201. Schramm, Anatomie, «Spiegel» v. 12.2.64, S. 53
202. Eitner, Führer, S. 142
203. Picker, a.a.O., S. 102
204. Gutman, Wagner, S. 471, 472
205. Wagner, Musikdramen, S. 241
206. Pauwels, Aufbruch, S. 344
207. Ipser, Friedrich II., S. 17
208. KSA 11, S. 452, 53
209. Ipser, Friedrich II, S. 20, 21
210. KSA 6, S. 367
211. KSA 4, S. 240
212. KSA 4, S. 217
213. Colli, Nietzsche, S. 19
214. In: Eliot, Mythen, S. 126, 127
215. Lechler, Hakenkreuz, S. 81
216. Blavatsky, Doctrine, S. 6
217. Pauwels, Aufbruch, S. 376
218. Eliot, Mythen, S. 221
219. Wagner, Musikdramen S.575
220. KSA6, S. 57, 58
221. KSA6, S. 69
222. KSA6, S. 81
223. KSA6, S. 97
224. KSA 12, S. 132
225. KSA 11, S.77
226. KSA ll, S. 296

227. KSA 11, S. 444
228. KSA II, S.488
229. KSA 11, S. 76
230. KSA 11, S. 173
231. KSA II, S. 512
232. KSA 11, S. 533
233. s. Arnn. 145
234. KSA 11, S. 258
235. KSA 6, S. 330
236. KSA 5. S. 140
237. KSA 5, S. 79
238. Zit. bei Fest, Hitler, S. 737
239. ebd.
240. ebd.
241. Zit. bei Fest, Hitler, S. 1070
242. Zit. bei Fest, a.a.O.
243. Zit. bei Fest, a.a.O., S. 397
244. Zit. bei Fest, a.a.O., S. 399
245. Alleau, Hitler, S. 55ff
246. Hitler, Kampf, S. 69, 70
247. KSA5, S. 126
248. KSA 5, S. 117
249. KSA 6, S. 191, 192
250. Zit. bei Sand voss, Hitler, S. 44
251. KSA II, S. 112
252. Picker, Tischgespräche, S. 80
253. Picker, a.a.O., S. 81
254. Picker, a.a.O., S. 96
255. KSA II, S. 98
256. KSA 11, S. 480
257. KSA II, S. 469
258. KSA 11, S. 210
259. KSA II, S. 541
260. KSA 11, S. 542
261. Hitler, Kampf, S. 422
262. Hitler, a.a.O., S. 493
263. Hitler, a.a.O., S. 347
264. KSA 11, S. 102
265. Hitler, Kampf, S. 69
266. KSA 5, S. 207, 208
267. Hitler, Kampf, S. 312

268. Hitler, a.a.O., S. 149
269. Zit. bei Fest, Hitler, S. 299
270. SA 5, S. 145
271. KSA 5, S. 324
272. KSA II, S. 581
273. ebd.
274. Zit. bei Richard Benz, Die deutsche Romantik, Stuttgart 1956, S. 298
275. Hitler, Kampf, S. 651
276. KSA 5, S. 336
277. KSA 15, S. 186
278. KSA 5, S. 187
279. KSA 5, S. 191
280. ebd.
281. KSA 5, S. 193
282. KSA 5, S. 194
283. Fest, Hitler, S. 723
284. Zit. bei Fest, ebd.
285. Fest, a.a.O., S. 725
286. Rauschning, Gespräche, S. 244, 245
287. Picker, Tischgespräche, S. 94, 95
288. KSA 6, S. 246
289. KSA 6, S. 254
290. Benn, Werke I, S. 483
291. Fischer, Nazism, S. 116
292. Zit. bei Fest, Hitler, S. 683
293. KSA 6, S. 43
294. KSA 6, S. 268
295. Fest, Hitler, S. 65
296. Fest, a.a.O., S. 77
297. Zit. bei Eitner, Führer, S. 129
298. Zit. bei Wapnewski, Tristan, S. 52
299. Wapnewski, a.a.O., S. 62
300. KSA 6, S. 21, 22
301. KSA 6, S. 323, 324
302. Zit. bei Zelinsky, Rettung, S. 83
303. KSA II, S. 69
304. Zit. bei Fest, Hitler, S. 709
305. KSA 6, S. 37, 38
306. KSA 6, S. 44
307. KSA 6, S. 23
308. ebd.

309. Picker, Tischgespräche, S. 95
310. Mann, Wagner und unsere Zeit. Aufsätze, Betrachtungen, Briefe, Frankfurt/M. 1983, S. 46
311. Fest, Hitler, S. 712
312. KSA 6, S. 320
313. Mann, Zu Wagners Verteidigung. In: Musik-Konzepte5, S. 32, 33
314. Zit. bei Zelinsky, Rettung, S. 95
315. Gutman, Wagner, S. 7
316. Mann, Schriften zur Lit. 2, S. 134
317. Hitler, Kampf, S. 532
318. ebd.
319. Hitler, a.a.O., S. 531
320. Rauschning, Gesprache, S. 216
321. Zit. bei Zelinsky, Rettung, S.97
322. Wapnewski, Tristan, S. 24, 25
323. KSA 6, S. 18
324. KSA 6, S. 29, 30
325. Fest, Hitler, S. 699
326. ebd.
327. Zit. bei Fest, a.a.O., S. 1034
328. KSA 6, S. 21
329. KSA 6, S. 266
330. Rauschning, Gesprache, S. 240
331. KSA 6, S. 44, 45
332. Wapnewski, Tristan, S. 179
333. Wagner, Musikdramen, S. 840
334. KSA 6, S. 43
335. Wilhelm Deinert, Ritter und Kosmos im Parzival, München 1960, S. 52
336. Rauschning, Gespräche, S. 217, 218
337. Wapnewski, Tristan, S. 57
338. KSA 342
339. Zit. bei C. Floros, Studien, In: Musik-Konzepte 25, S. 23
340. Wagner, Musikdramen, S. 826
341. Wagner, a.a.O., S. 851
342. Floros, a.a.O., S. 3
343. Gutman, Wagner, S. 486
344. Zit. bei Floros, Studien, S. 31
345. Gutman, Wagner, S. 482
346. Mann, Schriften zur Lit. 2, S. 138
347. Fest, Hitler, S. 734, 735
348. Wagner, Musikdramen, S. 841

349. Zelinsky, Feuerkur, S. 99
350. Zit. ebd.
351. Zit. bei Zelinsky, Rettung, S. 81
352. KSA 6, S. 431
353. In: «Spiegel» 19. 7. 82, S. 135
354. «Spiegel», a.a.O., S. 133
355. Mann, Schriften zur Lit. 2, S. 160
356. KSA 6, S. 30
357. Zit. bei Wapnewski, Szene, S. 21
358. ebd.
359. Gutman, Wagner, S. 508
360. Gutman, a.a.O., S. 507
361. KSA 6, S. 30, 31
362. Mann, Schriften zur Lit. 2, S. 134
363. Mann, a.a.O., S. 135
364. Gutmann, Wagner, S. 490, 91
365. Wagner, Musikdramen, S. 509, 510
366. KSA 5, S. 203, 204
367. KSA 11, S. 69
368. KSA ll, S. 542
369. KSA 11, S. 547
370. Schell, Schicksal, S. 166, 167
371. Ausführliche Belege in: Gugenberger, Mutter Erde

Helmut Friedrich Krause

Vom Regenbogen und vom Gesetz der Schopfung

Das kosmische Schicksal der Menschheit
Wie dem lebensfeindlichen Wirken der Erdbewohner ein Ende gesetzt wircl
470 S., geb., € 20,00   ISBN 3-9802157-0-9

Ein wahrhaft unorthoxoxes und geniales Buch, das verbüfft und aufregt und aus allem Gewohnten herausreißt. Wir finden uns suggestiv hineingezogen in ein gewaltiges kosmisches Drama, das zunächst fremdartig und wie ein phantastischer Traum wirkt, zunehmend aber beklemmende und dichte Realität gewinnt.

Auf der Basis transpersonaler Erfahrungen und Erinnerungen, die ins Kosmische hineinreichen, entwickelt Helmut Krause ein Weltbild, das die herrschenden Welt- und Kosmosvorstellungen radikal in Frage stellt und zugleich von bezwingender Geschlossenheit und Beweiskraft ist. Der Autor macht u.a. deutlich, dass wichtige Elemente der modernen Kosmologie - Urknall, expandierendes Universum, schwarze Locher, glühende Gaskugeln in Räumen eisiger Leere, Leben als Ausnahme usw. - auf Projektionen verdrängter Seelenschichten beruhen: Spiegelbilder der drohenden Vernichtung allen Lebens auf dem Planeten und damit fern jeder kosmischen Wahrheit und Wirklichkeit.

Der Autor setzt dagegen:
— Gestirne sind Großorganismen und **prinzipiell** in der Lage, intelligentes Leben hervorzubringen. Leben ist allgegenwärtig im Kosmos, ist die Regel, nicht die Ausnahme.
— Jeder Stern hat seinen eigenen Klangrythmus, sein Gesetz, dessen Wirkung die jeweilige Gestirnzeit ist. Der Regenbogen, als Zeichen des Gesetzes, ist ein kosmisches Zeitmaß.
— Der Weltraum ist nicht leer, sondern von pulsierenden Klängen und Klangrhythmen erfüllt. Weltraum ist Weltseele.
— Im All stehen sich die Kräfte des Kosmos und die des Chaos - ganz im Sinne alter mythischer Bilder - gegenüber; aus diesen Kampfvorgängen in der Weltseele entstehen die Gestirne.
— Die Klangrhythmen im Kosmos können seelisch-geistig «vermessen» werden; diese «Vermessungen» sind nicht mathematischer Art, sondern vollziehen sich in einer anderen, auf ganzzahligen Klängen basierenden Zahlenordnung. Die großen Komponisten haben diese Zahlenordnung - unbewusst - «vermessen».
— Das Bewusstseins- und Seelenprinzip liegt stets **vor** allem materiellen Sein als dessen Fundament - die Menschheit ist älter als die Erde ...

Die hier vollzogene Umwertung alles Gewohnten und Bekannten in einer kosmischen Schau wird all jene berühren, denen die Rettung des Planeten Erde am Herzen liegt, zumal alle herkömmlichen Deutungsansätze total versagt haben. Die Kosmologie des Autors geht weit über das hinaus, was als «Paradigmenwechsel» - als Übergang aus dem mechanistischen in ein ganzheitliches Denkmuster - zum festen Bestandteil des Neuen Denkens gehört.

edition *dionysos*